黑龙江省省属本科高校基本科研业务费资助(2019-KYYWF-0736)
黑龙江省哲学社会科学研究规划课题(18JYB155)
2021 年度黑龙江省人民政府研究室重点课题

煤炭资源枯竭型城市绿色转型发展模式与实现路径研究

谭旭红　高太光　张紫恒　著

中国矿业大学出版社
·徐州·

内 容 提 要

现有对煤炭资源枯竭型城市绿色转型与发展研究存在着理论研究体系不完整和实践研究典型案例匮乏等问题。本书根据现有典型煤炭资源枯竭型城市转型及发展中出现的实际问题和特点，在充分考虑其转型中对生态环境的影响及转型后可持续发展问题，探究以“绿色转型”“协同治理”和“互联网＋”平台等为核心概念的煤炭资源枯竭型城市绿色转型发展模式及实现路径。

本书可在丰富煤炭资源枯竭型城市转型理论体系的同时，为其他经济结构调整和转型研究提供比较直接的方法和理论支持，并可供经济和管理相关专业研究生和高年级学生阅读学习，也可为资源型城市转型发展相关领域学者开展更为系统深入研究提供参考。

图书在版编目(CIP)数据

煤炭资源枯竭型城市绿色转型发展模式与实现路径研究／谭旭红，高太光，张紫恒著. —徐州：中国矿业大学出版社，2021.12

ISBN 978-7-5646-5283-8

Ⅰ. ①煤… Ⅱ. ①谭… ②高… ③张… Ⅲ. ①城市经济－转型经济－研究－中国 Ⅳ. ①F299.21

中国版本图书馆 CIP 数据核字(2021)第 274172 号

书　　名　煤炭资源枯竭型城市绿色转型发展模式与实现路径研究
著　　者　谭旭红　高太光　张紫恒
责任编辑　姜　华
出版发行　中国矿业大学出版社有限责任公司
（江苏省徐州市解放南路　邮编 221008）
营销热线　(0516)83884103　83885105
出版服务　(0516)83995789　83884920
网　　址　http://www.cumtp.com　**E-mail**:cumtpvip@cumtp.com
印　　刷　江苏凤凰数码印务有限公司
开　　本　787 mm×1092 mm　1/16　**印张** 15.75　**字数** 283 千字
版次印次　2021 年 12 月第 1 版　2021 年 12 月第 1 次印刷
定　　价　50.00 元
（图书出现印装质量问题，本社负责调换）

前 言

所谓资源枯竭型城市，通常是指在矿产资源开发进入末期阶段，已完成的累计采出储量达到可采储量70%的资源型城市。到目前为止，中国分三批确定了262个资源型城市中的69个为资源枯竭型城市，其中的54%为煤炭资源枯竭型城市。据《中国资源型城市转型指数报告》显示，中国大部分资源型城市正在向资源枯竭型城市转变，均面临着严重的转型问题。党的十九大报告明确指出，要实施区域协调发展战略、推进绿色发展、支持资源型地区经济转型发展。近些年，中央财政每年都会以财政性转移支付资金形式对煤炭资源枯竭型城市予以支持，且责令省级政府督办制定具体转型规划和方案，但由于缺乏成熟理论体系的指导，导致出台的政策形式大于内容，缺少对绿色转型发展及其实现路径的设计，政策执行效果不理想等一系列问题。本书根据现有典型煤炭资源枯竭型城市转型及发展中出现的实际问题和特点，系统考虑煤炭资源枯竭型城市转型中对生态环境的影响与转型后可持续发展问题，探究以“绿色转型”“协同治理”和“互联网+”平台等为核心概念的煤炭资源枯竭型城市绿色转型发展模式及实现路径。

在具体研究中，本书在对煤炭资源枯竭型城市绿色转型发展背景、相关概念和理论进行阐释的基础上，为了更好地吸收和借鉴国内外相关实践和理论研究经验，对国内外煤炭资源枯竭型城市成功转型案例进行了分析。在上述研究基础上，对煤炭资源枯竭型城市绿色转型发展驱动因素、约束条件进行了系统研究，并分别开展了对煤炭资源枯竭型城市绿色转型发展的模式分析、转型与治理路径设计、“互联网+”平台构建与管理等方面研究。为了进一步保障和深化煤炭资源枯竭型城市绿色转型发展效果，本书还针对跨区域协调绿色转型发展、绿色转型发展的金融和政策制度保障等问题进行了具体探讨，并从政府、企业不同角度提出绿色转型的具体实施建议。

本书内容共11章，黑龙江科技大学谭旭红教授负责前言和第1章的撰写，并对全书各章节进行了统稿；黑龙江科技大学高太光副教授负责第2、3、6、7、8、11章的撰写，以及参考文献的整理工作；中国矿业大学张紫恒博士负责第4、5、9、10章的撰写。

本书得到了教育部人文社会科学研究项目(20YJCZH035)、黑龙江省博士后一等面上资助经费项目(LBH-Z20029)、黑龙江省哲学社会科学研究规划年度项目(19GLE331，18JYB155)和黑龙江省省属本科高校基本科研业务费项目(2019-KYYWF-0736，2018-KYYWF-1164)的支持。在本书撰写过程中，研究生李芊霖、韩啸、周鹤南、杨曼、鄢学宇、密雪、王朕卿和王有建在材料搜集、整理和内容撰写方面做了很多具体工作。在此一并深表感谢！

本书内容为阶段性研究成果，部分内容仍处在探索阶段。由于著者水平有限，书中难免存在疏漏之处，恳请广大读者和专家批评指正。著者邮箱：tanxuhong@126. com；gtg_001@163. com。

著　者

2021年10月

目　录

第1章 绪 论

1.1 研究背景

根据《全国资源型城市可持续发展规划(2013—2020年)》,目前,我国共有资源型城市262个,在2008、2009、2011年分三批确定了其中的69个资源型城市为典型资源枯竭型城市(县、区),这其中包括37座煤炭城市、14座有色金属城市、6座黑色冶金城市、3座石油城市和9座其他城市,总共涉及人口达1.54亿。

一般意义而言,资源型城市通常是以本地区范围内矿产等自然资源的开采和加工为主导产业,并将开发、利用和发展地方资源作为促进经济发展根基的特殊类型城市,也经常被称为矿业或工矿城市。这类城市具有一般城市属性,通常也是区域经济中心,而因为城市对资源高度依赖,导致经济、社会和生态环境具有比较明显的脆弱性。传统发展理念中,资源型城市的最终"宿命"只有矿竭城衰。而资源型城市摆脱"宿命"、实现转型的关键就是贯彻新发展理念、构建新发展格局,突破对资源的依赖,步入新发展阶段。煤炭资源型城市即城市生产和发展与煤炭资源开发及利用有密切关系,煤炭产业是城市发展支柱产业。

根据资源开采与城市形成顺序可将资源型城市分为两种,一种城市为"先矿后城式",即城市的产生与发展完全是在资源开采与利用驱动下发生,如我国黑龙江大庆市、辽宁盘锦市、四川攀枝花市和新疆克拉玛依市等;另一种城市为"先城后矿式",即城市在对资源开发和利用之前已经存在并有发展,只是通过对资源的开发和利用加快了城市的发展,并形成了以资源开发和利用为主的产业,如山西大同市和辽宁抚顺市等。当资源累计采出储量已达到或超出可采储量的70%以上,即资源开发与利用已经进入末期阶段时,资源型城市即进入衰退型城市行列。对于资源衰退型城市而言,加快城市转型与发展的核心是全力挖掘、培育和发展接续与替代产业,并极力解决最突出的历史遗留问题。转型已成为资源型城市摆脱困境和实现全新发展的终极课题,各地结合自身特点均给出了不同的解题思路。但受到资源结构、环境现状、地理位置、经济基础建设水平、技术能力及人才等多方面因素影响，实现转型与发展的道路困难重重。

在过去的20年里，资源型城市转型效果到底如何，积累了哪些高效可行的经验，吸取了多少教训，未来发展的出路在哪里，等等，均是当前中国资源型城市在转型与发展的命运十字路口需要直面的严峻拷问。根据《中国资源型城市转型指数报告》的统计，中国大部分资源型城市正在向资源枯竭型城市转变，也均面临着严重的转型与可持续发展问题。由于资源枯竭型城市对区域经济发展会造成显著影响，直接关系到国家宏观经济形势，国内外政府、企业和学者们都给予了广泛关注。

矿业产业发展受资源结构及储量等因素影响，往往呈现显著的生命周期规律。一般而言，根据产业对资源消耗程度的大小差异，可以将资源型产业发展生命周期划分为：资源型产业形成期→资源型产业成长期→资源型产业成熟期→资源型产业衰退期，之后被新产业所替代。对于资源型产业形成期而言，由于某种自然资源被发现，为实现更大经济利益，国家或企业会投入巨资对其进行开采和利用，而巨大的资源市场需求又加速了资源型产业快速成长，并逐渐发展成为资源型城市的主导或支柱产业，与此同时，很多非矿产业发展会被逐渐忽视。随着资源型产业的成长和快速发展，其生产规模会逐渐接近极限，进而步入成熟期。如果此时出现技术瓶颈或矿产资源匮乏等问题，则会直接导致该资源型产业的扩张或发展出现停滞现象。随着资源不断走向枯竭，资源型产业规模会不断走向紧缩，进而步入衰退期。如果此时该资源型产业的非资源性替代产业已经形成一定规模，各资源型产业生产要素会重新聚集到非资源性产业中，也就是逐渐实现资源型城市的矿业主导业向非矿主导产业转换，从而实现推动矿业城市步入新的生命周期循环。

根据拥有的资源种类差异可将资源型城市划分为三类，即煤炭资源型城市、石化资源型城市和林木资源型城市。过去很长一段时间内，这些城市受长期计划经济的束缚，养成了很多思维习惯和思维定式，片面地过度依赖其所拥有的资源优势，产业结构缺乏设计，造成城市产业结构过于集中且单一。同时，有很多城市的新产业部门成立后发展停滞不前，并不考虑与旧产业部门的制衡与衔接关系，造成新旧产业链得不到合理且有效的衔接和协调，最终陷于难以化解的困境。也有些城市由于缺少前期积累，转型开始时间较短，对转型政策实行一刀切，在接续或替代产业的选择上缺少论证，导致转型效果非常不理想。例如，受地理位置、资源结构等因素影响，黑龙江省伊春市在探寻转型出路时，对单一木材生产及林业经济局面并未进行根本性改变，传统资源型产业比重居高不下，高新技术产业比重小且发展滞后，对新兴接续或替代产业重视不足，导致伊春市城市转型举步维艰。作为黑龙江省四大煤城的鸡西、鹤岗、双鸭山和七台河而言，虽然各自结合已有基础和城市特点大力发展了接续或替代产业，但城市间资源浪费和同质竞争问题严重，也极大地限制了城市的发展。对于黑龙江省大庆市和辽宁省阜新市这些较早开始探寻转型发展之路的资源型城市而言，其转型效果相对较好，众多新兴产业部门在出现后能快速得到发展，并成为新产业链的有机组成部分，但所占比重仍然不高，与最优产业结构标准仍有很大差距(张维达 等，2005)。

煤炭资源型城市是在煤矿或矿区发展过程中逐渐形成的城市。我国早期形成的煤矿或矿区(如黑龙江省四大煤城：鸡西、鹤岗、双鸭山和七台河)为我国工业发展提供了大量的能源，并且这些煤矿或矿区的建设为我国煤炭资源型城市产生与发展奠定了坚实基础。煤炭资源型城市作为我国经济快速发展的重要能源资源战略保障基地，是实现国民经济持续、健康和有序发展的重要支撑。实现煤炭资源型城市高效转型和可持续发展，是我国加快转变经济发展方式和全面建成小康社会的必然要求，同时也肩负着促进区域协调发展和统筹推进全国新型工业化和新型城镇化，以及维护社会长期和谐稳定和全面推进生态文明建设的重要使命。这些煤矿资源型城市的发展经历了萌芽、快速发展、预转型和转型时期，其间资源储量、特点和结构都发生了很大变化，但这些城市仍然无法彻底摆脱煤炭资源型城市的本质特征。目前我国的煤炭资源型城市有 73 个，占资源型城市的 38.9%(不包括县和市辖区)，主要分布于我国东北、中部和南部地区。经过一百多年的发展，现有煤炭资源型城市在产业结构、城市功能、矿城分离和生态环境等方面均暴露出不同程度的问题，且已逐渐成为城市转型的阻碍。因此，对城市发展而言，煤炭资源型城市应以国家政策为指导，完善城市功能，提升城市质量。

作为中国主要化石资源的煤炭资源，在我国工业化进程和经济快速发展中一直发挥着不可替代的作用。而我国长期以来在煤炭开采和矿区建设中的“多、小、散、乱、差”等特点，以及一直以来传统粗放型管理模式，造成煤炭资源严重浪费，并且很多地方对生态环境造成不可修复的破坏。煤炭作为我国当前最主要的一次能源，在其开采和加工过程中暴露出许多问题，如：储量及采出率呈递减性，实际利用效率低；开采过程中对矿区环境造成极大破坏，水资源和空气污染严重，土地沉陷问题突出，矿区环境治理未从根本上解决问题；产能过剩阻碍了中国经济结构调整。据《中华人民共和国 2020 年国民经济和社会发展统计公报》统计显示，2020 年，全国原煤产量完成 39 亿 t，比上一年增长 1.4%。公报显示，2019 年全国工业产能利用率为 74.5%，煤及褐煤进口量完成 30 399 万 t，比上一年增长 1.5%，进口金额 1 411 亿元，同比下降 12.1%；全年能源消费总量达到 49.8 亿吨标准煤，比上年增长 2.2%，煤炭、原油、天然气和电力消费量分别增长 0.6%、3.3%、7.2%和 3.1%；煤炭消费量占能源消费总量比上年下降 0.9 个百分点，达到 56.8%；水电、核电和风电等清洁能源消费量占能源消费总量比上年上升 1.0%，增至 24.3%。近些年，全国煤炭产量持续保持增长，国家去产能节奏虽呈现逐渐放缓态势，但煤炭产能相对过剩局面依然不容乐观。2020 年全国各省原煤产量分布如图 1-1 所示。

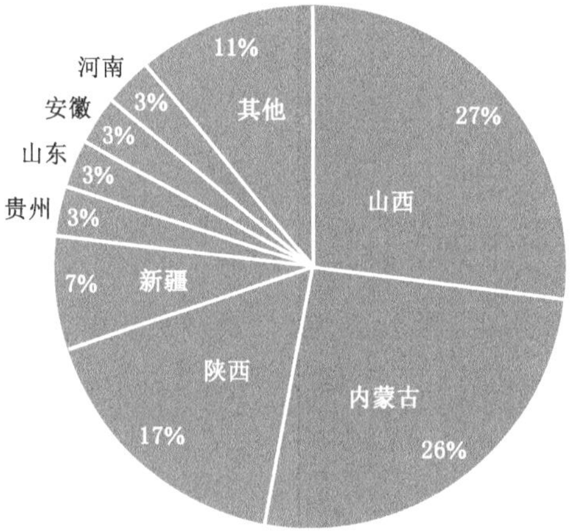

图 1-1　2020 年全国各省原煤产量分布图

对 2020 年我国 10 大煤矿产量及排名进行分析可以得到以下结论：

从产量分布看，10 座煤矿产量集中在 2 000～3 000 万 t 区间。其中，2 座产量超过 2 500 万 t，5 座产量在 2 100～2 500 万 t 之间，3 座产量接近 2 000 万 t。黑岱沟露天矿完成产量 2 828 万 t，排名第一位；补连塔矿完成产量 2 646 万 t，排名第二位，同时也是排名第一位的井工煤矿；产量排名第三至五位的煤矿分别是塔山煤矿、哈尔乌素露天矿、伊敏露天矿；中煤集团三大露天煤矿产量均接近 2 000 万 t，排名位列第八至十位。

从开采方式看，10 座煤矿包括露天煤矿 8 座，合计产能 2.2 亿 t/a，实际完成产量 17 881 万 t；井工煤矿 2 座，合计产能 5 300 万 t/a，实际完成产量 5 141万 t。

从地域分布看，10 座煤矿全部位于全国前两大产煤省（自治区）。其中，6 座位于内蒙古自治区，4 座位于山西省。

从所属企业看，10 座煤矿分别隶属于 4 家大型煤炭集团，分别是：国家能源集团、中煤能源集团、华能集团 3 家中央企业和晋能控股集团。其中，黑岱沟露天矿、补连塔矿、哈尔乌素露天矿、宝日希勒露天矿、胜利一号露天矿等 5 座煤矿隶属于国家能源集团；安太堡露天矿、安家岭露天矿、平朔东露天矿等 3 座煤矿隶属于中煤能源集团；伊敏露天矿隶属于华能集团；塔山矿隶属于晋能控股集团。

另据国家统计局发布的 2020 年煤炭行业主要经济指标数据显示，现有煤炭行业规模以上企业资产负债率相比去年同期增加 0.9%，达到 66.1%，总负债合计高达 37 258.3 亿元，同比增长了 7.6%。与此同时，财务费用为 764.8 亿元，同比下降 5.1%；管理费用达 1 460.7 亿元，同比下降 5.5%；销售费用达 563.7 亿元，同比下降 0.1%；营业成本为 14 086.3 亿元，同比下降 7.8%。但煤企营业收入为 20 001.9 亿元，同比降幅达 8.4%，远大于上述费用的同比降幅，致使 2020 年补贴后的利润总额仅 2 222.7 亿元，同比下降 21.1%。亏损企业的亏损额为 617.1 亿元，同比增长 17.1%。此外，2020 年全国煤炭行业规模以上企业个数较 2019 年增加 6 个，资产同比增长 6.2%，合计为 56 383.4亿元。

目前，大多数煤炭企业的资金流转存在比较突出且严重的问题，很多承担去产能任务的煤炭企业，面对市场缩减等情况缺少有效应对措施，加之经营不善，企业债务不断增加却没办法进行及时有效的处理。企业资产负债率的飙升使本来就困难的企业融资成本雪上加霜，几个经营周期后这些问题仍不能解决，企业经营状况持续恶化，最终只能被迫宣告破产或进行资产重组。企业兼并重组虽然能对煤炭企业部分资源进行整合，在清洁、可循环生产技术研发等方面表现良好，但企业规模、开发能力和生产力等均不在同一水平等，造成企业内部不稳定因素激增，企业可持续发展进程受到阻碍。

综上所述不难发现，由于煤炭资源属于不可再生的生物化石能源，而国家经济社会的快速发展对煤炭资源消耗持续增加，各地方煤炭企业粗放型经营模式导致对煤炭资源长期掠夺性开采，致使煤炭资源消耗速度过快，煤炭储备存在严重不足现象。随着煤炭总储量和可开采量的持续下滑，很多煤炭资源型城市在城市发展方面面临着越来越严峻的考验，传统以煤炭资源开发和利用为主的支柱性特色产业逐渐步入衰落期，而接续或替代产业没有得到及时发展，导致这些煤炭资源型城市发展的后劲严重不足，经济指标增长步伐明显缓慢，大多数煤炭资源型城市已经变为或正在变为煤炭资源枯竭型城市，大约有超过50％的煤炭资源型城市正面临着煤炭资源逐渐枯竭的困境，发展压力巨大，对区域国计民生造成不良影响。

随着全球经济结构的翻天覆地变化，全球金融体系、能源结构和经济增长模式都随之不断调整。面对经济新常态背景，中国也正努力逐步加强对资源开发利用及环境治理方面的约束，并彻底淘汰以破坏生态环境换取经济效益的传统经济模式。国家能源产业结构的升级改造已经迫在眉睫，针对能源产业的各项政策不应过度倾向于短期激励，必须迫使传统过度依靠煤炭资源禀赋且单纯仰仗国家政策扶持的煤炭企业，结合自身特点和产能优势谋求转型发展的新出路。淘汰“高污染、高消耗、高排放”生产模式，大力提倡“绿色生产”和“绿色发展”。各级地方政府应大力推进经济发展模式转型升级，加大对煤炭资源高质量开采与高效利用方面的技术研发与创新投入，从根本上为实现煤炭资源型城市有效转型和有序发展谋出路，结合不同城市特点尝试建立绿色清洁生产、低碳低能耗和便捷高效的绿色发展体系，打造生态友好型的煤炭资源型城市经济发展模式。近些年，中国政府对生态环境治理问题非常重视，并在党的十九大报告中明确要求“实施区域协调发展战略、推进绿色发展、支持资源型地区经济转型发展”。“创新、协调、绿色、开放、共享”的新发展理念被首次提出，绿色转型发展理念被提升到国家战略层面，这为煤炭资源型城市，特别是煤炭资源枯竭型城市转型与发展提出了全新思路和要求，绿色和可持续成为转型发展的基本要求。

政府、企业和居民作为与城市发展密切相关的行为主体，在煤炭资源型城市转型中既有相同利益取向，也有不同诉求。政府与资源型企业间相互依存，但也存在责任和义务方面的内在矛盾。发展时期的资源型企业可为城市创造就业机会和可观财政收入，而一旦进入衰退期，特别是关系处理不当时，就会成为城市发展的负担，并形成较为严重的失业等社会问题。因此，在资源型城市转型和发展中，必须对各主体利益进行综合考虑，对城市和企业发展、居民利益协调进行统筹，形成完备的综合决策和管理机制，花大力气理顺政府、企业与居民间的责任关系。

1.1.1 政府层面

煤炭资源型城市产业转型中涉及的政府主体包括中央和当地政府，二者在推进转型中扮演不同角色，并分别从各自层面发挥不同作用。对于当地政府而言，肩负资源型城市转型的直接责任，转型成功与否都会直接影响当地经济发展，同时也是资源型城市成功实现转型的最大受益者。因此，当地政府必须在人、财、物等方面给予资源型城市转型全面投入。对于中央政府而言，肩负着全国范围内所有资源型城市转型与发展的最终责任，但也是转型成功的最大受益者。因此，中央政府需要对煤炭资源枯竭型城市转型提供更高层面的政策和资金等方面的支持。

(1) 中央政府

为保障国家经济和整体利益的长期可持续发展，中央政府在煤炭资源枯竭型城市治理及转型发展中，应尽力将提高经济增长率、维护社会公平和保护环境三者进行有效协调。在社会保障和塌陷区搬迁费用等方面发挥好中央政府的职责担当，通过协调各方信息缓解由于市场信息不完全和不对称带来的问题和不良影响，全力加大对煤炭资源枯竭型城市基础设施建设投入和支持力度。中央政府应做好基层调研与情况排查，全面把控不同资源型城市特征和发展现状，从国家视阈制定煤炭资源枯竭型城市转型及发展整体规划，并在此基础上指导各级地方政府制定和完善煤炭资源枯竭型城市符合所在区域的具体发展战略，弹性放开或加大财政转移支付政策支持力度等，并从法律层面上为煤炭资源枯竭型城市转型和发展提供必要的法律依据和支持。完善相关制度保障，破除传统体制束缚，尝试在制度层面上给予煤炭资源枯竭型城市必要创新激励，重点突破煤炭资源枯竭型城市转型体制创新中所必需的供给瓶颈。与此同时，中央政府应发挥核心主导和全局协调作用，推动不同城市、区域间建立良好的多方事务协同处理与调解机制，优化利益分配与风险分担机制，努力实现从宏观层面上确保重点区域经济高质量发展，从微观层面上促进各城市间开展广泛的协调和合作。

(2) 地方政府

在煤炭资源枯竭型城市转型过程中，地方政府角色有别于中央政府，应更好地发挥区域内及相关区域间的资源协调与优化分配功能，经济行为在行政导向上的特征更为明显，因此在经济利益上通常被标注上“行政利益”的标签。根据中国市一级政府任期特征来看，通常为4～5年，一般最多只能连任1届，这导致行政任期的时效性问题，使得各地方政府在制定发展规划及执行中央相关决策时，往往过分追求任期内政绩，如行政区域内的经济发展指标、城市化进程效果等很多物质方面进展和效果，这些都属于短期效应，忽视了对城市长远发展的规划。

中央政府与地方政府在所追求目标上存在显著差异，迫使其在煤炭资源枯竭型城市转型中扮演的角色与发挥的作用存在不同。中央政府在推动煤炭资源枯竭型城市实现转型和产业集群过程中，应纠正地方政府片面注重短期利益和政绩的不足，将城市长远利益和政策的延续性作为考核指标，并将经济绩效、社会绩效和自然环境治理绩效等进行综合评估。

1.1.2 企业层面

煤炭资源枯竭型城市发展及产业布局特殊性使得煤炭资源型企业在整个城市产业发展中具有显著优势地位，而非资源型企业以及其他民营、外资等多种非公有制企业的经济发展能力和水平则相对落后。但煤炭资源型产业要真正实现转型，则需要各种类型企业的共同努力和参与，所以随着煤炭资源型企业改革和转型的持续深入，特别是随着煤炭资源枯竭型城市转型及发展步伐的提速，非煤炭资源型企业的发展也将明显提速，并会逐渐成为推动煤炭资源枯竭型城市产业转型的中坚力量。

（1）煤炭资源型企业

在煤炭资源型城市的建立和长期发展进程中，受传统经济体制和制度约束，煤炭资源型国有企业在本地企业中始终居于主流，企业产值、规模和就业人数等各个方面都具有显著优势，并占有绝对比重，因此在煤炭资源型城市的经济总量及经济增长中均扮演主角。虽然随着科技进步和市场经济体制的不断完善和发展，其他类型企业有了比较可观的发展，但煤炭资源型企业在城市中依然占据主体地位，并未动摇。从另一个角度而言，长期以来煤炭资源型产业形成并固化的自强机制与煤炭资源型城市发展接续产业战略的要求之间存在的矛盾无法避免。同时，煤炭资源枯竭型城市受经济扩张以及煤炭资源价格持续波动等因素影响，煤炭资源型企业获利能力并不稳定，在效益好时会对生产要素形成超强吸纳效应，而服务于煤炭资源生产和加工工作的相关企业则会随之得到长足发展。煤炭资源型产业发展中形成的自强机制会导致其他生产要素成为煤炭资源优势的附属品，很大程度上会制约煤炭资源型产业向非煤炭资源型产业的过渡和转型。

（2）其他企业

煤炭资源型企业存在着长期与其他中小企业相互脱节的现象，彼此间还缺乏必要的协作关系。在煤炭资源型城市建设早期，中央政府为了推动全国经济快速发展，对煤炭资源型城市进行了大量投资，并在全国范围内建立了多个大型矿山企业，这些大型企业直接隶属于国家工业体系，与地方上的中小企业并未存在关联关系，这就导致了煤炭资源型城市在产业调整时明显缺乏弹性，自我选择和发展能力非常低。以煤炭资源开采和初级加工等生产活动为主导的产业体系，受企业特点影响都会存在建设周期长和占用资金多等问题，也均具有显著的发展惯性和超稳态性，企业建成后对市场环境的应变性、适应性及可调控性都较差，转型问题举步维艰。在煤炭资源可采储量能够满足需要的条件下，企业生产原料成本低，短期内煤炭资源型产业投资收益率相对其他企业而言较高。但由于煤炭资源属于不可再生资源，煤炭资源枯竭问题是无法回避的。随着开采技术和能力的不断提升，企业开采量也会不断增多，而此时的开发成本就会不断上升，煤炭资源型产业投资收益率则会随时间推移而持续下降。在开采和加工技术进步以及企业资本积累的联合作用影响下，非煤炭资源型企业将在很长一段时间内呈现出增长趋势，并很有可能超过煤炭资源型企业。

1.1.3 社会生活层面

煤炭资源枯竭型城市的城市居民与其他类型城市居民一样对当地经济的生存依赖度很强。因此，煤炭资源枯竭型城市能否成功转型，当地居民特别是普通居民受到的影响是最大的。煤炭资源枯竭型城市目前正在面对诸多问题和困难，其利益损害最大的也一定是当地居民。所以，当地居民作为煤炭资源枯竭型城市的关键利益主体，理应享有更多权利。

通过初步调研发现，煤炭资源枯竭型城市的居民中，煤炭资源型企业职工及其家属所占比例最大，而与煤炭资源型企业直接相关的其他企业数量也很庞大，相应的就业人员数量同样不能忽视。显而易见，煤炭资源枯竭型城市转型是否成功对这些居民的影响也是非常大的。对于这些居民而言，应该及早行动，尽快通过自主创业或再学习新技艺实现“重新就业”，这样也能对煤炭资源枯竭型城市顺利转型起到推动作用。但受到历史遗留和现实局限等多种因素影响，在煤炭资源型产业转型初期，煤炭资源枯竭型城市的多数居民特别是煤炭资源型企业中的一般员工，经常因为资金和技能等方面存在的局限性，开展自主创业的难度非常大，其中大多人选择了从事低层次的第三产业工作，再加上自身业务技能匮乏，在非煤炭资源型企业工作时，只能以体力劳动或者相对简单易上手的脑力劳动为主。所以，虽然煤炭资源枯竭型城市居民的确会从城市成功转型中获得最大收益，也极为渴望转型顺利实现，但其对产业转型的实际推动作用是十分有限的。

1.2 国内外相关研究现状概述

煤炭企业的发展困境和如何转型的问题是困扰煤炭资源型城市绿色转型的难题，对此，各国也在积极地采取相应的措施。但是由于社会发展形式的差异，国际上可供中国参考借鉴的经验较少。相较于其他行业，煤炭行业的资源依赖度更高，长时间的资源依赖导致当煤炭资源出现匮乏和枯竭的现象时，企业处于非常被动的状态。从中国煤炭行业的发展现状来看，由于资源枯竭导致衰退的煤炭企业数量在逐年增多，并且分布范围广泛。由于煤炭企业的地理位置、矿区环境、资源禀赋等先天条件的差异，少数企业没有结合实际的生产经营状况进行战略转型及调整，只是照搬其他成功企业的经营模式，导致其内部经营管理状况持续恶化，严重有损于企业的长期健康发展。此外，中国特有的经济发展结构，伴随着计划经济向社会主义市场经济的过渡，经济结构调整与改革开放带来的历史遗留问题使老工业、重工业企业转型困难，煤炭企业想要通过转型升级实现绿色发展面临着重重阻碍。因此，煤炭企业如何通过开采有限的资源，实现资源利用效率最大化的目标，以及在资源枯竭之前及时引导企业战略转型，进而提升煤炭企业市场生存能力，是当前中国煤炭企业面临的重要问题。

如果煤炭资源型城市不改变长期以来形成的以资源产业为主导的“路径依赖”进行产业转型，“依煤而生、因煤而兴、煤竭而亡”的悲剧就会发生。现阶段，东北地区煤炭资源枯竭型城市的煤炭相关产业大多已经步入产业成熟期和衰退期，产业转型所面临的形势已渐显严峻。但是，一方面由于长期以煤炭为主的产业发展依赖性使得东北地区资源型城市的产业结构过于单一，转型面临多方面的障碍；另一方面，资源型城市的产业转型是一个纷繁复杂的系统工程，需要国家、地方巨大的财力投入和支持，所以煤炭资源枯竭型城市进行绿色转型难度巨大。由于在长期计划经济的影响下，煤炭资源型城市没有形成健全的自我积累、自我发展的机制，进入了离开煤炭无从发展的“资源依赖陷阱”，所以仅仅依靠产业系统本身的自我优化无力应对产业转型所遇到的各种阻碍以及来自各方的巨大压力，煤炭资源型城市仅凭借自身发展完成产业转型之路可以说是举步艰难，甚至说希望渺茫。

为了对相关研究理论和成果进行梳理，本部分主要对如下三个方面进行介绍：资源枯竭型城市的发展与转型、绿色发展相关理念和协同发展相关理论。

1.2.1 资源枯竭型城市的发展与转型

在国内，刘树根 等(2010)以攀枝花为例，指出资源型城市的传统开采和生产方式造成了资源浪费和生态环境破坏；黄悦(2016)指出，东北地区资源型城市整体衰退严重、经济地位下降、产业结构失调等；王晓蕊和李江苏(2017)认为，目前资源型城市对资源的依赖程度有所下降，制造业和建筑业将会逐步取代采矿业。另外，温晓琼和周亚雄(2013)发现，中国资源枯竭型城市的经济增长具有典型的投资驱动型特征，而技术进步、创新和人力资本的作用相对薄弱；邹建新(2017)认为，应将成熟期作为资源枯竭型城市的转型期，并提出建立特色小镇、发展工业旅游和加大财政支持等策略；王永健和李虹(2017)强调了创新对于路径选择的重要性，指出应培育连续产业、延伸产业链。在国外，Li 和 Dewan(2017)认为，资源型城市目前所面临的困境是过度依赖资源发展经济所导致的结果；Chang et al.(2009)提出将工业废弃地视为矿区新资源的独特想法，随后确定工业荒地的主权、降低开荒成本、保护工业遗产，以达到改善生态环境并促进矿区可持续发展的目标；而 Shao 和 Zhou(2011)则建议调整网站布局、优化城市功能和推进土地资源优化配置。与此同时，Kes et al.(2011)将转型中的关键因素凝练为：治理和规划、合作和学习、基础设施和弹性、建筑物和界区；而 Marc et al.(2016)认为资源枯竭型城市转型是复杂系统与城市研究的结合。

通过分析发现，资源无序开采和浪费导致的资源枯竭、生态环境破坏等问题，加快了资源型城市向资源枯竭型城市转变的速度，由于其会直接影响中国经济发展，因此成为亟待解决的重要问题。

1.2.2 绿色转型问题研究

对绿色转型问题研究可以追溯到 20 世纪 60 年代，由于生态破坏、资源短缺等问题频发，"绿色"运动兴起。自 Pearce et al.(1989)创造性地提出"绿色经济"概念，国内外逐渐重视资源型产业向绿色转型的研究。面对很多资源型城市逐渐受到资源枯竭威胁的严峻形势，Pearce et al.(1996)认为将发展绿色经济作为支撑是转变经济模式的根本方法，"绿色转型"概念因此产生。在转型过程中，强调以生态文明建设为主导，以循环经济为基础，以绿色管理为保障，发展模式向可持续发展转变的转型模式(陆小成，2015)。同时，为了实现资源型城市绿色转型和发展，转型实施过程中的具体实现和保障环节得到广泛研究，如：绿色生产(石峰，秦书生，2012；Fujii et al.，2013；Gasbarro et al.，

2013;Ervin et al. ,2013;Silva et al. ,2017),1994 年这一概念被提出,旨在深入探索应对绿色可持续发展挑战带来的可操作的实际措施;绿色补偿(王昌海等,2012;Brown et al. ,2014;Guan et al. ,2016;袁梁 等,2017;Koh et al. ,2017),其核心在于探索如何对转型发展过程中,企业或个人为了保护环境和自然资源,进行治理环境、改善产品加工工艺的投入进行补偿;绿色技术创新(Amore,Bennedsen,2016),侧重研究以保护环境为目标的管理创新和技术创新;绿色金融(李妍辉,2012),重在探讨金融业如何实现促进环保、经济社会可持续发展和保障自身可持续发展;绿色协同(Yang,Ding,2012;Galappaththi,Berkes,2015;Kossmann et al. ,2016;Gilani et al. ,2017;Avoyan et al. ,2017),突出强调绿色协同发展可以是转型跨产业之间协同,或是产业内跨企业之间协同,也可以是产业各主体间协同(孙虎,乔标,2015)。绿色协同发展将使主体受益于实施绿色举措,但无论是城市建设或是企业发展,都不是凭借单一主体就能够实现的,需多方协同合作来实现。

通过分析发现,国内外学者对于绿色发展相关问题的研究已经给予了充分的重视,并已经取得丰硕成果,但已有研究中并没有对资源枯竭型城市如何实现绿色转型的直接研究,且缺少将多个绿色发展理念进行融合的有效途径。

1.2.3 综合性述评

长期以来,资源型城市发展中因缺乏统筹规划及资源衰减等客观原因导致其发展问题重重。作为煤炭、石油等重要基础能源和原材料基地,资源型城市为中国经济社会快速发展作出了不可忽视的突出贡献,然而长期缺乏统筹规划、多以资源无序索取为主和资源逐渐衰减等原因,直接造成多数资源型城市逐渐向资源枯竭型城市转变,并且这些资源型城市转型发展的内生动力不足,加剧了经济结构失衡和生态环境破坏严重等问题。因此,实现资源枯竭型城市的科学转型与可持续发展,是贯彻落实科学发展观、保障基础和关键能源资源供给、维护国民经济持续、有序、健康和协调发展的重要工作。通过文献分析不难发现,关于资源枯竭型城市转型的相关问题已经引起国内外政府和众多学者的关注,且对资源枯竭型城市的转型与发展问题已经有了比较丰富的研究成果,但已有研究中过多强调了转型中的经济效益问题,虽可以为经济发展提供有力支撑,但却忽视了在转型中绿色可持续发展问题,且没能考虑资源枯竭形势下的多区域、多产能和多资源协同利用与发展,很难与国家的五大发展理念相契合。

1.3 研究框架及思路

1.3.1 研究框架

本书内容共分12章。在第1章和第2章中,主要对煤炭资源枯竭型城市绿色转型发展背景、相关概念和理论进行阐释。为了更好地吸收和借鉴国内外相关实践和理论研究经验,第3章对国内外煤炭资源枯竭型城市成功案例进行了分析。第4章和第5章分别对煤炭资源枯竭型城市绿色转型发展驱动因素、约束条件和绿色转型发展模式进行了系统研究。第6章和第7章分别对煤炭资源枯竭型城市绿色转型发展实现及治理路径进行了设计。为了满足跨区域协同绿色转型发展需求,并提供"互联网+"平台保障,第8章、第9章和第10章对煤炭资源枯竭型城市绿色转型发展"互联网+"平台进行了分析,并对设计、实施、运营管理和具体应用进行了研究。第11章和第12章分别针对煤炭资源枯竭型城市绿色转型发展金融和政策制度保障等问题进行了具体探讨,并从政府、企业不同角度提出绿色转型的具体实施建议。

1.3.2 研究思路

为了使研究工作能对现实问题进行比较客观、全面的反映,并充分上升到政府宏观调控和政策分析高度,提高研究成果理论价值和实践意义,本书将沿"问题提炼→理论反思→经验借鉴→理论升华→实施路径、保障体系与对策研究"思路展开。首先,通过文献研究、实践调查和专家咨询对资源枯竭型城市发展与转型特征进行进一步凝练和分析,提炼出研究需要关注的基本要素。然后,通过对煤炭资源枯竭型城市绿色转型发展约束、驱动因素和模式分析,进一步形成对绿色转型实施和治理路径的设计。同时,为了进一步实现跨区域协同绿色转型,提出对煤炭资源枯竭型城市绿色转型"互联网+"平台的分析、设计与实施,并对运营管理和应用进行研究。最后,对煤炭资源枯竭型城市绿色转型发展金融和政策制度保障等问题进行研究。

第2章 相关理论概述

2.1 相关概念

2.1.1 资源型城市

(1) 资源型城市定义

对于资源型城市定义,学术界目前尚未形成统一认识和定论。对于煤炭、石油等矿物资源而言,因其共同特点为不可再生,或即使可再生,再生时间相当漫长,从而失去了现实经济意义。此外,资源型城市往往在功能属性上会过度依赖于资源及其空间地理区位等,城市在建立初期完全依靠国家的行政与制度支持和安排。广义而言,资源型城市通常是指那些依托本地区可探测的矿产和森林等自然资源,逐渐形成的以开采、加工这些自然资源为主导产业的城市,这些城市的生产和发展与自然资源开发存在显著且密切的共生关系。通常情况下,依据自然资源发掘、开采与城市形成、发展的先后顺序,分两种模式定义资源型城市的形成,其一为"先矿后城式",其含义为城市的建立完全是为了更加有效地开发和利用自然资源,如黑龙江大庆、甘肃金昌、四川攀枝花和新疆克拉玛依等;其二为"先城后矿式",其含义为城市在自然资源得到大规模发掘、开采和加工之前已经存在并发展,只不过是因为自然资源的开发和利用加快相关产业成长,从而推动了城市的全新发展,如山西大同和河北邯郸等。依托自然资源为主导产业是资源型城市的共同特点,这往往会带来城市经济结构的单一化,也会导致人才就业结构简单化和单一化,并会在自然资源逐渐走向枯竭和相关企业经营出现困境时,大批职工下岗且再就业困难等问题。

(2) 资源型城市确定依据

资源型城市范围界定通常是采用定量和定性相结合的方法,并遵循定量为主、定性为辅的原则。首先,要锁定关键评价指标,一般而言,城市自然资源的市场占有率、产业结构和就业结构会被作为主要评价指标,只要满足三个指标中的任意一个，该城市即可确定为矿业城市。其次，对森林资源开发潜力和能力两项指标进行评估，当两项指标同时被满足时，该城市则被界定为森工城市。除了定量界定外，还需要综合考虑城市对自然资源开发历史是否悠久，城市布局是否满足国家重点战略等。我国目前已确定262个城市为资源型城市。

① 发生学原则。作为资源型城市，其产生和发展过程十分重要，在进行转型时，需要对全过程进行必要的掌握。对于某些资源型产业，其在城市经济中不占据主导地位，城市发展对其依赖程度微不足道，那么这类资源型城市经过转型后，有可能不再具备资源型城市特征，或转变为非资源型城市。

② 定性方法与定量方法相结合的原则。单纯使用定性方法判断资源型城市存在诸多主观因素，难以做到科学准确；同样，单纯使用定量方法衡量资源型城市过于死板，很多复杂因素很难用数据恰当表示，这就不可避免地会与实际情况背道而驰。因此，在确定资源型城市时不应割裂两种方法，应当以定量方法为主，以定性方法为辅。

(3) 资源型城市分类

对资源型城市的分析要从多角度进行。第一，从功能学角度分析，资源型城市担负资源输出的角色，必须大量输出自身资源。第二，从发生学角度分析，资源与城市发展二者之间密不可分。从该角度可将资源型城市分为两类：一类是先发展出城市的形态后进行资源输出开采，如吉林省白山市、河北省邯郸市等资源型城市；另一类是资源开采的同时城市逐渐发展，产生城市的最初形态，如四川省攀枝花市、辽宁省松原市和辽源市等资源型城市。第三，从演进角度分析，城市发展依次经历“资源型产业兴起—资源型产业主导—资源型产业衰退—资源型城市转型、转移或转向”的阶段。综上，资源型城市以资源产业为支柱，以自然资源为主要发展依靠，该类城市主要集中于森工城市和矿业城市。迄今为止，我国资源型城市共计262个，涉及16个市辖区(开发区、管理区)、58个县、62个县级市、126个地级行政区、28个省(自治区、直辖市)，涵盖国土面积391万km^2，占国土面积的40.71%；人口涵盖城乡人口，涉及城乡人口4.99亿，占全国人口的36.8%。从数据看，我国资源型城市分布不甚集中，其中东部地区59个，中部地区83个，西部地区83，东北地区37个。东北和中西部地区合计203个，占全国资源型城市的75%。从不同角度分析，我国资源型城市分类如下：

① 按照产业内容及是否具有可再生能力，可以划分为：森工城市18个、矿业城市(包括煤炭、石油、有色金属、黑色金属等)244个。森林资源与矿产

资源存在本质不同，森林资源的可再生性决定了其特有的性质，矿业城市的发展路径和政策规定不一定适用于森工城市。在处理森工城市问题时不应忽略其独有特征，比如一刀切的限伐政策和林业产权制度等。

② 按照产业生命周期，可将资源型城市划分为：成长型城市（31 个），成熟型城市（141 个），衰退型城市（67 个），再生型城市（23 个）。成熟型和衰退型城市共 208 个，占资源型城市总数的 80%。

根据资源型产业的生命周期，我国不同资源型城市当前所处发展阶段不同，发展方向也不尽一致。按照不同条件划分资源型城市，对其明确发展模式或转变或转向或转移等存在积极的促进作用。基于此，国家政策对不同资源型城市的政策支持侧重点有所不同，有利于明晰包括新兴资源型城市在内的若干城市应遵循的产业生命周期规律，做到事前规划、事中控制、事后总结的全过程把握，推进产业多元化，避免一业偏大、产业偏重情况发生，实现可持续发展。例如：再生型城市初步脱离资源输出的束缚，经济社会步入良性发展的阶段，该类资源型城市是转变经济发展方式的先行区与示范区。

2.1.2 资源枯竭型城市

（1）资源枯竭型城市定义

资源枯竭型城市是指矿产资源开发进入后期、晚期或末期阶段，其累计采出储量已达到可采储量的 70%以上的城市。由于该类城市的矿产资源开发进入衰退或枯竭过程，所以也有专家称其为“资源衰退型城市”。

（2）资源枯竭型城市特点

经国家发改委、国土资源部、财政部等单位评定，国务院发布我国资源枯竭型城市名单。我国于 2008、2009、2012 年分三批确定共计 69 个资源枯竭型城市（县、区）。经分析归纳可知，资源枯竭型城市具有四大共同特点：

第一，随着开采程度增加，资源逐渐枯竭，致使城市产业效益下降；

第二，产业结构单一，资源型产业萎缩，与此同时替代产业尚未形成；

第三，城市经济总量不足，导致地方财力薄弱等一系列发展问题显著；

第四，大量职工收入低于全国城市居民人均水平，生活水平随之降低。

按照资源型产业与资源型城市发展周期规律，资源型城市不可避免地遵循“建设—繁荣—衰退—转型—振兴或消亡”这一代谢周期。因此，怎样帮助资源枯竭型城市寻找发展新路径，是解决其经济转型这一世界性难题的关键所在。这是资源枯竭型城市共同面临的难题。

（3）资源枯竭型城市转型发展

目前，世界各国经济社会发展过程中都经历过或正在经历资源枯竭型城市转型这一显著问题，这类问题主要集中于国家工业化发展的初、中期。欧美、日本等国家在近代基于其发达的矿业产业，形成了发达的矿业经济，很多依赖矿业经济的法治与文明日渐成熟。例如德国鲁尔矿区和法国洛林矿区以"煤铁之乡"而举世闻名。但伴随工业化进程逐渐步入后期，欧美、日本等国依靠矿业资源的发展进入瓶颈期，伴随发展空间逐步压缩，其矿业逐步式微。然而，这些国家的资源型城市并未随资源枯竭而逐渐消亡落寞，而是通过国家政策引导和产业结构优化的方式积极实现城市转型，较为合理地解决了资源枯竭型矿业城市发展上的历史遗留问题，逐渐摆脱对矿产资源过度依赖的模式，实现传统矿业地区经济复兴，进而走上经济平衡、协调和可持续发展的道路。对于资源枯竭型城市转型与可持续发展问题，放眼国际社会，一部分国家已经有较为成熟的方案加以解决，如德国、法国、日本等；另一部分国家目前正在着手解决这类问题，如意大利、希腊、西班牙、美国等。这些国家的经验可以成为我国解决同类型问题的攻玉之石，为我国资源型城市发展提供宝贵经验和借鉴。

① 中国资源枯竭型城市转型发展困境。经相关部委评定、国务院发布确定资源枯竭型城市名单后，中央财政将给予名单中的城市一定的财力性转移支付资金的支持。应国务院要求，由省级人民政府负责资源型城市的可持续发展工作，并加强对资源型城市可持续发展工作的统筹领导和支持力度。国务院进一步要求资源枯竭型城市要抓紧制定、完善转型规划，提出转型和可持续发展工作的具体方案，进一步明确转型思路和发展重点，为全国资源型城市的经济转型与可持续发展开辟新发展道路。在过去几十年，我国资源型城市逐渐面临资源枯竭的危险，自然资源开采量逐渐减少导致相关产业发展减速，在建设资源型城市初期，更多考虑的是资源的开采问题，弱化城市发展问题，如城市发展条件、因素等，从而导致一系列连锁问题出现。资源型城市正面对纷繁复杂的境遇，主要表现在以下几个方面：

a. 城市发展的资源环境基础出现危机。资源枯竭和开采过程缺乏维保致使生态环境恶化，耕地退化、盐碱化和沙化现象明显，伴随开采过程出现的水质污染问题、水资源需求告急等问题纷至沓来。

b. 资源型城市区位条件差，自我发展能力较弱。该类城市主要围绕资源开采地而建，较一般城市而言缺乏开放性，较为单一的产业结构致使经济体系长期处于封闭状态，城市的社会服务主要围绕主导资源产业开展，缺少自主运营空间。

c. 资源型城市产业高度单一性，或者称为非均衡性。资源型城市先天性特征决定资源型产业是城市主导产业的同时又是支柱产业，城市不得不对资源型产业产生较强的依赖性，导致资源型城市发展受到限制，城市功能因主要服务于资源型产业而不甚健全，第三产业及可替代产业有待发展。

d. 矿业城市在管理体制和利益机制上矛盾突出。鉴于我国税制结构现状，矿业企业创造的利税留存率偏低，企业办社会、政府办企业本末倒置、功能错位的情况时有发生。

综上，为改变资源日渐枯竭的现状，使资源开采收益下降对城市经济发展的负面影响降到最低，摆脱自然资源依赖的限制，解决资源型城市“资源富城兴、资源竭城衰”的困扰，我国资源型城市进行经济转型是十分重要且必要的。

② 当前的挑战。对自然资源的长期依赖逐渐压缩接续和替代综合产业链的发展空间，单一资源发展路径在“城市自我深化”的锁定过程使得产业转型不确定风险增多。多种复杂因素的交织增加了资源枯竭型城市转型的难度，间接延缓其转型的进程，其具体表现如下：

a. 资源型产业生产收益递减规律的存在导致城市发展失去资源收益的支撑。资源型企业投入成本并非一成不变，由于矿产资源不可再生，当资源开采量达到峰值后必然面临资源减产的问题，资源产出的绝对量下降无视企业投入的增加量，因而造成企业收益逐年递减。秉承资源开采“先上后下，先易后难”的原则，资源开采深度加深，开采难度逐渐增大，开采成本逐渐升高，直接导致企业收益递减。

b. 大量沉淀成本的存在使资源型产业结构呈现刚性。资源型固定资产具有很高的技术利用锁定性，即该类资产既不能完全回收利用，也几乎不可转换使用途径，进而逐渐形成沉淀成本。在资源开采过程中，如采掘设备、井巷、硐室等约占固定资产总量的 35%，比例较高，其形成的沉淀成本加大了企业退出资源枯竭型行业的机会成本，也降低了企业进入其他行业和市场的理论可能。由于缺少必要的固定资产作为准入支持，企业只能采取维持策略，在较低效率水平下维持现状，逐渐形成恶性循环的局面，最终形成产业结构刚性，极大地提升了资源型产业退出的门槛。

c. 产业结构不合理，产业间关联度较低。资源枯竭型城市普遍存在农业基础薄弱、工业格局偏重、服务业由于服务于工业而发展缓慢、滞后，造成三类产业结构比例明显失调。资源型产业多属于中间投入型产业，前向关联度高、后向关联度低、乘数效应小，这些特点使其很难对下游产业及相关周边产业产生显著的带动作用，进而难以发挥对地方经济的关联带动作用，城市经济不得不持续过分依赖资源型产业，进而产业转型难度增大，城市经济结构出现畸形发展。

③ 转型对策。资源型城市选择转型方式往往根植于更深层次的社会图景之中。转型方式的选择并非单一片面的决策，要考虑经济体制、社会背景等因素，也要考虑产业发展史、地理区位、市场结构与规模、文化背景等客观因素。

a. 国际经验。纵观国际上资源型城市转型经验与路径，其政策取向大体可以分为四类：

第一类是美国式，即市场式转型。政府较少对城市转型进行具体的控制与干预，政府的主要作用体现在规划与服务工作。城市的兴衰主要由市场力量与企业自身发展状况或远景目标决定。第二类是欧盟式，即政府领导式转型，代表国家为法国、德国等。由政府成立专门委员会和其他相关组织，制定详细目标、计划和政策，通过政府各部门、社会各方力量的通力合作，发挥各方优势，进行产业结构优化调整，促进地区产业进步和经济发展，最终实现经济区域的健康发展。第三类是日本式转型。政府通过国内外市场的动态变化情况和煤炭产区的具体实际，制定和修改产业政策，设定目标和措施，在产业政策指导下进行产业援助。第四类是自由放任式转型，代表国家为苏联和委内瑞拉等。政府几乎对城市转型不采取任何措施，尤其是苏联，在计划经济体制下，政府不参与资源型城市转型，导致其最终发展停滞。

b. 战略方式选择。第一，从产业衰退循环中剥离，采用多元发展战略，发展循环经济。资源型产业处于产业链上游，利润率普遍偏低，一味资源输出降低城市的积累能力，随着矿产资源的减少与开采难度的提升，生产成本随之水涨船高，过分依赖资源致使企业在市场分工中只能充当初级产品生产者的角色，产业结构陷入低级化的恶性循环。据此，本着"减量化、再利用、资源化"的原则，对资源进行高效循环利用，发现并培育新的经济增长点，培养接续企业，逐渐实现资源优势向市场优势、产品优势的过渡，整合形成具有特色的产业链优势，将利润辐射至相关行业与其他产业，积极扶持其他支柱产业，如化工、食品、纺织、医药、高新技术等。第二，产业结构优化调整，确保产业政策与城市政策二者相协调。作为资源枯竭型城市转型的关键路径与首要任务，实现产业结构优化调整处于战略地位。在社会经济环境中，以资源型、非资源型企业供给结构为重点对产业结构进行调整，与此同时，积极发挥城市政策对需求结构的引导作用，坚持资源条件可行性、供需双方一致性、经济效益择优性等原则，沿市场化、产业化、社会化方向，有选择、有目的地发展高新技术产业，实现经济整体竞争力提升；巩固第一产业农业的基础位置，同时推进农业自动化进程，对农业进一步实现技术改造；制定合理的扶持政策，加快发展第三产业，补足资源型城市第三产业发展的短板，发展个体私营经济，使经济结构呈现多元化发展局面，最终实现城市可持续发展。第三，实施集约整合战略，寻求资源枯竭型城市发展新路径。目前，我国有资源型企业约15万家，过多过小、散而不聚的特征显著，地方小型资源型企业与国家大型资源型企业间有明显的二元结构，导致二者间相互封闭，难以集约整合，资源管理困难、浪费量大、经济效益低、安全隐患多等现象时有出现。因此，政府应大力支持并积极推进集约化经营开发，对现有企业进行改组、改制、改造，整合出一批具有国际竞争力的资源型集团企业，以适应经济全球化的新态势，在更大范围、更宽领域、更深层次加强国际竞争力，以外向型经济牵动内在经济发展，加速与国际接轨的进程。

c. 产业方向选择。城市化进程与第三产业飞速发展的前提必然是经济社会的发展，这是世界各国在经济社会发展中普遍存在的现象。然而，资源枯竭型城市发展存在其特有的困难，如资源枯竭、内需严重不足、人才引进难度大、缺少对新型产业发展的吸引力等，均阻碍现代化产业转型的实现。针对资源枯竭型城市的特点，所选择的新产业须具备以下特征：第一，单纯的资本密集型或技术密集型产业不能满足资源枯竭型城市转型中涉及的就业等民生问题，因此所选择的新产业必须具备劳动密集型特征，解决发展问题的同时兼顾就业等问题。第二，所选择的新产业必须是内生外向型的。就实际而言，资源枯竭型城市当前“体弱不受补”，单一发展内向型经济一定会由于内需的严重不足而陷入困境。所以资源枯竭型城市选择发展的新产业不但要充分解决内部人员就业问题，还要重视外销产品、提供服务的问题。第三，新产业必须符合新的发展观。所选择的新产业必须是与当前发展关联程度较高的产业，要带动当地经济全面发展，要通过一个产业发展带动一系列产业综合发展，形成良性连锁反应。第四，新产业必须是符合新的市场需求的产业。

2.1.3 资源型城市绿色转型发展模式

简单地依赖现居地丰富的资源实现区域经济增长，很难产生经济所期望的贡献作用，也不易实现资源型城市的绿色转型与可持续发展，相反可能会出现“资源诅咒”效应。因此，资源型城市转型需要从简单依赖自然资源驱动经济增长的发展模式逐步转向技术创新与人力资本累计不断加强的方向，合理开发利用优势资源，通过绿色转型推动区域经济的可持续发展。在众多转型经验中，虽然不乏避免“资源诅咒”效应的案例，但那些依靠资源开发发展起来的资源型城市更易陷入“资源优势陷阱”之中，其中的关键点在于资源型城市发展过程中发展模式和路径的选择上。归纳可知资源型城市发展模式主要包括传统发展模式、理想发展模式和绿色转型发展模式。

（1）资源型城市传统发展模式

资源型城市的传统发展模式，是指对资源高度依赖的高消耗、高污染、粗放型经济发展模式。在比较优势的区域分工理论指导下及追求利润最大化目标的驱动下，资源型城市对自然资源进行大规模的开采，利润和 GDP 成为考核企业绩效和政府政绩的唯一指标，甚至出现过唯经济增速论的情况。在这种发展背景下，资源型城市赖以发展的资源开发型企业多含有高耗能、高污染的性质，经济增长方式以粗犷型为主，产业结构单一，要素结构简单，抗冲击性低，对经济波动的风险防范能力偏差，对自然资源造成的破坏是不可逆的。

（2）资源型城市理想发展模式

资源型城市最终实现的发展模式即理想发展模式，也是其绿色转型的最终目标。理想的发展模式要求一切经济活动必须要在生态环境所能承受的范围之内进行，不能对自然生态环境造成不可恢复的破坏，因此，理想发展模式属于可持续发展模式。

（3）资源型城市绿色转型发展模式

我国的资源型城市绿色转型发展模式处于由传统发展模式到理想发展模式的过渡阶段，该阶段以弱可持续发展和竞争优势理论为基础。弱可持续发展理论认为，各因素的相互替代是指可以用人力资本或其他物力资本弥补或取代资源损耗和生态环境损害；而从竞争优势理论角度来看，资源型城市在发展其他有潜在经济增长点产业方面也是可行的。绿色转型发展模式是以生态资源承载能力为基础的一种发展方式，其效益最大化具有多重意义，涵盖了经济发展、生态环境、生存等多个方面；其经济特点也是朝着效率、低碳方向发展。绿色转型发展模式集约绿色经济增长方式，逐步形成多样化的工业经济，提高经济抵御风险的能力；解决好与自然之间的矛盾，逐渐降低人为的冲击与损害，从而达到人与自然的协调统一。

2.1.4 煤炭企业

（1）煤炭企业定义

煤炭企业是以煤炭开采为主营业务，集煤炭洗选、煤炭加工、煤炭销售、煤田勘探、矿井建设、机械设备制造等相关业务范畴为一体的典型资源型企业。

煤炭企业具备独立法人资格，是日常安全生产主体责任的独立承担者。煤炭企业是具有代表性的资源型企业，其固定资产占有很大比例，投入使用寿命比较长，且投入的资金规模庞大，建设时间也比较漫长。由于我国目前主要的一次能源储备总量不够充足，因而煤炭企业抵御风险的能力比较差，容易受到外部经济环境的冲击。由于煤炭企业的地下工作和日常维修工作比较多，所以一线工种比例很高。煤炭行业结构简单，对一线职工的技术水平有一定的限制，但由于初期工程的复杂程度和技术水平的提高，导致了职工技术水平和教育水平高低不均。

第一产业中的煤炭工业是我国经济发展的主要支柱产业，对整个国家的发展起着举足轻重的作用。《煤炭工业发展"十三五"规划》由国家发改委和国家能源管理局共同印发，其中提出到2020年，大型煤炭基地、大型骨干煤炭企业集团、大型现代化煤矿的主体地位更加突出，生产效率和企业效益明显提高……基本建成集约、安全、高效、绿色的现代煤炭工业体系。综观当前我国煤炭产业的发展状况，大多数煤炭企业的产品比较单一化，抵御外来风险的能力较差。但是，由于煤炭产业所涵盖的行业多达数百种，其中以煤矿为主的行业定位不够明确，造成了煤炭产业的行业分布比较分散。尽管煤炭企业的多元化发展对行业发展起到了一定的推动作用，但从长远来看，由于煤炭企业具有大量的非相关产业业务且规模不大，因此，主营业务优势并不明显，经济效益也不理想。

(2) 煤炭企业生产带来的生态环境问题

随着煤炭的开发利用范围不断扩大，煤炭的生产、加工给煤矿开采区的生态环境带来了很大的负面影响。煤炭企业在生产过程中产生的生态环境问题包括以下几方面。

① 污染矿区水质。煤矿在开采煤炭时，随着巷道开挖深度的增大，常会导致突水事故的发生。地下水是煤矿生产的重要水源，一旦发生矿井突水事故，必然会导致地下水资源减少及地下水水位降低。与此同时，大量的矿井水会受到煤层的污染，如果没有经过技术处理就随意排放，不但会造成水资源的浪费，而且一旦进入土壤再渗入地下，对周围的地下水质量也会有很大的影响。

② 污染矿区大气。煤炭在生产、储存、运输和加工过程中，会排放出较多的煤尘。当煤尘飘散到空气中时，空气的洁净度和能见度都会下降，空气的结构失衡，植物的光合作用受到极大的影响，对环境造成损害。另外，矿山的废气排放和固体废料堆存的氧化，也会对矿区的空气环境产生不利影响。

③ 污染矿区土壤。煤矿开采产生的大量固体废弃物对矿区环境造成严重的污染，对地表植物的生长造成不利影响。同时，地表植物被毁坏使得矿区的土壤侵蚀更加严重，导致了土壤的贫瘠，从而使地面植物更加难以生长。

煤炭企业既要从矿产资源中获取经济利益，又要兼顾矿山所在区域的环境容量。如何科学地开发和维护煤矿周围的环境，是目前煤炭企业实施绿色发展的重要课题。

目前，我国煤炭企业的发展仍面临诸多问题，尤其是煤炭企业的产业特性常常使其受制于自身的环保工作。当前，在提倡人与自然和谐共生的时代，煤炭企业在生产和运营中所带来的环境污染问题日益引起人们的关注，因而煤炭企业如何在环境保护方面通过转型升级促进自身发展就显得格外重要。

(3) 绿色煤炭企业

绿色煤炭，狭义而言即含硫量、含磷量较少，具有较低的熔点和较高的热量，特别适合作为能源和化工原料的煤炭。与常规煤炭的转化工艺比较，绿色煤炭的转化工艺具有能源消耗少、转换环境柔和、转换效率高、经济实用、操作简便、环境友好等优点。广义而言，绿色煤炭是以绿色发展的思想为指导、以循环经济为基础开采的“黑色的煤”；绿色煤炭这一概念是由环保理念衍生出来的，其关键在于保护煤炭开采区生态环境，在开采煤炭的同时，开采煤系伴生物、地下水和对废弃物循环利用，使经济效益与环境效益达到协调一致。绿色煤炭企业特点如下：

第一，煤炭企业在开采和运营过程中，必须严格遵循精细开采、适度开采、减少排放等原则，保证煤炭生产安全、高效地利用能源。

第二，煤炭企业拥有的技术储备系统的核心是资源的集约化、生态化，其具体内容包括清洁生产技术、废物利用技术、环境污染治理技术。

第三，煤炭企业可回收煤系伴生矿物及相关废弃物。利用转化技术，可以将煤矸石、瓦斯废气、矿井废水等废物进行资源化利用、循环利用，从而达到节能减排的目的，同时促进企业经济效益的提升。

2.1.5　绿色转型

绿色转型是指以生态文明建设为主导，发展循环经济，培育绿色产业，最大限度降低对生态环境的破坏，实现区域经济、社会、生态协调可持续发展，促进人与自然的和谐发展。生态系统的可持续发展，是人类与自然和谐发展的必然要求，其中心内容是从传统的发展方式转向绿色发展方式，从人与自然的分离和经济、社会、生态分割的发展形态，到人与自然和谐共生以及经济、社会、生态协调发展的新形态的转变。绿色转型的重点有以下五个方面：

第一，价值取向是“绿色”，也就是自然和生态的思想理念；

第二，内在时空尺度的对比是基于对以往发展模式的理性思考和横向国际发展模式的对比，从而形成对发展模式的合理认识；

第三，重视转变进程，要有科学技术和知识经济的参与；

第四，强调参与的整体性和综合性，也就是参与主体多元化（企业、政府、家庭以及经济、社会、环境、制度等）；

第五，强调目的性，即实现地区经济发展演化和谐。

绿色转型建模一般采用三维结构模型，如图 2-1 所示。

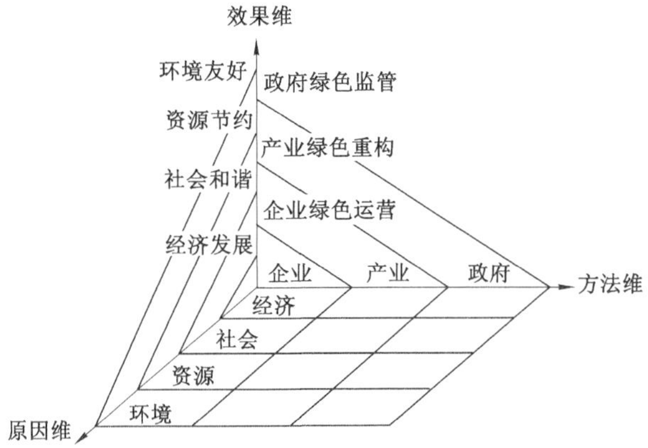

图 2-1　绿色转型三维结构模型

在上述基础上对绿色转型的内涵进行界定，即在绿色发展理念的指导下，基于目前的经济、社会、资源、环境的可持续发展（原因维），通过企业运营方法的改变、产业结构的优化、政府的监督（方法维），实现企业绿色运营、产业绿色重构、政府绿色监管，将传统的黑色经济转变为绿色经济，形成经济发展、社会和谐、资源节约、环境友好的科学发展模式（效果维）。这个模型是在下列思想基础上提出的：

首先，“为何要进行绿色转型”，即三维结构模型原因维。这是由经济、社会、资源与环境共同构成立体结构模式，对我国经济社会发展中的环境问题和绿色转型的必要性和内在性进行了分析。

其次，“如何进行绿色转变”，即三维结构模型方法维。这是由企业、产业和政府三个层面组成的立体结构模式，阐明了实施“如何进行绿色转变”的可行路径。

最后,“绿色变革的目的何在”,即三维结构模型效果维。这是由两个层次组成的立体结构模式,其成因层次有:经济发展、社会和谐、资源节约、环境友好,其方法层次有:绿色运营、产业绿色重构、政府绿色监管,它们对绿色转型应达到的效果进行了系统的评估。

(1) 原因维

在人类历史发展过程中,为满足日益增长的物质需求,使经济社会的发展维持在较快速上,人们始终坚持“高投入、高消耗、高污染”的发展模型。特别是许多资源型大城市,由于常年大规模、高强度、大面积地开发资源,以及各种高能耗产业的迅猛发展,导致大量的资源消耗以及城市生态环境的恶化。但是,由于对经济社会发展的渴望,以及对物质的需求与日俱增,使得人们对资源的无限渴求和资源的有限稀缺性之间形成了一种冲突,这种冲突日益加剧,促使资源型城市不得不做出绿色转型的举措。

(2) 方法维

绿色转型的微观主体是企业。企业是通过为社会提供产品和服务来获取收益,并从事生产、流通和其他服务性经济活动的经济组织,是市场经济运作和发展的重要组成部分。要实现资源型城市的绿色转型,必须从促进企业的绿色转变、构建绿色市场经济的微观基础以及实现绿色经营着手。绿色转型的中观主体是工业。工业是国民经济的中流砥柱,发展绿色经济的关键在于产业的绿色重构。所以,要坚持以资源型城市为切入点,以建设绿色产业体系为核心和突破口,以发展绿色产业、调整产业结构、发展绿色经济、发展绿色农业、发展绿色建筑与绿色服务为有力依托。绿色转型的宏观主体是政府。政府作为推动经济科学发展、改变经济增长方式的重要力量,必须肩负起保护生态环境、保护自然资源的重任,建立和落实人与自然和谐、生态经济和谐的环保监管体系。政府的绿色监督包括市场运营外部监管和自身运营内部监管两个方面。

(3) 效果维

经济、社会、资源、环境四大因素共同运作促进了资源型城市的绿色转型。四大因素之间的内生矛盾是资源型城市进行绿色转型的最主要驱动力,因此从这四个因素的角度评价绿色转型,有助于观察经济发展过程中的无限需求与资源环境下的有限供应的矛盾,分析冲突的加剧或缓解程度;资源型城市绿色转型的具体方法和实现途径是企业、产业、政府三大主体的绿色转型,这三大主体的形成与发展直接关系着资源型城市在微观、中观、宏观层面的绿色转型效果。资源型城镇的绿色转型是以上四个因素和三个主体共同作用的产物，要使绿色转型得以实现，就需要注意各个因素和主体的发展及其之间的相互影响和协调关系。

由此可见，绿色转型既是对传统发展模式的一种思考，也是建立在现有发展技术基础上的、需要综合考虑多方面因素制约的经济发展方式。实现绿色转型的价值内涵在于：绿色转型实现的动力是依靠环境、资源、社会、经济四个因素。为了适应人们日益增长的物质和文化的需要，就必须持续地从自然界获取资源，同时产生大量的废弃物，也就是持续采用高污染、高消耗、高投入的传统发展模式。部分资源型城市作为国家或地区的主要资源输出区，大规模、高强度、高污染企业集中发展，为地区和城市的经济发展提供了巨大利益，同时也给当地的生态环境造成了极大损害，而且这些损害是不可逆转的。目前，由于资源耗尽、生态恢复费用巨大，人们日益增长的物质需求同自然环境有限资源供给能力之间的矛盾日益突出，使资源型城市面临发展"瓶颈"，实现资源型城市绿色转型是解决这一矛盾的有效路径。

资源型城市的绿色转型，是在绿色发展和可持续发展理念的基础上，通过技术创新和建立绿色制度来促进工业结构优化和资源高效利用，实现经济发展和生态环境的双赢，而不是仅仅为了防止"矿竭城衰"。绿色转型的目的是使社会的经济和福利水平、环境的承载力都得到提高。其重点是提高产业内劳动力质量，而不是劳动力数量；注重资源的有效使用，而不是去资源化的发展；强调生产过程中对环境保护而不是走先污染后治理的老路。绿色转型侧重于资源的开发与利用、企业的运行机制和绿色创新系统的建设，注重资源型工业的绿色改造、产业系统的绿色重组、政府在转型过程中的角色转变及其因地制宜、因时制宜地制定符合当地实际条件的转型计划。

2.1.6 绿色投资

(1) 绿色投资概念界定

在我国，绿色投资的理论还处在初级发展时期，学者们对其进行了不同程度的阐释。基于不同的立论基础，关于绿色投资存在着不同的认识。在以往的文献中，学术界对绿色投资有两种不同的认识：

第一，国内学术界对于可持续发展问题和绿色环保问题，建议设立绿色投资、绿色消费、绿色产品、绿色供应链、绿色税制等绿色体系方面的政策。关于绿色投资的问题多与其他相关领域相关联，是绿色发展的一种重要发展过程，一般不将其作为一个独立的主题来讨论。田江海(2010)认为，在科学发展观的背景下，绿色投资是为增加"绿色 GDP"而投入的资金(或其他经济来源)，通常和“绿色GDP”紧密联系在一起。这是最能体现以人为核心对可持续的经济与社会发展的最好投入。李剑玲和黄海峰(2012)将绿色投资视为环境保护、开发、生产和服务的一种投入。星焱(2017)从社会责任层面定义绿色投资,认为绿色投资是一项长期持续的、体现了企业的社会责任的投资。

第二,西方学者从企业社会责任视角出发,将“社会责任投资”(Socially Responsible Investment,SRI)称为“绿色投资”,即在可持续发展与社会和谐的指导下,保护资源、环境,履行社会责任,实现经济、社会、环境三管齐下,以推动经济的可持续发展,维护社会的和谐。该投资模型基于环境准则、社会规范和货币资本回报的投资模式,并考虑了经济、社会和环境的三重收益,又称“三重盈余”模型。

综上,可以从广义和狭义两个角度对绿色投资进行界定。狭义上说,绿色投资指的是对资源、生态环境的保护,特别是节能减排。广义而言,绿色投资是指所有的投资行为,都是对人和自然环境的协调。总结现有的研究成果,可以归纳为“费用说”与“投资说”。起初,绿色投资大多是在终端治理上进行的,“费用说”认为,绿色投资是指在研究和执行治理污染技术方面投入的全部成本,而公司在绿色方面的投入则是公司的经营成本。但是,在工业化进程加快的同时,终端治理的弊端也在不断加剧。首先,环境污染治理设施的建设投入较大,利润率较低,造成了生产成本的提高,降低了经济效益;其次,终端治理往往不能完全解决环境问题,从某种意义上说,是一种污染的传递;另外,终端治理不能完全杜绝资源的浪费,也不能充分反映出有效的资源使用。在这一背景下,“投资说”逐步形成,其核心是建立在防范基础上的源头型治理模型。学术界普遍认为,绿色投资是各投资主体为实现环境保护和可持续发展的长期经营目标而投入的用来预防和控制污染的所有投资总和。

本书所述“绿色投资”属于“投资说”,意为企业在环境保护和污染治理方面投入的研究、开发和治理资金,是各投资方为保护环境、控制污染、修复生态环境而进行的投资,以达到经济效益和社会效益的综合目标,在有关领域中又被称作“环保投资”。此定义具有以下三条优势:

第一,与现实的特征相吻合。绿色投资是一种企业性质的投资,与常规投资的不同之处是,它既追求经济效益,又追求当下或未来的环保和社会效益,而现行环保的原则是“预防为主、防治结合、综合治理”,所以,绿色投资是一种为解决未来环保问题而提前的投资。

第二,具有典型性。同一产业中的企业在其环保投入上存在着某种相同之处,在环保投资中所表现出的特征,既反映了企业的运营状况,又反映了该产业中其他企业的现状，对其他企业也有参考作用。

第三，具有权威性。由于当前企业的经营数据、财务报表等都需要会计师事务所进行审计，对于某些大型投资项目，还可以从企业的网页或者实地考察中获得数据，从而确保了其数据的真实性。

(2) 绿色投资的特征

在现有的经济发展模式下，传统的投资方式可以创造收益而不用顾及资源使用的上限，也不用顾及环境的限制，就可以通过资本的投入获取利益。这样的投入导致了企业在经营活动中忽略了对环境和社会的不利作用，忽略了企业的社会责任，进而妨碍了企业的长远发展。绿色投资和传统投资会带来不同的效果，具体如图 2-2 所示。

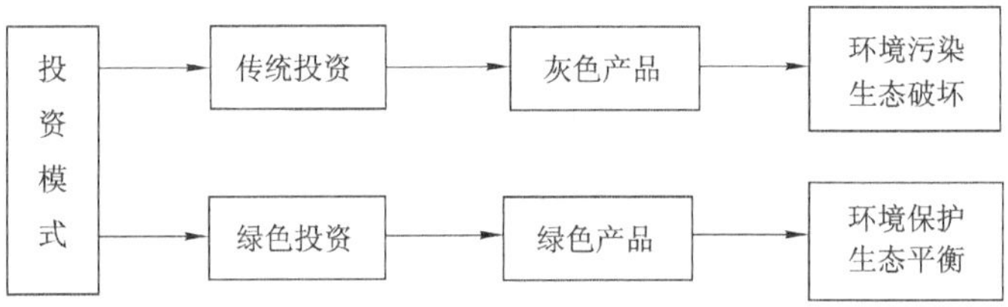

图 2-2 投资模式的不同后果

根据绿色投资的概念和主体，绿色投资的主要特征具体见表 2-1 。

表 2-1 绿色投资与传统投资的比较

特征	绿色投资	传统投资
投资主体	具有社会责任的投资者	忽视社会责任的投资者
追求目标	经济、社会和环境效益统一	经济利益为主
与自然关系	人与自然和谐发展	人与自然关系紧张
生产特点	清洁生产	灰色生产
对 GDP 的影响	绿色 GDP 增长	一般 GDP 增长
对生态的影响	保护生态环境	破坏生态平衡

从表 2-1 中可以看出绿色投资与传统投资存在以下区别：

第一，绿色投资的主体是具有社会责任感的投资者，既是追求利润的“生态理性经济人”，又是以生态环境为基础的“生态理性经济人”。而传统投资者对社会责任选择忽视。绿色投资的主体在作出投资决定时，不仅要考虑经济指标，还要考虑环境、社会等因素。

第二，绿色投资的目标是经济利益、社会利益和环境利益的协调。而传统投资注重经济效益，以追求收益为目的，较少考虑对环境的影响。绿色投资追求"三重盈余"，追求长远利益，而传统的绿色投资追求短期利润。

第三，绿色投资本质上是一种体现了经济、社会、环境协调发展和可持续发展的投资方式。而传统投资方式为了实现经济发展，对资源进行无节制的消耗，对生态环境造成污染。尽管人类的生活条件得到了改善，可是人类和自然环境的关系却越来越糟，甚至环境出现反噬现象，对人类的生存造成很大的冲击。在绿色投资中，企业重视对资源的有效利用，尽量减少对环境的冲击，降低对环境的破坏和影响。在企业正常的生产和运营中，既要保证对资源的合理消耗，又要对环境进行保护，保持良好的生态平衡。可以说，绿色投资方式是非常理想的。

第四，绿色投资创造的价值可以使绿色 GDP 进一步增长。不同于一般 GDP 增长，绿色投资创造的价值是绿色价值，这种绿色价值最终转化为绿色生产力，与传统的生产力不同，它能够增强人类生产活动和谐发展的能力，在长期发展中更体现出其优越性，同时也反映出环境在 GDP 中的重要作用。

第五，绿色投资的技术要求更高。随着科技进步，生产力的下降得到了某种程度的缓解，经济效益得到了持续的发展。但传统的投资方式忽视了环境问题，造成了资源浪费和环境污染，从而使企业的发展速度变慢。传统投资方式所需的技术水平较低，而绿色投资的清洁生产必须依靠高科技的支持，要把环保理念融合到生产中去，就必须进行大量的技术研究，不论新设备或新材料的开发，还是新能源的挖掘，都要有很高的技术含量。

（3）绿色投资效率

"效率"这一术语来源于拉丁语，意思是"一切有效的要素"。此后，这个概念在经济学中得到了广泛应用，它是指一系列活动中所要达到的结果与所付出的成本的比例。从广义上说，效率是一种有效的资源分配方式；从狭义上讲，效率是指利用某种资源和技术实现个体的生产和效用最大化。

绿色投资效率是指企业在进行绿色投资时，所投入的各种因素与产出因素的比率，反映企业在绿色投资中所取得的收益与所消耗的资源或资本的比率。以此为依据，对绿色投资的效益进行评估，主要是指对投入资金的有效使用，对已有的投入能否产生最大的经济效益，以及对环境和社会效益的影响。若无法进一步从社会、环保等方面改善现有的经济状况，就要从投资的角度来看，如何才能更好地发挥绿色投资的作用。绿色投资效率直接影响着企业的投资效益，如果没有实现绿色投资的目标，那么投资效益就会下降，不但对经济、环境、社会的发展没有任何帮助，反而会造成巨大的经济损失。

2.1.7 绿色金融

金融是经济发展的动力源泉，而金融的支撑可以使更多的储蓄变成投资。随着对环境保护认识的不断提高，环保法规的实施也越来越严格，如何将绿色理念与金融体系有机结合，也就是“绿色金融”，越来越受到决策者和研究者的重视。参考王康仕(2019)的研究结果，得出了绿色金融的内涵、功能定位和发展方式。

2.1.7.1 绿色金融的内涵

绿色金融是在资源、环境问题日益严重的情况下应运而生的“可持续融资”或“环境金融”概念。这一概念产生的原因主要是当前缺乏对实体企业进行绿色投资的能力和途径。绿色金融指的是将更多的资本投向资源密集型的技术和环保行业，通过“无形的手”指导企业和消费群体关注绿色环保问题，从而实现绿色生产、形成绿色消费观念。在金融经营活动中，重视对生态环境的保护，并在一定程度上利用社会和经济的力量实现可持续发展。2020 年 7 月 15 日，由财政部、生态环境部和上海市人民政府共同发起设立的国家绿色发展基金揭牌运营，首期募资规模 885 亿元。在绿色金融里，以银行为主体发放的绿色信贷占比高达 90%以上，超过人民币贷款占社会融资存量比重(60.2%) 30 个百分点。这会导致风险偏好不匹配、投资不稳定、风险周期长等问题，也会影响绿色债权融资总量的进一步扩大。有着财政加持的国家绿色发展基金，将激励增加碳中和股权投资，完善绿色金融资金组合机构。在绿色信贷方面，中国人民银行运用碳减排支持工具等结构性货币政策工具，引导绿色信贷精准对接碳减排项目。2021 年末，中国绿色贷款余额 15.9 万亿元，同比增长 33%，存量规模居全球第一。这些绿色信贷资金主要投向了碳减排项目。目前，绿色信贷占整个绿色金融资金总额的 90%以上，在碳中和的绿色金融矩阵中发挥着主体作用。绿色基金、绿色保险、绿色信托、绿色 PPP、绿色租赁等新产品、新服务等层出不穷，我国绿色金融发展取得新成绩和新进展。

2020—2021 年，我国的金融机构第一次感受到环境风险的压力。国内严格的碳减排政策和欧盟碳排放调节机制等，都影响和改变着银行已贷客户的市场扩张能力和项目净收益，从而转化为银行的信贷风险。生物多样性的大量丧失，全球对生物多样性问题的关注，给银行贷款中涉及生物多样性风险的项目带来风险，从而影响其还款能力。气候转型危机和生物多样性危机的互相影响，在后疫情时代形成了复杂复合的环境风险，甚至有可能引发系统性金融风险，从而影响金融稳定。2020年之前，我国绿色金融集中于环境机遇管理，聚焦于如何运用金融工具支持生态环境保护。但是，从2020年开始，我国绿色金融发展走向了围绕碳中和而开展的环境风险和环境机遇的双向管理，从而加深了与国际绿色金融的一致性和融合性。从目前的发展来看，绿色金融仍然是把重点放在银行业，特别是绿色信贷领域。从这一点来看，绿色金融的话题起源于20世纪80年代，当时世界上社会、资源、环境等方面的问题逐渐显现。例如，联邦德国于1974年建立了全球首个以“生态银行”为主题的政策性绿色金融机构，主要是为普通银行所不愿意接纳的环境项目提供优惠贷款。自从1992年在联合国环境与发展会议上通过了《里约环境与发展宣言》和《21世纪议程》，以及《联合国气候变化框架公约》的签订，世界各国越来越重视环保和节约能源。《联合国气候变化框架公约的京都议定书》于1997年签署，促使绿色金融在发达国家得到进一步发展。针对生态环境急剧恶化的问题，学术界提出，企业为了实现其自身的社会责任，有责任在生产过程中防止污染，进行更多的绿色投资，而金融部门则有必要进行偏向投资。在2002年，由世界银行的附属机构国际金融公司与荷兰银行在伦敦举行了一次著名的国际商业银行大会，制定了一个关于公司借贷的指导准则，这一准则被称为“赤道原则”，在世界银行业范围内广为人知。该准则规定，在对某一项目进行投入时，应全面评价其对环境和社会的潜在冲击，运用财政手段、金融杠杆推动其在环保与周边地区经济的协调发展中扮演重要角色。现在，“赤道原则”在世界融资范围内已形成了一种新的融资准则，超过60个国家的金融组织采纳了“赤道原则”，采用“赤道原则”的银行有“赤道银行”之称。目前国内的“赤道银行”仅为兴业银行，这也从一定程度上说明我国绿色金融的发展还处在初级状态。

早期的“绿色融资”观念有大而模糊的弊端，有学者认为包括生态保护、资源节约、降低污染和提高环保意识等在内的若干方面绿色项目金融活动可统称为绿色金融。其后的学者主要从节约自然资源、减少污染排放、增强社会环保意识三个层面来论述绿色金融的内容，其核心是将环境和社会两个要素融入金融系统中，同时又不违背原有的金融原理。传统的金融活动，在投资和融资项目的选择上往往只注重盈利，忽视了资源、环境和生态因素。与普通的项目相比，绿色投资项目具有较长的期限、高风险、低收益等特征。比如，绿色基金计划也许不会给投资者带来更高的回报，甚至回报还会降低。盲目追求利润、扩大规模、对高污染项目扶持的金融发展，会加剧环境问题的进一步恶化。金融部门是否将环境外部性引入投资决策中，将直接影响到经济的绿色转变，从而使其走向可持续发展的新道路。李晓西(2017)认为,绿色金融的实质是实现生态、资源、环境和经济的协调发展,其自身的特点是社会公益性,而金融机构的发展是以营利为目的的,因而,其风险高、收益低的特点会使绿色金融发展陷入公益性与营利性两难的境地。

在金融机构的环境风险管理和战略决策中,如何将资源环境要素引入金融机构的环境风险管理和战略决策之中,并为其带来长期的经济效益,从而推动其积极地开展绿色金融服务,是其自身发展、自我完善的重要问题。欧美地区的绿色金融发展比较早,一方面是其建立健全的资本市场和社会监管体系培育出了注重信誉和环保的投资者;另一方面则是较为完备的环保政策已经建立起来,金融体系已经基本形成,为金融机构自发地推进绿色金融建设提供了一个很好的框架。在信贷、资产管理等方面,金融机构已把环保因素纳入其中,积极开展绿色信贷、绿色债券、绿色股票等绿色金融的创新。

2.1.7.2 绿色金融的功能定位与作用

(1) 绿色金融的功能定位

关于绿色金融的功能定位,在理论上首先触及金融发展能否促进经济增长的功能探讨。自 Goldsmith(1969)对金融功能的开创性研究以来,新古典经济增长理论认为金融发展只能通过资本积累功能促进经济增长;而内生经济增长理论认为金融发展能通过促进资本积累和资本配置两个功能促进经济增长(Goldsmith,1969;Mckinnon,1973),其中资本的优化配置是金融部门的基本功能(Wurgler,2000)。但是,芝加哥学派认为金融体系只是实体经济需求变化的"晴雨表",金融发展并不具备影响实体经济增长的功能(Robinson,1952;Lucas,1988)。此后,越来越多的理论与实证研究证明,金融发展不仅能通过量的扩张,即资本的积累,而且更能通过质的提高,即资本配置效率的提高,促进实体经济发展(Wurgler,2000)。研究焦点逐渐从"金融中性与否"的讨论转向"何种金融体系结构更有利于经济发展"以及"如何改革金融体系以促进经济增长"等问题的探讨(Levine,2002;Rajan,Zingales,2003)。有关金融结构的探讨丰富了金融结构和金融功能的研究,也凸显了传统金融发展理论的局限。Merton 和 Bodie(1992)提出了金融功能观,认为金融体系的结构构成并不是首要问题,金融体系的功能发挥才是。金融发展的本质不在于金融要素总量增加或结构转变,而在于金融效率的改善和金融功能的提升。金融功能观强调金融体系内部各要素间和金融体系与外部环境间的契合(白钦先,2005;白钦先,谭庆华,2006),由此林毅夫和姜烨(2006)与林毅夫 等(2009)基于实体经济不同发展阶段,探讨了融资结构与银行业结构的优劣排序，提出“最优金融结构”。Merton 和 Bodie（1992）将金融功能定位为跨时间跨空间资源转移、风险管理、清算和支付结算、资源储备和股份分割、信息披露与监督激励。

在我国经济向高水平发展的同时，金融部门面临的主要问题随之发生了变化，即金融服务和金融供给的短缺与供需结构不平衡之间的矛盾（徐忠，2018）。按照林毅夫 等（2009）所提出的最佳金融结构框架理论的观点，认为只有在金融系统的结构与最优化的行业配置相协调的行业，才能够真正地实现金融系统的职能和推动实体经济的发展。金融功能观理论指出，金融系统所要实现的经济职能是跨越时空的风险管理、清算和结算、资源储备和股份分割、信息披露和监管的奖励（Merton，Bodie，1992）。陆家骝（2000）则指出，金融具有经济和社会调控作用，并优化对核心资源的分配。在当前我国资源与环境问题日益严重的情况下，财政部门应该担负起推动经济发展的职责，把环境相关要素引入企业经营决策中，减少企业的融资困难，同时也减少棕色、黑色经济活动的资金供应，进而推动金融业的绿色功能（Soundarrajan，Vivek，2016）。

立足于生态文明的根本战略，以服务于实体经济为起始，充分利用绿色金融发展的“绿色”职能，是推动我国实现高质量、可持续发展的关键途径。根据对社会责任的界定，Soundarrajan 和 Vivek（2016）提出，企业应该加强对环境的保护，加强绿色投资，要在生产过程中降低污染，同时要加强对资源的优化与整合，以促进企业的绿色投资，金融体系有责任通过资金配置的优化整合引导企业进行绿色投资。马骏（2017）指出，长期以来，我国金融业的绿色责任观念较差，一定程度上影响了实体部门的绿色转型。Salazar（1998）认为，“绿色融资”是一种基于经济发展特征的金融领域的新型的融资方式，它将资金导向相关绿色产业，以达到最优的经济发展水平，实现工业结构的优化调整。李晓西（2017）将绿色投资作为一种新型的融资功能，概括起来就是增加了企业的绿色投资能力和增加了对绿色投资的兴趣。

首先，与普通的投资不同，绿色投资具有明显的外部特征，即信息不对称、回报周期长、高风险等，可以促进公司的环保投资能力不断提升（He，Liu，2018）。在以中央银行为信贷主导的金融系统中，权益融资、债券融资等长期融资规模远小于长期投资规模，大量适宜的长期投资项目不得不被规避债务风险的企业所放弃（白云霞 等，2016）。而在处理废水和固体废物、清洁能源开发、节能环保技术研发、自然保护、生态修复等方面，由于存在投资回报的长期性，因而面临着更严重的期限错配与投资不足问题。Bergset（2018）指出，在发展绿色企业时，最大的困难在于缺乏资金来源，无法获得长期的融资支持。马骏(2016)、殷剑峰和王增武(2016)认为，通过融资(即金融资源)的最优配置，促进绿色企业的绿色投资，是目前我国绿色金融系统的主要功能。

其次，绿色项目存在着缺乏资金投入的问题。危平与舒浩(2018)发现，我国的绿色投资在资本市场上的表现明显比市场均值要差，目前的绿色项目没有财务收益上的优势，从而影响到企业对绿色投资的意愿与兴趣。李晓西(2017)指出，由于绿色投资所面对的信息存在非对称性，会造成反向抉择和伦理危机，从而造成“漂绿”及资金侵占等情况，进而影响到企业对绿色投资的投入。颜廷武 等(2016)以社会资本理论为基础，对企业的信用、互惠规范、公民参与网络对个人环境保护投资意愿的影响冲击等进行了实证研究，从而得出结论:强化政策支持或舆论引导将提升个人环保投资意愿。张童朝 等(2017)从资本禀赋和制度因素两个方面对个体绿色生产的投入程度进行了实证研究，认为资本禀赋是束缚绿色生产投资意愿的首要因素。马骏(2017)和李晓西(2017)从绿色投资能力和绿色投资意愿两个方面出发，提出了目前我国的绿色金融制度应当以增强企业绿色投资能力和企业承担相应社会责任的方式来实现。另外，一些专家根据我国的经济禀赋和体制环境的差异，提出了发达国家和发展中国家的绿色融资模式具有各自的特点，并具有各自的职能定位。孙毅和景普秋(2012)认为，在发达国家，公众环境保护意识很强，环保信息披露机制、环保监管的政策和法规制度已经形成，对企业造成的环境污染具有很强的约束力，从而促使公司在生产经营中积极地履行自己的环保义务。在这一时期，绿色融资的职能被确定为推动绿色能源开发、绿色技术进步和自然生态环境建设。Banga(2019)指出，绿色融资的首要目标是把环境的外部性嵌入金融决策之中，使其成为公司的成本或者利润，同时要促进环境友好型投资，也要抑制环境破坏型投资。中国作为一个新兴的市场经济大国，其发展处在“浅绿”时期，绿色发展处于推动企业担负起环保的职责、降低能源消耗和减少污染的阶段(殷剑峰，王增武，2016)。Zhang et al.(2011)指出，在当前“浅绿”型发展中，绿色金融更多地呈现为基于污染外部性的信贷配给，即在同等资金价格条件下，减少污染严重项目的资金投入，与之对应，绿色金融的功能在于提高外源资金流动对污染的敏感性。

(2) 绿色金融的作用

① 绿色金融能够形成资金导向。金融体系最根本的职能就是集中资金，并将其转化为投资，因此，绿色金融的作用就是集中资金，并将其导向有利于产业结构的转变，从而为发展绿色工业创造必要的融资渠道，有效地减少融资

成本，为其发展创造一个良好的环境。

② 绿色金融的资产定价能够形成挤出效应。绿色金融可以通过降低企业绿色投融资成本、节约能源、减少排放等方式来减少企业的环保成本，进而使企业的环保风险得以显现，从而达到抑制污染投资的目的。因为自然资源具有公共物品属性，所以利用自然资源会带来负面的外部性（如环境污染、生态退化等）。在目前的市场环境下，自然资源的消费者并不需要为此支付任何费用，这就造成了过量的消费和环境污染。通过金融交易进行资产定价，可以将负外部化转化为内部化，从而将环境成本纳入资源的价格之中。由于原材料价格的上涨，一些要素生产率低下、环境成本高的第一、第二产业将会缩减规模，退出市场。

③ 绿色金融能够促进产业整合。如今在国家节能减排要求之下，高污染、高耗能、高耗水的工业企业发展遇到越来越多的障碍，而积极采用清洁生产与减排技术的绿色产业在绿色金融的支持下发展前景良好。绿色金融市场能够使得资金聚集在优势绿色企业，助推绿色产业整合，可以有效地打破行业、地区和国别的限制，在一个更大的范围内实现商品市场、劳动力市场、技术市场以及金融市场的资源有效配置，使市场体系更加完善和高效，进而推动各项资源流向绿色产业，绿色产业的规模经济效应逐渐显现，长期竞争力优势逐渐增长。

④ 绿色金融是供给侧结构性改革的实质性着力点。在供给侧结构改革中，要实现产品结构的调整与优化，首先要对要素供给结构进行优化。通过绿色金融产品，对环境保护、节能、减排等领域进行持续的投资。通过绿色金融，我国的资源要素供应也在持续向高效率、低污染行业转移。绿色金融可以有效地优化我国的生产要素供应，减少传统行业的过剩产能，从而加快绿色新兴产业的发展。

⑤ 绿色金融能够引领绿色消费。金融不仅会对生产者产生影响，而且对消费者也会产生难以估计的影响。首先，绿色金融能够让金融资源在消费领域中具有可用性，使那些想要进行绿色消费却又没有能力的消费者能够参与到绿色消费中来，从而实现对消费的杠杆效应。其次，绿色消费者通过有效的资源配置，能够降低成本，并在一定程度上提高绿色消费产品的价格，促进社会资源流向绿色消费产业链，从而促进绿色经济的发展。

2.1.7.3　绿色金融的发展模式

Patrick(1996)把金融发展模型划分为两种形式，即“需求跟随”(demand-following)和“供给引导”(supply-leading)。在该理论下，“供给引导”可以在持续的经济发展之前促进创新的投入，但在现实的扩张之后，“供给引导”的功能逐步削弱，而“需求跟随”占据了主要的位置。而绿色金融体系可以划分为“自上而下”和“自下而上”两种，分别将绿色金融体系更多地定位于针对防污减排的环境规制手段以及服务绿色产业发展的资金配置机制(Zhang et al.，2011)。

(1)“自下而上”的发展模式

从1980年起，绿色发展议题开始出现，到1990年绿色发展成为一种趋势(Jeucken，Bouma，1999)。经过20多年的绿色发展之后，西方发达国家已跨过初始阶段，进入一个成熟的绿色经济时期，相应的绿色法规和制度已经成熟，能够对企业的污染排放形成强有力的制约，从而推动企业承担起社会环境责任，积极推动企业的绿色发展(孙毅，景普秋，2012；李仁杰，2014；李晓西，2017)。从企业污染外部性内生化机制完善的角度看，绿色金融的核心是绿色能源、技术进步和自然生态的保护，从而进一步改善生态环境，这也是一些学者所说的“深绿”的现象(Zhang et al.，2011；孙毅，景普秋，2012)。在西方发达国家中，绿色经济发展与绿色金融发展是相互补充的，绿色经济是绿色金融的基础。正如传统金融是传统经济发展的一部分，经济发展是金融得以发展的基础，绿色经济也同样是绿色金融发展的基础，而绿色金融的创新可以满足绿色经济发展的需要，从而进一步推动绿色发展。因此，欧美等国家绿色金融发展与环保法律、执法力度、绿色经济的深入发展等实际情况是一致的(刘乃贵，吴桐，2017)。

目前我国的绿色金融存在着外部内生功能的缺失以及融资期限结构的失调，“自下而上”的发展模式缺少强大的政府参与，在很多方面都需要经过长期的博弈和实践来逐步得到完善(马骏，2016)。世界范围的数据表明，发达国家的绿色信贷、绿色债券等发展遇到了困难，而那些已经适应了“自上而下”的发展模式的发展中国家则逐渐占据了世界绿色金融的主流地位。人们日益意识到，仅凭市场的自我调节无法扭转金融发展缓慢、影响力低下的困境，需要适当地加强对金融的干预与指导。刘乃贵和吴桐(2017)指出，绿色金融服务的客体是一种公共物品或半公益物品，这对于寻求收益最大化的传统金融组织而言，提供了一定的供给壁垒，而健全的环境保护和法律法规则可以为银行开展绿色金融服务奠定良好的制度框架。

(2)“自上而下”的发展模式

对于中国等发展中国家，经济发展一方面缺乏节能、减排、低碳等绿色理念的市场激励机制，另一方面缺乏公众监督、环保信息公开、法律监管、政策规制等外在激励与约束，往往采取“先污染、再治理”的粗放型发展模式，致使其资源快速消耗、污染迅速加重，资源环境约束紧紧束缚了经济进一步发展（张艳磊 等，2015）。Banga（2019）分析了绿色债券在发展中国家的发展潜力，并认为在发展中国家，绿色债券市场仍处于起步阶段，而监管规制缺失与地方政府不作为，提高了绿色债券发行与交易成本。中国产业结构以第二、三产业为主，在第二产业内，钢铁、水泥、玻璃等高耗能、高污染的产业产值比重较大，而节能环保产业相对较小，这一棕色、黑色产业发展模式导致并加剧了目前的生态环境问题。此外，地方政府官员考核晋升机制不合理等体制机制问题，引发地方政府唯 GDP 导向，追求短期绩效，加剧了区域经济增长的资源浪费、环境污染等问题，进一步助长了粗放型经济增长方式。直至当前，日益增大的资源环境约束倒逼政府干预绿色转型。行政力量推动绿色转型是有缺陷的，政府的有限理性决定了市场经济中的政府应该是有限的政府（何大安，2010）。为此，绿色金融进入了政策制定者与研究者的视野。与成熟市场国家绿色发展模式不同，中国绿色金融创新是政府为推进绿色转型升级而主导的强制性制度变迁。2015 年底，在中国政府的推动下，G20 将绿色金融列入 2016 年财经渠道议题，而后报告中提出的建议中几乎均与政府行为相关，强调在推动开展绿色金融国际合作中政府要起主导作用，这显然与重视市场化机制、靠市场的力量发展绿色金融的西方国家模式有明显差异。对于中国等发展中国家，企业与金融一样，缺乏公众监督、环保信息公开、法律监管、政策规制等外在激励与约束，发展仍以营利为主要目的。在工业转型背景下，绿色金融发展的重点在于污染处罚，将污染负外部性内生化为企业融资成本，对企业高能耗、高污染发展模式形成强力的融资约束，激励企业降能耗、降污染，促使经济“浅绿”发展，即通过降低新增项目的环境污染水平，并促使资金从高污染项目流向低污染项目，抑制粗放型发展模式。自 1998 年来自美国哈佛大学、芝加哥大学的 4 位学者 Laporta、Lopez-de-Silanes、Shleifer 和 Vishny（以下简称 LLSV）发表了《法律金融》（*Law and Finance*）这篇奠基性文献，开创“法与金融”体系，后续学者研究发现，除企业特征与行业因素外，政府干预、法律与金融发展差异是解释不同企业融资规模、融资结构差异的重要因素。基于绿色金融体系侧重于服务绿色产业发展的资金配置机制与政府规整政策研究，剧宇宏（2009）认为由于环境问题的复杂性和公共财产特点，资金配置方式绿色调整等市场手段所能适应的范围和规模将比政府干预更受限制。当市场机制难以将企业所产生的环境外部性内部化，就出现了市场失灵，这时就需要借助政府环境规制激励经济主体将环境外部性内部化（崔秀梅，2013）。Porter 和 Claas

(1995)认为政府对企业污染的规制能够提高企业能源利用效率，并促进企业进行绿色创新和绿色发展。对于制度不完善的转型国家，政府在防污减污中的作用至关重要。王耀东(2016)认为政府既可以通过财政投入等手段对工业转型直接进行干预，也可以通过鼓励绿色技术进步等方式间接干预工业转型。Chen 和 Wang(2009)、Eyraud et al. (2013)、李中(2011)和胡梅梅 等(2014)认为在工业转型实践中，政府以绿色金融为抓手间接促进转型尤为重要。然而，田淑英 等(2016)认为政府直接干预工业转型，往往受限于政府支持力度、财政不确定性及政府质量等因素，存在政府失灵的可能。宋马林和金培振(2016)认为政府直接干预可能引发地方保护和市场分割等，甚至有可能通过资源错配加剧中国的环境污染问题。Hunter 和 Marks(2002)认为政府规制政策存在政策实施困难、规制手段缺位、执行标准模糊等缺点，最终将致使实施成果与政策导向相悖。李静和沈伟(2012)指出政府以单纯的环境政策规制并不能促进工业转型。金融资源的流向与流量将决定金融部门对工业转型是抑制作用还是推进作用。Frondel et al. (2007)认为政府环境规制能够有效促进污染减排技术的推广，但在促进清洁生产技术、新能源开发等领域的作用不大。殷剑峰和王增武(2016)认为绿色金融体系生成的基础在于绿色经济发展，只有绿色金融切实服务于绿色经济发展需求，才能形成稳定、可持续的绿色经济与绿色金融互动体系。基于政策解构视角，张雪兰和何德旭(2010)认为目前“绿色”政策体系仍处于构筑阶段，与绿色金融发展最为相关的政策工具主要有“绿色”财政政策与“绿色”监管政策。Gilbert 和 Zhou(2017)认为在现有晋升体制与考察机制下，地方政府忽视“绿色”财政支出的环保绩效，频频将节能环保资金投向重复性项目或无效用项目，导致“绿色”财政政策效率低下。杨娟(2016)与李中(2011)认为目前绿色金融监管政策主要针对绿色信贷和绿色债券，对绿色股票相关领域的监管相对较少，甚至尚属空白，资本市场绿色准入与绿色监察机制远未成熟。马骏(2017)也认为资本市场绿色准入与绿色监察机制远未成熟，金融市场缺乏对企业上市前的环保核查、上市后的环保监管，相关环境信息披露的质量、范围远不能到位，使得投资者难以切实区分绿色与非绿色项目，进而导致绿色金融资金“错配”。因此，李晓西(2017)认为在绿色经济与绿色金融发展初期，绿色金融体系应更多强调政府规制体系的建设，而在持续的实际增长出现以后，逐渐转向服务绿色产业发展的资金配置机制与产品交易体系的建设。

(3) 中国绿色金融的发展模式

在中国等转型经济国家法律体系不完善、金融发展滞后的背景下，政府是解决增长与生态两难问题、实现绿色金融和绿色转型的关键一环，并且越来越紧张的资源环境约束也会激励政府支持绿色转型。当前中国绿色金融发展具有鲜明的“顶层设计”特征，政府引导、干预金融资金投向是发展中国家的典型特征之一，金融安排往往不是内生化实体经济金融需求，而是财政需求下政府的直接创设。面对日渐严重的环境和资源挑战，如何实现绿色发展，解决增长与生态两难问题，是中国经济实现可持续发展的重大战略命题。环境信息逐步披露，生态环境却急剧恶化，凸显了政府直接推动绿色转型的不足与乏力。高污染、高能耗产业结构导致的严重资源环境问题，更是加深了中国绿色金融建设的必要性与紧迫性。如果政府不推动、不进行强制性制度变迁，那么绿色金融体系建设可能需要漫长的时间，甚至难以在资源环境承载力达到极限前建成。在中国金融体系不完善的背景下，金融机构开展绿色金融的成本过高，严重制约金融机构自发推行绿色金融创新。2007，国家环保总局、中国人民银行和中国银监会联合发布了《关于落实环境保护政策法规防范信贷风险的意见》，标志着中国绿色金融政策正式出台；2009 年，中国银行业协会发布《中国银行业金融机构企业社会责任指引》，表明金融业开始实质落实绿色金融政策；2012 年和 2013 年，中国银监会分别印发《绿色信贷指引》和《绿色信贷统计制度》，对银行业有效开展绿色信贷业务，大力促进节能减排和环境保护提出明确要求；2015 年中共中央、国务院印发《生态文明体制改革整体方案》，再次明确提出“建立中国的绿色金融体系”；2016 年，中国人民银行、财政部、发展改革委等七部委发布的《关于构建绿色金融体系的指导意见》，成为中国绿色金融全面发展的开端。而在其后的 G20 峰会上，绿色金融首次进入正式讨论的核心议题；2017 年 6 月，中国人民银行、发展改革委、财政部等七部委印发五省（区）《建设绿色金融改革创新试验区总体方案》，决定在浙江、江西、广东、贵州、新疆五省（区）选择部分地方，建设各有侧重、各具特色的绿色金融改革试验区，在体制机制上探索可复制、可推广的经验，进而在更大范围推广。就“绿色金融”的内涵而言，不仅金融机构的投融资活动要“绿化”，而且要激励金融与实体经济可持续绿色发展。就金融体系的构建而言，经济发展阶段的最优金融结构需要与相应阶段实体经济对金融服务的需求相适应，以有效地实现金融体系的基本功能，促进实体经济发展（林毅夫 等，2009）。从服务实体经济转型发展视角出发，朱鸿鸣和赵昌文（2015）将中国金融体系发展路径定位于从“此岸”，即市场化不足的“攫取型”金融体系到“彼岸”，即市场化充分的“共容型”金融体系。周中明（2017）认为，当前中国有关绿色金融的法律法规不健全，市场参与主体的权利保护和义务约束缺乏必要适用准则，业务开展缺乏统一标准和操作规范，绿色金融体系中的资金配置机制、政策规制体系与产品交易体系仍处于建设初期。契合于中国转型经济背景，绿色金融发展本身呈现“从上到下”发展向“从下到上”发展转变的动态演进特征。绿色金融作为金融体系的重要组成部分，其构建的路径选择既具备上述市场化不足的“攫取型”向市场化充分的“共容型”的转变特点，又具备自身的特殊性(殷剑峰，王增武，2016；李晓西，2017)。由于环境问题的复杂性和公共财产特点，资金配置方式绿色调整等市场手段所能适应的范围和规模将比政府干预更受限制。当市场机制不能实现企业环境外部性内部化，就出现了市场失灵，这时就需要借助政府环境规制激励经济主体将环境外部性内部化(崔秀梅，2013)。在绿色经济与绿色金融发展初期，中国绿色金融发展应更多地强调政府规制体系的建设，而在持续的实际增长出现以后，逐渐转向服务绿色产业发展的资金配置机制与产品交易体系的建设(李晓西，2017)。

2.1.7.4　中国绿色金融现阶段存在的问题及成因

(1) 绿色金融发展中存在的问题。

① 绿色金融法律指导有所欠缺。尽管我国先后出台了一些与绿色金融相关的政策法规，但由于对绿色金融的认识水平较浅、绿色金融的发展起步较晚，因而相关法律体系尚未健全。

② 绿色金融产品覆盖面小且创新力度不高。在绿色金融产品的设计上，由于单一的绿色金融产品仅侧重于融资渠道而忽略了融资目标，主要集中于大型环保企业、大型清洁能源和节能减排项目，而针对中小型企业、个人、家庭的绿色金融产品很少，从而导致了绿色金融产品难以渗透到社会各个领域，影响力受限。

③ 绿色金融的中介服务体系发展落后。目前，我国的中介服务机构，如律师事务所、会计师事务所、咨询公司、评级机构等鲜有涉及绿色金融相关领域，其他诸如绿色银行、环境风险评估机构、环境损害鉴定评估机构等还没有形成健全的体系。

④ 绿色金融的微观支撑体系尚未建成。企业的绿色转型成本很高，而粗放型经营方式又没有带来很大的损失，因此，企业发展绿色金融的动力并不强。另外，绿色金融对从业人员的素质要求也比较高，对专业技术的要求也比较高，而国内的绿色金融人才还比较缺乏。当前，我国发展绿色金融的微观主体还没有建立起来，很难对其进行有效的支持。

(2) 绿色金融发展中问题的成因

① 地方政府认知不足和职能错位导致政策制定不充分，实施效果不佳。

首先，一些地方政府对能源转型的认识存在一些偏差，主要表现在：第一，能源转型被简单地归结为"增加可再生能源的比重"，而能否推动能源转型则完全依赖于国家"决心"，只要有足够的政策和补贴，能源的转变是可以实现的；第二，一些地方政府相信，当新能源的价格降低到足以与传统能源相抗衡时，就可将其作为可再生资源的主要议题；第三，人们对能源转型的长期性和复杂性认识不够，对能源转型的关注不够，导致目前我国能源转型过程中的绿色财政政策未能把握好主要矛盾。

其次，政府没有认识到能源转变对环保和经济健康发展的双重作用，单方面地认为短期的能源转变将会对区域的经济发展造成一定的负面影响，从而对能源转型项目、能源绿色金融等政策实施不力。

最后，政府功能的错位。在我国的能源转型过程中，政府的首要任务是进行新能源基建、新能源领域的建设和投资，但一些地方政府的职能发生了脱节，实际上对市场经济进行干预，这不仅加大了对经济干预不当、偏离公共利益的危险，而且违背了市场经济发展的需要。目前，我国的能源产业已经实现了86%的国有化，并且还在继续扩大。在我国经济高速发展时期，国有能源企业在不计成本的情况下，可以满足市场需求的增长，具有一定的短期效益。然而，在迅速发展的同时，如何应对庞大的能源需求增量，这一重大使命使国企内部的诸多问题黯然失色。由于经济增长放缓，以效率取代了能源需求，国企面临的问题将会阻碍我国能源产业的长远发展。

要适应我国的能源转型，必须要对政府职能进行转变。政府应从对能源市场的直接介入，转向对其进行战略规划，强化对政策的指导。具体而言，应从总体平衡与地区协调出发，采取更多的政策措施，如经济激励、财税补贴等，引导能源转型的有序发展。同时加强监管，保持市场的公平性和效率性，营造一个健康的绿色能源行业发展的良好环境。目前，石油和天然气的输送管线基本由国有企业把持，为了保证市场的公平性，必须消除垄断制度壁垒，强化管道网络设备的监督，在确保不歧视供应商的情况下，能够有效地监督管道运输的价格。总之，认识上的偏差、功能上的错位，直接造成了我国能源绿色财政政策的制定和执行力度不够、效果不理想等。

② 金融机构对绿色金融政策执行缺乏政府经济手段支持与人才支撑。

首先，由于我国商业银行的业务以利润最大化为首要目标，所以在选择信用方案时，常常采用项目的期望收益率作为指标。然而，由于绿色项目自身特点，其投资周期长、收益回收周期长、投资金额巨大、与商业银行盈利能力相冲突，加之没有获得更多的减税、补助等政策措施支持，导致了我国银行业在环境保护方面缺乏足够的积极性，无法在环境治理中起到引导作用，对绿色金融政策的执行产生了一定的影响。

其次，国内缺少专门的能源、环保融资和技术创新的人才和技术支持。作为一种新型的、复杂的金融产业，我国的能源、环保金融业是一种集经济、金融、环境、化工、工程为一体的综合产业。因而，相对于一般的产业而言，我国的能源、环保金融业的发展需要更全面、更高素质的人才。由于我国的能源环保金融发展相对滞后，当前具有传统行业背景、金融知识和环保知识的高素质复合型金融人才非常紧缺，且金融领域精英缺乏对专业领域技术的识别能力，这一问题很大程度上制约了能源绿色金融体系的发展，也是在能源转型过程中亟待解决的人才问题。

第三，我国的绿色能源融资研究发展较迟，在国际上尚无较为完善和稳定的实践经验。同时，由于中国的财政环境存在着“异根性”，国内的能源绿色融资体系还不完善，导致了目前的能源绿色融资体系结构比较单一，缺乏新的融资产品。当前，绿色能源金融的发展方向是绿色信贷、绿色债券和 PPP 项目。融资格局的不平衡是我国金融系统内部存在的内在结构性冲突，也就是对借贷的过分依赖和资本市场的不完善。债券和股权融资工具的发展并不理想，造成了融资方式的单一和融资的高费用，绿色中小企业的资金短缺问题仍然没有得到很好的缓解。

③ 绿色金融风险评估体系不健全，监督制约机制缺失。

首先，能源绿色金融风险评估体系及其评价机制还不完善；绿色金融作为一种新兴的金融产品，其在风险评价、风险预警等方面还存在着诸多问题，相关法律法规、行业标准、实施细则也未形成完整的制度，因而绿色金融在实施过程中面临着法律、政策、标准等一系列风险。另外，绿色金融在借鉴国外经验、与国际接轨的同时，也存在着一些地方风险，这些风险的综合作用，使得绿色金融在实施中面临着巨大的风险。没有一个完善的评估体系和早期预警机制，将导致能源绿色财政政策的发展困难重重。

其次，缺乏对能源绿色金融的监管和约束，使得商业银行在实施绿色能源金融政策的过程中缺乏积极性和主动性。目前，我国的能源绿色金融产品缺乏创新能力，以及缺乏与能源绿色金融产品相关的专业人才，使得能源绿色金融产品品种单一。当前，我国的绿色金融存在着政策制定上的强制性和实施上的自愿性双重特征，而在实施过程中缺少有效的监管和约束，导致了金融机构在融资上依然以营利为主导，缺少对环境保护工程的财政支持。此外，由于监管和约束机制的缺失，不同的金融机构在实施绿色能源金融政策时也有较大差别。而那些实施了绿色能源金融政策的金融机构却没有获得更多的资金支持，环保、能源政策实施不力的企业也没有受到相应的惩罚，这种状况严重打击了实施效果良好的金融机构的积极性。

④ 绿色评级系统不健全，企业缺乏参与积极性。

从整体的社会环境来看，我国企业的社会环境责任信息披露意识尚不健全，而且目前尚未对我国企业进行信用信息披露。企业在执行我国的绿色能源融资制度时，存在着敷衍了事的心态和行为，忽视了社会环境代价，在生产过程中往往只考虑对自己利益有直接影响的成本和效益，忽视其行为所带来的社会环境成本，乃至将其转移到社会公众和未来。此外，我国的能源绿色金融理论刚刚起步，尚未形成完善的信用等级体系。从目前的情况来看，我国的信用等级制度还处在初级阶段，还需要很长的一段时间才能完全成熟。在今后，我国征信体系建设应与税收政策调整等方面进行整合。这就导致了我国的信用行业和中间商在制定绿色信用规模和信用风险定价上没有明确的标准和基础，政府对绿色贷款的税收支持和贴息、对投资者的免税优惠等缺乏统一的政策和金融支持，导致对政策执行较好、社会环境责任意识较强的企业未得到相应的政策和金融支持，从而无法调动企业参与能源绿色金融政策体系的积极性。

2.1.8　多 Agent 技术

(1) Agent 技术的定义

由于 Agent 的使用范围和使用环境不同，人们对 Agent 的理解也不尽相同，因而 Agent 曾被译成“主体”“代理”“智能体”“智能代理”等，以防止产生误会。近年来，众多学者对 Agent 进行了不同的界定，但是到目前为止，还没有一个普遍接受的 Agent 的概念。Agent 技术可以解释为：一个独立的计算机实体或者程序，它在一个特殊的环境中，能够对周围的环境进行感知，并且能够灵活、自主地运行，从而达到一系列的设计目标；它具有一定的自治性、能动性、反应能力、社会能力和适应性。Agent 技术的具体表现是：可以根据环境的不同，自动地将自己的属性设定为与环境相匹配，从而达到最大的利益，并提高自己的能力。

(2) Agent 技术的应用

由于 Agent 技术的应用范围越来越广，多 Agent 技术的研究也越来越多，特别是在电力系统、运输控制、企业管理等方面。多 Agent 系统(Multi-Agent System，MAS)是一个多主体的体系，主要研究主体之间的互用性、协商与合作。多 Agent 系统有很多分类，例如有共同目标的合作推箱子；半竞争多 Agent 系统，例如机器人步行，具有多种目标，但是不会发生碰撞；竞争多 Agent 系统中，例如象棋，存在着相互矛盾的对象。多 Agent 系统包含三种典型的体系结构：慎思型（deliberative）、反应型（reactive）和混合型（hybrid）。目前，Agent 技术的研究和应用都是在一个开发团队内部进行的，参与主体在一个相对封闭的环境中，共同执行上级指派的任务。Agent 技术的下一个应用将会超越企业的边界，在某种程度上表现出相对的独立性，降低代理之间的协同工作，并逐步推广使用标准化的 Agent 通信语言。从长期来看，Agent 技术的发展和应用将超越开发团队的内部，采用开放的标准，让不同的开发团队参与到多个应用的开放的 Agent 系统中，使系统可以在没有人参与的情况下，自主地获得参与策略、通信协议和机制的选择。

（3）多 Agent 系统概述

多 Agent 系统理论在 20 世纪 80 年代已经诞生，但在 90 年代中期才被普遍接受。多 Agent 系统的研究是一个包含许多 Agent 的组合，这些 Agent 可以彼此进行互动。多 Agent 系统中的每一部分都是一种既有实际意义又有抽象意义的实体，既可以对自己和周围的事物起到一定的影响，又可以与其他主体进行沟通，即 Agent 之间可以是合作者，也可以是竞争者。多 Agent 系统反映了人类社会的功能，更适合于开放、动态的环境。

在多 Agent 系统中，各个 Agent 的行动是自主的、相互独立的，行动和意向不会受到其他 Agent 的约束，它们是通过竞赛、协商等方式协作完成系统既定目标。一些学者把 Agent 的社会性视为今后多 Agent 系统研究和发展的一个重要的理论依据。狭义上的知觉主体的社会研究是一种交互问题，涉及多 Agent 主体环境中的个人主体的行动模式和行为。从广义上说，多 Agent 系统涉及的所有问题都是 Agent 的社会问题。在将人类社会观念纳入多 Agent 系统的基础上，对其研究范围进行了扩展，从主体间的交互、谈判、协调、合作扩展到多 Agent 系统的应用、社会理性、社会规范、群体思维属性、Agent 的组织等。

（4）多 Agent 系统中的谈判

谈判研究一般包括三方面内容：谈判协议、谈判策略和谈判处理。

① 谈判协议。谈判协议是保障 Agent 间的矛盾和统一的协商进而达成一致的一种机制，它为协商主体间的沟通提供了语言、规则和语义。一般情况下，谈判协议是监视协议，如合同协议、分布匹配协议、竞价协议、拍卖协议、统一谈判协议等。

② 谈判策略。谈判策略是指 Agent 在协商时所采用的行为顺序，并在确定后选取合适的基本语言和信息进行沟通。通常的谈判策略要与谈判协议协调一致，不同的谈判策略会导致不同的协商效果。谈判策略通常分为竞争策略、单方让步策略、延迟协议策略和协议修改策略。策略选择是在综合运用多种因素的基础上，结合具体情况决定一个策略的选取与否，并根据实际应用考虑影响谈判的多个因素确定策略选择函数。

策略选择函数主要有以下几种：

首先，在策略选择中，价值函数的作用是很大的。一个价值函数的数字代表了一个特定的协商行为或策略的成本。通常计算价值函数是以资源、目标和计算时间等为目标的。

其次，在解决资源冲突和任务分享等方面，使用了匹配函数。协商决策的目标是计划行为的顺序，其关键在于如何进行对应的计划对比与对应的匹配功能。

最终，偏好函数主要是利用优先功能表达谈判者对于协商的期望，并通过一定的关系式和相关的规则表达代理对于一个或者特定的协商解决方案的偏好。

③ 谈判处理。谈判处理主要是对单 Agent 和多 Agent 的协商行为进行描述和剖析，其中包含了谈判过程模型、对参与方的整体行动和协商行动进行分析和评估。谈判处理分为两个方面：一是谈判过程的演算法，二是系统的解析。谈判算法主要用来说明 Agent 在协商中的表现，其中包含通信、决策、计划和知识库运作等。

谈判协议和谈判策略是对 Agent 谈判的微观描述，而谈判处理是对Agent谈判的宏观表述。除此之外，效率是谈判中一个很重要的指标，高效率体现了谈判机制的简单性和即时性。

2.1.9　区块链

(1) 起源

区块链技术应用最早起源于大家熟知的比特币，2008 年 11 月 1 日，自称中本聪的极客发表了一篇《比特币：一种点对点的电子现金系统》的文章，具体阐释了融合 P2P 网络、对称与非对称加密算法、时间戳的区块链技术概念，主要适用于电子现金系统构架，也是一种全新的技术理念，这篇文章标志着比特币概念的诞生。经过两个月时间，区块链技术以比特币的形式走向实践，2009 年 1 月 3 日，诞生了序号为 0 的创世区。一周后序号为 1 的区块诞生，并与创世区块相连接形成了最早的链，这也正是宣告第一个区块链诞生。

（2）概念界定

一般而言，对区块链概念的诠释分为狭义和广义两个方面。狭义区块链通常是指以时间为顺序，将交易形成数据区块直接相连，进而形成简单的链式数据结构，并借助密码学方法对相应信息进行加密处理，从而达到不可篡改和不可伪造的目的，并以分布式记账方式替代传统的集中式记账方式。而广义上的区块链技术的定义为，借助分布式处理技术，以块链式数据结构对数据进行验证和存储，深度融合分布式节点共识算法、非对称加密技术等保证数据传输和访问的安全性。

（3）类型

① 公有区块链。公有区块链是区块链技术的最早应用，具有不可替代的广泛性，现有多数虚拟数字货币技术均基于公有区块链技术。在公有区块链下，不会对参与个体或组织进行限制，属于开放式的，任一个体或组织只要有需求都可以发出交易请求，并在交易达成后通过分布式记账对该区块链有效性进行确认，任何个体或组织都可以参与共识过程。

② 联合（行业）区块链。联合（行业）区块链与公有区块链技术有所不同，需要由某个具体组织或群体内部通过协商后确定某多个预选节点为分布式记账主体，区块的生成需要获得全部预选节点的确认，而其他节点仅可参与交易，而不能参与具体记账过程，也就相当于是一种托管记账方式。其与传统托管记账区别在于变成了全新的分布式记账，任何人都可通过开放的 API 进行限定查询。

③ 私有区块链。私有区块链的范围更小，严格要求仅能通过区块链总账技术进行统一记账。私有区块链的记账主题可以是一个公司或个人，对该区块链写入具有专享权，而在具体存储方案上私有区块链与其他类型区块链没有太大区别。

2.2 相关理论基础

2.2.1 可持续发展理论

可持续发展理论（Sustainable Development Theory）是指既满足当代人的需要，又不对后代人满足其需要的能力构成危害的发展，以公平性、持续性、共同性为三大基本原则。

（1）公平性原则

所谓公平，是指机会选择的平等性。可持续发展的公平性原则包括两个方面：一方面是本代人的公平即代内之间的横向公平；另一方面是代际的公平，即世代之间的纵向公平。可持续发展要满足当代所有人的基本需求，给他们机会以满足他们要求过美好生活的愿望。可持续发展不仅要实现当代人之间的公平，而且也要实现当代人与未来各代人之间的公平，因为人类赖以生存与发展的自然资源是有限的。从伦理上讲，未来各代人应与当代人有同样的权利提出他们对资源与环境的需求。可持续发展要求当代人在考虑自己的需求与消费的同时，也要对未来各代人的需求与消费负起历史的责任，因为同后代人相比，当代人在资源开发和利用方面处于一种无竞争的主宰地位。各代人之间的公平要求任何一代都不能处于支配地位，即各代人都应有同样选择的机会空间。

（2）持续性原则

这里的持续性是指生态系统受到某种干扰时能保持其生产力的能力。资源环境是人类生存与发展的基础和条件，资源的持续利用和生态系统的可持续性是保持人类社会可持续发展的首要条件。这就要求人们根据可持续性的条件调整自己的生活方式，在生态可能的范围内确定自己的消耗标准，要合理开发、合理利用自然资源，使再生性资源能保持其再生产能力，非再生性资源不至于过度消耗并能得到替代资源的补充，环境自净能力能得以维持。可持续发展的可持续性原则从某一个侧面反映了可持续发展的公平性原则。

（3）共同性原则

可持续发展关系到全球的发展，要实现可持续发展的总目标，必须争取全球共同的配合行动，这是由地球整体性和相互依存性所决定的。因此，致力于达成既尊重各方的利益又保护全球环境与发展体系的国际协定至关重要。正如《我们共同的未来》中写的“今天我们最紧迫的任务也许是要说服各国，认识回到多边主义的必要性”，“进一步发展共同的认识和共同的责任感，是这个分裂的世界十分需要的”。这就是说，实现可持续发展就是人类要共同促进自身之间、自身与自然之间的协调，这是人类共同的道义和责任。

可持续发展定义包含两个基本要素或两个关键组成部分：“需要”和对需要的“限制”。满足需要，首先是要满足贫困人民的基本需要。对需要的限制主要是指对未来环境需要的能力构成危害的限制，这种能力一旦被突破，必将危及支持地球生命的自然系统中的大气、水体、土壤和生物。决定两个基本要素的关键性因素是：收入再分配以保证不会为了短期生存需要而被迫耗尽自然资源;降低主要是穷人对遭受自然灾害和农产品价格暴跌等损害的脆弱性;普遍提供可持续生存的基本条件,如卫生、教育、水和新鲜空气,保护和满足社会最脆弱人群的基本需要,为全体人民,特别是为贫困人民提供发展的平等机会和选择自由。

不同的历史阶段,各地区的经济发展方式也不尽相同。早期,由于人们对经济发展中的环境问题认识不足,导致了以资源消耗为目的的发展方式。在工业革命时代,这样的发展理念是很常见的,往往是先解决污染问题,然后再考虑治理,如果没有足够的资金,就不能实施治理,生态环境日益恶化,资源匮乏的问题日益突出,环境问题也日益突出。直到20世纪70年代末,由于能源危机的严重冲击,有关发展的问题才被人们所重视,许多学者和科研单位提出了"均衡"的概念。这一主张表明,在全球范围内,在采取渐进发展的方式下,控制人口的增长是必要的;资本控制应保持在一个稳定的水平,不能以破坏环境为前提进行经济活动。后来,世界环境与发展组织在其报告中第一次提出了可持续发展的理念,其思想涵盖了许多方面。报告认为,可持续发展是指既能满足目前的社会需要,又不会对下一代造成威胁,同时也能满足子孙后代的需要。报告也提到了当今社会发展中的热点问题:当代与子孙后代的福祉;当代和后代的福利问题、国家之间的公平问题、不同地区的公平问题、环境与发展问题、人口与发展问题、经济与发展问题以及生态承载力问题。它很精确地表达了现代人的需要和权利,明确了发展的局限性,强调了发展的需要。可持续发展是一个具有发展、协调、公平、集约生产的动态观念,已有许多学者从不同的视角来阐释和研究。

朱柯冰 等(2017)提出,当前,中国正处于经济转型的关键时期,可以借鉴可持续发展的思想、协调发展策略,更好地实现节约能源和减少排放目标;作为实体经济主体,企业必须以节能减排、绿色低碳和清洁生产为核心,从长远的角度考虑运营问题;通过对企业的经营策略进行优化,既不影响环境,也不影响子孙后代的存活,提高企业整体盈利水平,实现经济、环境、社会三方面的协调发展。

2.2.2 企业社会责任理论

企业社会责任(Corporate Social Responsibility),是指企业在创造利润、对股东和员工承担法律责任的同时,还要承担对消费者、社区和环境的责任,企业的社会责任要求企业必须超越把利润作为唯一目标的传统理念,强调在生产过程中对人的价值的关注,强调对环境、消费者、社会的贡献。早在18世纪中后期英国完成第一次工业革命后，现代意义上的企业就有了充分的发展，但企业社会责任的观念还未出现，实践中的企业社会责任局限于业主个人的道德行为之内。企业社会责任思想的起点是亚当·斯密（Adam Smith）提出的"看不见的手"。古典经济学理论认为，一个社会通过市场能够最好地确定其需要，如果企业尽可能高效率地使用资源以提供社会需要的产品和服务，并以消费者愿意支付的价格销售它们，企业就尽到了自己的社会责任。到了18世纪末期，西方企业的社会责任观开始发生了微妙的变化，表现为小企业的业主们经常捐助学校、教堂和穷人。进入19世纪以后，两次工业革命的成果带来了社会生产力的飞跃，企业在数量和规模上获得较大程度的发展。这个时期受"社会达尔文主义"思潮的影响，人们对企业的社会责任观是持消极态度的，许多企业不是主动承担社会责任，而是对与企业有密切关系的供应商和员工等极尽盘剥，以求尽快变成社会竞争的强者，这种理念随着工业的大力发展产生了许多负面的影响。与此同时，19世纪中后期企业制度逐渐完善，劳动阶层维护自身权益的要求不断高涨，加之美国政府接连出台《反托拉斯法》和《消费者保护法》以抑制企业不良行为，客观上对企业履行社会责任提出了新的要求，企业社会责任观念的出现成为历史必然。

在企业契约理论中，企业是一个由社会组织和各种不同的利益相关方构成的组织，"股东"与"利益相关方"二者的定义不能混为一谈，股东是构成利益相关方的一部分。

目前，国内外学者对于企业社会责任的认识依旧存在分歧，从不同的视角去认识社会责任含义，至今尚无一个明确的界定。促使企业承担社会义务的原因是多种多样的，根据现有的研究资料，可以从以下三个方面进行归纳。

（1）外生说

企业的外在压力促使其必须承担某种社会责任。企业内部没有足够的动机支持企业承担社会责任，而是外部环境的原因迫使企业不得不采取行动承担社会责任。该观点侧重于企业为社会作出的贡献。

（2）内生说

在企业内部，有一些要素能够支持并推动企业承担社会责任，即企业履行的社会责任是其自身所引起的一系列的行为。

（3）内外兼说

这一观点是前面两个方面的结合。企业自身负有社会责任，而企业的社会责任也受到某些外在因素的推动，企业的社会责任既有利于企业自身，也有利于外部环境，从两个方面而言均是有利可图的。

企业的社会责任包括法律和伦理两个层面。首先,法律义务的特征是强制的,它是以强制的方式对企业的行为进行限制,从而促使企业采取一系列积极的措施履行自己的社会责任。而道德义务是法律义务不能涵盖的一部分,是企业在履行社会责任时,出于企业的道德自觉而不存在强制的义务。企业的绿色投资,不仅是一种法定的义务,更是一种对环保的回应,也是一种自觉、主动地承担社会责任的行为。从上述两个方面来看,企业在履行社会责任的过程中,不仅要遵守有关的法律、法规,还要在企业内部积极地接受政府和社会的监督。在企业层面上,要积极转变发展理念,体现绿色、环保的管理思想,不断提高技术创新水平和资源利用率,从而达到节约能源、促进环境保护、促进企业健康发展的目标。具体而言,企业社会责任可概括为以下六个方面。

(1) 企业对政府的责任

在现代社会,政府越来越演变为社会的服务机构,扮演着为公民和各类社会组织服务和实施社会公正的角色。在这种制度框架下,要求企业扮演好社会公民的角色,自觉按照政府有关法律、法规的规定,合法经营、照章纳税,承担政府规定的其他责任和义务,并接受政府的监督和依法干预。

(2) 企业对股东的责任

在现代社会,股东队伍越来越庞大,遍及社会生活的各个领域,企业与股东的关系逐渐具有了企业与社会的关系的性质,企业对股东的责任也具有了社会性。首先,企业应严格遵守有关法律、法规的规定,对股东的资金安全和收益负责,力争给股东以丰厚的投资回报。其次,企业有责任向股东提供真实、可靠的经营和投资方面的信息,不得欺骗投资者。

(3) 企业对消费者的责任

企业与消费者是一对矛盾统一体,企业利润的最大化最终要借助于消费者的购买行为来实现。作为通过为消费者提供产品和服务来获取利润的组织,提供物美价廉、安全、舒适、耐用的商品和服务,满足消费者的物质和精神需求,是企业的天职,也是企业对消费者的社会责任。对消费者的社会责任要求企业对所提供的产品质量和服务质量承担责任,履行对消费者在产品质量和服务质量方面的承诺,不得欺诈消费者和谋取暴利,在产品质量和服务质量方面自觉接受政府和公众的监督。

(4) 企业对员工的责任

企业对员工的责任属于内部利益相关者问题。企业必须以相当大的注意力考虑雇员的地位、待遇和满足感。在全球化背景下,劳动者的权利问题得到了世界各国政府及各社会团体的普遍重视。20 世纪 90 年代,美国著名的牛仔裤制造商 Levi-Strauss 在类似监狱一般的工作条件下使用年轻女工的事实被曝光后，为了挽救其形象，推出了公司社会责任守则，随后一些跨国公司为了应对激烈的全球化竞争纷纷效仿。

（5）企业对资源环境和可持续发展的责任

实践证明，工业文明在给人类社会带来前所未有的繁荣的同时，也给我们赖以生存的自然环境造成了灾害性的影响。企业对自然环境的污染和消耗起了主要的作用。近半个世纪以来的环境革命改变了企业对待环境的态度——从矢口否认对环境的破坏转为承担起不再危害环境的责任，进而希望对环境施加积极的影响。然而，环境日渐好转的情况仅仅发生在发达国家，整个人类并未走上可持续发展的道路。造成这种局面的根源，在于新兴国家人口和经济的飞速增长。虽然这些政治和社会问题超出了任何一个企业的管辖和能力范围，但是集资源、技术、全球影响以及可持续发展动机于一身的组织只有企业，所以企业应当承担起建立可持续发展的全球经济这个重任，进而利用这个历史性转型实现自身的发展。

（6）企业对社区的责任

企业是社会的组成部分，更是所在社区的组成部分，与所在社区建立和谐、融洽的关系是企业的一项重要社会责任。企业对社区的责任就是回馈社区，比如为社区提供就业机会，为社区的公益事业提供慈善捐助，向社区公开企业经营的有关信息等。有社会责任的企业意识到通过适当的方式把利润中的一部分回报给所在社区是其应尽的义务。世界著名的管理大师孔茨（Koontz）和韦里克（Weihrich）认为，企业必须同其所在的社会环境进行联系，对社会环境的变化做出及时反应，成为社区活动的积极参加者。

2.2.3　利益相关者理论

利益相关者理论是20世纪60年代在西方国家逐渐形成的，80年代以后，该理论的影响越来越大，对美、英两国公司治理模式的选择产生了深远的影响，促进了企业管理方式的改变。90年代以后，道德管理和利益相关者管理思想逐渐融合，但更多的应用是在公司治理领域。利益相关者理论的产生有其深厚的理论背景和现实背景，其立足点在于：随着时间的推移，企业的物质资本拥有者（简称“物主”）的作用越来越弱。所谓物主的弱化，是指利益相关者理论对“公司是持有公司股票的个人和机构所有”这一传统的核心理念提出了激烈的质疑。

（1）利益相关者定义

股东、债权人以及其他可能对公司现金流动有要求权的人均可定义为利益相关者。在管理学上，利益相关者(stakeholders)是指在组织的外部环境中受到组织的决策和行为影响的任何相关者。利益相关者可以对组织产生影响，并且他们的观点必须被纳入决策之中。但所有的利益相关者无法达成共识，有些团体的影响要大于其他团体，因此，在策略制定时，如何权衡利害关系成为一个重要议题。企业在决策过程中，利益相关者之间关联度的分析是一种有效的策略评估手段。1984 年，弗里曼(Freeman)出版了《战略管理:利益相关者方法》一书，对利益相关者理论第一次进行了清晰的阐述。在这部著作中，“利益相关者”一词被第一次明确提出。利益相关者理论指的是企业的一种管理行为，它是一种以协调各方利益为基础的管理行为。相对于传统的股东至上主义，这一理论主张企业的发展必须依赖于各个利益相关者的投入和参与。

潘罗斯(Penrose)在 1959 年出版的《企业成长理论》一书中提出了“企业是人力资产和人际关系的集合”的观念，为利益相关者理论构建奠定了基石。直到 1963 年，斯坦福大学研究所才明确提出了利益相关者的定义:利益相关者是这样一些团体，没有其支持，组织就不可能生存。这个定义在今天看来是不全面的，它只考虑到利益相关者对企业单方面的影响，并且利益相关者的范围仅限于影响企业生存的一小部分。但是，它让人们认识到，除了股东以外，企业周围还存在其他一些影响其生存的群体。随后，瑞安曼(Eric Rhenman)提出了比较全面的定义:利益相关者依靠企业实现其个人目标，而企业也依靠他们维持生存。这一定义使得利益相关者理论成为一个独立的理论分支。

在此后的 30 多年，关于利益相关者的界定已超过 30 种，不同学者从不同的视角界定利益相关者。其中最具有代表性的是弗里曼，他在《战略管理:利益相关者方法》中指出:利益相关者就是那些可以对一个组织的目标产生影响的个人和团体。弗里曼的概念极大地丰富了各利益相关者的内涵，使之更为完善。很明显，弗里曼定义了一个广义的利益相关者，他把所有的利益相关者都放在一个统一的层次上。克拉克森(Clarkson)指出:股东和投资给企业实物资本、人力资本、财务资本或其他有意义的资产，并为此承受一定的危险;换言之，他们会冒着商业行为的危险从事商业活动。克拉克森在其定义中引进了专用性投资的概念，从而明确了股东的定义。

我国的一些专家对以上看法进行了比较，得出结论:股东是指在公司经营活动中进行特定的专业性投资，并且在某种程度上要承受某种危险。这一界定不仅突出了投资的特殊性，应当说是较为完整和典型的。

（2）利益相关者划分

股东，雇员，债权人，供应商，零售商，消费者，竞争者，中央政府，地方政府，社会活动团体，媒体等，均可成为企业的利息相关者。但是，怎样才能把所有的利益相关者进行归类？目前，多锥分类法和米切尔评分法是国际上较为常用的两种方法。

① 多锥分类法

20世纪90年代中叶，许多专家和学者通过多层次分析方法，从多个视角对各利益相关者进行了分类。弗里曼指出，各利益相关者因其所掌握的资源各异而对企业的影响力也各不相同。他将股东分为三大部分：第一部分是持股股东，比如公司的董事、管理者和其他被称作拥有权益的股东。第二部分是与企业有财务往来的相关群体，例如雇员、债权人、内部服务机构、员工、消费者、供应商、竞争者、当地社区、管理机构等，都被称作经济依赖性利益相关者。第三部分是与企业在社会利益上有关系的利益相关者，如政府机关、媒体和特殊团体，被称作社会利益相关者。

直接利益相关者是指与企业自身存在直接交易关系的主体，包括股东、雇员、债权人、供应商、零售商、消费者、竞争者等。间接利益关系人包括中央政府、地方政府、外国政府、社会活动团体、媒体、大众等，这些都是与企业有非市场关系的利益相关者。根据相关团体与企业之间的契约关系，可将其分成契约型和公共型两类，这是从有关团体的社会性质和与企业的联系中是否存在直接、真实的人的角度来确定的，通常划分为四大类型：第一，主要的社会利益相关者，是具有社会性质和直接参与性质的主体。第二，次要的社会利益相关者，他们与企业有直接的联系，如政府、社会组织、竞争者等。第三，主要的非社会利益相关者，他们对企业产生了直接影响，但是并没有对特定的人产生影响，比如自然环境。第四，次要的非社会利益相关者，是与企业没有直接关系的或影响到的特定的人，如环境压力集团和动物利益集团等。

② 米切尔评分法

美国学者 Mitchell、Agle 和 Wood 于 1997 年提出了米切尔评分法，该方法把利益相关者的定义和分类相结合，认为公司的所有股东都应该具有三种特征：正当性、权力性和紧迫性。根据对各利益相关者的评价，将其划分为三类：一是具有正当性、权力性和紧迫性的确定利益相关者，他们是公司最关心和关系最紧密的客户，包括股东、雇员和客户。二是期望型的利益相关者，他们是具有正当性和紧迫性的团体，如媒体、社会团体等；而那些既有紧迫性又有权力感、但缺乏正当性的团体，如某些极端的政治、宗教组织，往往会用更激烈的方式实现自己的目标。三是潜在的利益相关者，他们拥有三种特征之一。米切尔评分法可以用来判定和定义公司的利益相关者并且易于实现，是利益相关者理论的一大突破。我国学者也从利益关系人的其他属性出发，对其定义和划分。

从利益相关者的合作性与威胁性两个方面入手，将利益相关者分为支持型利益相关者、混合型利益相关者、不支持型利益相关者以及边缘利益相关者。而从利益相关者的主动性、重要性和紧急性三个方面，将利益相关者分为核心利益相关者、蛰伏利益相关者和边缘利益相关者三种类型。

（3）利益相关者理论存在的缺陷和不足

① 传统的企业理论认为，企业的唯一目标就是“实现经济利润最大化”。

由于存在着利益相关者的学说，使得企业在实现商业目的的同时，还应承担社会和政治的双重义务，这将使企业陷于“企业办社会”的困境。当利益相关者学说被普遍认可后，企业的行动必然会被条条框框所约束，从而使其在无形之中披上了一层“慈善”的外衣，造成了企业自身的经济和利润的丧失，更容易在这个问题上处于两难的状态。例如，企业在获得了最大的经济效益后，没有考虑到社会的责任；如果太多地顾及企业的社会责任，反而会给对手可乘之机，从而失去经济增长方面的有利地位。

② 利益相关者的界定过于宽泛，利益相关者的边界难以确定。

虽然国内外很多专家和学者都对利益相关者的界定和划分阐述了自己的看法，但大部分只是停留在探讨和假设阶段。从相关研究涉及的十几种利益相关者来看，孰轻孰重不得而知。目前还找不到一种理论和方法能够定量地衡量众多利益相关者的权重。

③ 将利益相关者理论运用于实践困难重重。

我国许多学者都是从利益相关者的角度出发，对利益相关者理论的可行性进行了研究。然而，由于利益相关性理论自身存在的缺陷，实际操作起来并不容易。比如，牵扯到的利益相关方实在太多，仅是客户群体一方面，就很难将他们聚集在一起。许多学者提出的股东参与公司治理的提法，也缺乏可操作性。弗里曼提出了一种“利益相关者授权法则”，该法则在实践中要求操作者对利益相关者理论和利益相关者参与基础有深刻的理解。此外，这些利益相关者参与机制实施起来也有其自身缺点。

在对多利益相关者的特性行为进行研究时着重于协作和矛盾。Jentoft et al.（2012）从不同角度出发，探讨了不同的利益相关者在管理中的重要性。Chen et al.（2015）对采矿企业的利害关系进行了剖析，并认为某些国家的利益有关方存在着不平等。采矿企业为国内和当地的经济增长作出了巨大的贡献，包括阻碍外资的准入、提高了进口的税收。

在对多利益相关者的行为进行分析时，着重探讨了多主体的参与和不参与。Lock 和 Seele (2016)从永续视角出发，探讨了多个利益相关者，包括政府、政府间组织、企业、媒体、非政府组织、学术界、慈善基金会基层组织、私人公民和后代。Davidson 和 de Loë(2016)注意到，与建立伙伴关系相比，提升自身能力更为重要。Dahan et al. (2015)指出，公共服务行业发展水平是衡量当地政府服务供给能力的重要指标；地方政府和市民之间的关系更为密切，能够对本地需要有明确的认识。Estalaki et al. (2015)通过演化对策的新方法，以决定环保部门是否应当强迫排污企业满足水质要求。Arfanuzzaman 和 Syed(2018)对印度与孟加拉国共同拥有的 Teesta 河谷进行了评估，认为两个相邻国家进行合作可以实现双赢。

2.2.4　博弈论

(1) 博弈论定义

博弈论又称为对策论(Game Theory)、赛局理论等，既是现代数学的一个新分支，也是运筹学的一个重要学科，主要研究公式化了的激励结构间的相互作用。博弈论是研究具有斗争或竞争性质现象的数学理论和方法，在《博弈圣经》中对其定义为：博弈论是二人在平等的对局中各自利用对方的策略变换自己的对抗策略，达到取胜的意义，在决策人期待的空间里，形成三维均衡的学术理论。博弈论的基本概念中包括局中人、行动、信息、策略、收益、均衡和结果等，考虑游戏中的个体的预测行为和实际行为，并研究它们的优化策略。博弈论研究的基本假设为：决策主体是理性的，最大化自己的利益；完全理性是共同知识；每个参与者被假定为对所处环境及其他参与者的行为形成正确信念与预期。

生物学家们运用博弈论理解并预测进化论的一些成果。博弈论是一种标准的经济分析方法，在金融学、证券学、生物学、经济学、国际关系、计算机科学、政治学等许多领域都有广泛的应用。

(2) 博弈论中的基本要素

局中人、策略和收益是博弈论中最重要的因素。而博弈中的人、行动和结果都是博弈的一种，对博弈的参与者而言博弈的结果只有一个。

① 局中人。在一场竞赛或博弈中，每一个有决策权的参与者成为一个局中人。只有两个局中人的博弈现象称为“两人博弈”，而多于两个局中人的博

弈称为“多人博弈”。那些在一局对策中并不参与决策，且与结局和得失无关的人（如各种棋类对弈中的裁判员）不属于局中人。

② 策略。一局博弈中，每个局中人都有权选择实际可行的完整的行动方案，即方案不是某阶段的行动方案，而是指导整个行动的一个方案，一个局中人的一个可行的自始至终全局筹划的一个行动方案，称为这个局中人的一个策略。如果在一局博弈中局中人都总共有有限个策略，则称为“有限博弈”，否则称为“无限博弈”。

③ 收益。一局博弈结局时的结果称为收益。每个局中人在一局博弈结束时的收益，不仅与该局中人自身所选择的策略有关，而且与全部局中人所取定的一组策略有关。所以，一局博弈结束时每个局中人的收益是全体局中人所取定的一组策略的函数，通常称为收益或支付函数。

④ 博弈涉及均衡。均衡指的是平衡，在经济学中，它意味着一个稳定的数值。在供需关系中，一个商品在一定的价位上，每个想买的人都可以用这个价格购买，而每个想卖的人都可以出售，在这个时候可以认为，这个商品的供需是均衡的。纳什均衡是一种稳定的博弈结果。

（3）博弈类型

博弈的分类依据不同，可以分为多种类别。一般将博弈分为两类：一类是合作型的，另一类是非合作型的。合作博弈与非合作博弈的不同之处在于：参与的各方是否达成一项有约束力的协定，若有，则称为合作博弈；否则，就是非合作博弈。

根据博弈的时序性，博弈可分为静态博弈和动态博弈两种。静态博弈是指在博弈过程中，参与者既不选择也不知道先行动者采取了哪些特定的行为；动态博弈是指在博弈过程中，参与者的行为具有一定的次序，而后行动者可以看到先行动者的行为。通俗地说，“囚徒困境”是同时决策的，即静态博弈；而像棋牌游戏这样的决策行为是有顺序的，是动态博弈。

按照参与人对其他参与人的了解程度，博弈分为完全信息博弈和不完全信息博弈。完全信息博弈是指在博弈过程中，每一位参与人对其他参与人的特征、策略空间及收益函数信息有准确的了解。不完全信息博弈是指至少有一位参与人对其他参与人的特征、策略空间及收益函数信息了解得不够准确或者不是对所有参与人的特征、策略空间及收益函数信息都有准确的了解，在这种情况下进行的博弈就是不完全信息博弈。

经济学家所谈的博弈论一般是指非合作博弈论。合作博弈论比非合作博弈论复杂，在理论上的成熟度远远不如非合作博弈论。非合作博弈又分为：完全信息静态博弈，完全信息动态博弈，不完全信息静态博弈，不完全信息动态博弈。与上述 4 种博弈相对应的均衡概念为：纳什均衡（Nash equilibrium），子博弈精炼纳什均衡（subgame perfect Nash equilibrium），贝叶斯纳什均衡（Bayesian Nash equilibrium），精炼贝叶斯均衡（perfect Bayesian equilibrium）。

2.2.5 数据包络分析

数据包络分析（Data Envelopment Analysis，DEA）是线性规划模型的应用之一，常被用来衡量拥有相同目标的运营单位的相对效率。数据包络分析是一种以相关的效率为基础的线性规划方法，主要应用于制造工艺中出现多个输入与输出的情况下测量多个决策单元（Decision Making Units，DMU）的性能。这类组织如学校、医院的分支机构、超市的各个营业部等，各自具有相同（或相近）的投入和相同的产出。衡量这类组织之间的绩效高低，通常采用投入产出比这个指标，当各自的投入产出均可折算成同一单位计量时，容易计算出各自的投入产出比并按其大小进行绩效排序。但当被衡量的同类型组织有多项投入和多项产出，且不能折算成统一单位时，就无法计算出投入产出比的数值。例如大部分机构的运营单位有多种投入要素，如员工规模、工资数额、运作时间和广告投入，同时也有多种产出要素，如利润、市场份额和成长率。在这些情况下，很难让经理或董事会知道，当输入量转换为输出量时，哪个运营单位效率高、哪个单位效率低。数据包络分析法的特点包括：非常适合用于多输出-多输入的有效性综合评价问题；应用 DEA 方法建立模型前无须对数据进行量纲化处理，无须任何人工赋权；结果只能评价决策单元的相对发展指标，而无法对实际的发展水平量化表示；由于各个决策单元都是从最有利于自己的角度分别求得权重，这样会导致这些权重随着 DMU 的不同而不同，从而使得每个决策单元 DMU 的特性缺乏可比性，这样得出的结果可能不符合客观实际。

数据包络分析法具有以下优势：

首先，数据包络分析法是对多投入、多产出问题评价的最佳方法，特别是在进行多产出决策单元的效率评价方面体现出优越性。煤炭企业效率评价是典型的多投入、多产出问题，运用数据包络分析法无须确定生产函数的具体数学表达式，只需投入、产出数据便可计算。

其次，数据包络分析法无须对指标权重进行主观确定，评价结果更加客观，排除主观赋权导致的偏差。

再次，数据包络分析法能同时处理比例或者非比例数据，对输入、输出指标的计量单位选取与效率评价结果无关，不对数据进行综合处理，可以直接使用收集的数据进行效率评价，不需要进行归一化或无量纲化处理。

最后，数据包络分析法的结果可以反映每个决策单元与前沿面的差距，可以针对每个决策单元分析和量化低效率的来源。

DEA 模型中最先提出也是最具代表性的模型是 CCR 模型，它由 Charnes 等(1978)提出。通过构造决策单元(DMU)将被评价群体分解为多个决策单元，形成多投入、多产出的综合分析前沿面来衡量评价效率。依据每个决策单元和生产前沿面之间的差距判断决策单元的效率值是否属于有效状态。CCR 模型假设企业的生产活动不受规模报酬(Constant Returns to Scale，CRS)的影响，对每个决策单元进行衡量和评价。

CCR 模型测量出的计算结果有效的前提是规模报酬不变，且技术水平较高。这种假设是严格的，现实测量分析中很难得到满足。随着研究不断深入，一些研究者着手改进 CCR 模型的这些缺陷，并提出了规模报酬可变的 BCC 模型。在规模报酬可变的假设下，通过测量包括规模效率、纯技术效率的恒定比例、返回模型获得的效率值等，可以得到规模报酬可变模型检验决策单元的纯技术效率水平。技术效率、纯技术效率和规模效率之间的关系是：技术效率＝纯技术效率×规模效率。通过 BCC 模型可以分析决策单元的规模效率和纯技术效率。

2.2.6 多 Agent 自动协商

(1) 自动协商的提出

协商是电子市场环境下一种缓解利益冲突的重要决策活动，协商过程的特点是交互性。但是，这种传统的协商过程耗费时间长，通常需要经过若干轮协商回合才能结束，协商效率不高，并且无法判定最佳的协商结果。另外，由于受限于文化、自我意识、情绪等因素影响，使得人工协商总是充满太多变数，还会影响最后对协商结果的预期效益。有关学者指出，协商空间较大，导致人们无法在有限时间内准确地找出最优的协商结果。

随着信息技术和信息化平台的快速发展，在信息化平台运作环境下，引入基于 Agent 的智能协商将提高协商效率，并大大降低操作的复杂性和协商费用，为未来经济和管理问题的处理开辟新的发展方向。由于 Agent 具有自动化、主动及自我感知等特点，因此自动协商适合在 Agent 系统中实现，并能解决各种冲突问题。自动协商是指多 Agent 系统中各 Agent 交换各自目标，直到各 Agent 的目标一致或不能达成协议(协商破裂)。从自动协商系统的过程看,可将自动协商分为三个阶段:第一阶段,系统定义将要进行的协商的属性;第二阶段,根据精确的协商协议,系统可自动进行协商活动;第三阶段,达成协议后,根据协议内容履行相关行为。

为了有效协作,各 Agent 必须能对其局部资源、信息和技能等进行协商,协商可通过共享 Agent 的所有信息或通过交换提议及反提议等进行。

自动协商系统涉及的理论和方法可概括为三个基本方面:协商协议(negotiation protocol)、协商策略(negotiation strategies)和决策模型(decision mode)。协商协议可以理解为一系列规则的集合,用来对整个协商过程进行协调和管理。协商策略是指为了实现自身利益的最大化,协商各方所采用的协商提议序列。从某种意义来讲,对于一个确定的协商,协商策略决定了最终的协商结果,选定了协商策略也就确定了一种协商模式。协商策略遵循的原则包括:最坏的结果是无协议达成;所获资源越多越有价值;时间耗费越少越有价值等。在自动协商系统中,决策模型是核心,它是在既定的协商协议和协商策略基础上,用来对协商状态进行分析,对协商方案进行评估的必要环节;同时,它还为协商方提供协商的建议解。目前关于决策模型的研究主要包括博弈模型、决策论模型及社会心理学模型三类决策模型。上述自动协商模型的三个要素在整个自动协商系统中所占的重要性会随着具体协商问题的不同而进行特定的分配。

对于 Agent 自动协商系统来说,一般要由两个或者两个以上协商Agent 构成多 Agent 系统(Multi Agent System,MAS),每个协商 Agent 都是自主的协商行为实体。就单个协商 Agent 的协商行为决策而言,其行为是相对独立的,多个协商 Agent 之间存在着复杂的会话关系。结合协商所具有特性可以将自动协商系统的特点概括为:第一,自动协商系统涉及两个或多个 Agent(参与方)的利益冲突;第二,协商中的一个所有 Agent(参与方)都可接受的方案可以解决上述冲突;第三,自动协商系统中 Agent(参与方)之间互相依赖、紧密相连;第四,自动协商系统中各 Agent(参与方)愿意以沟通的方式达成协议,而不是简单地接受其他参与方的提议。

综合来看,国内外对自动协商系统的研究因出发点和侧重点不同,出现很多分支,一部分人主要研究协商协议,目前广泛采用的自动协商协议包括拍卖协议、讨价还价协议、合同网协议和基于论据的协议等;一部分人主要研究协商策略,他们根据具体的情况和需要对协商策略进行了细分,自动协商常用协商策略包括报价策略、最大收益策略、门限策略、方案产生策略、进程应对策略、让步策略和预案策略等；还有一部分人对自动协商的决策问题优化和决策模型的构建做了较为深入的研究，为了简化决策过程并增强模型的实用性，尝试着应用了模糊约束和定性仿真等方法，并取得了较好的效果。

尽管目前国内外众多学者和研究人员结合具体情况和要求对自动协商系统的各个方面都进行了较为深入的研究，但自动协商系统仍然存在着很多问题和不足，最主要的包括以下两个方面：

第一，对自动协商系统的研究仍然仅停留在理论上，缺乏实际应用的案例。国内外大多数学者对自动协商问题的研究基本上是在理想假设的前提下进行的，并没有进行具体的实践验证，因此，尽管提出了很多较为先进的理论和方法，但在具体应用中也许并不适用，究其原因，主要是缺少实际应用案例的验证。

第二，对协商过程的描述和定义不合乎环境的发展。很多学者提出的自动协商模型没有与当前主流应用的电子商务环境结合，基本上是把传统协商过程进行了一下"映射"，使自动协商系统的运行效率和实用性受到了很大影响。另外，目前国内外学者在对自动协商问题进行研究时，很少考虑到电子商务环境下的重要且敏感的问题——自动协商中的安全性问题，这个问题如果不能得到合理、有效的解决，前面所做的研究就很难得到实现。

（2）自动协商系统的特性与过程

自动协商系统利用计算机网络技术，特别是 Internet 技术，以及智能 Agent技术自动执行协商过程。"自动"本身并不能改变协商问题的实质，协商事前准备、讨价还价及协商事后分析仍然是自动协商的主要阶段。每一个自动协商系统，不论其效率如何，都必须具有以下几个特性：

① 智能性。这是自动协商系统最重要的特征。作为一个自动系统，应该能够不断地自动获取协商所需要的知识，而不只是单纯执行人类制定的协商策略，也就是说系统必须要具有智能学习的能力。随着协商经验的积累，系统能够自动提高其性能，从而提高协商的效率和质量。因此，可以将 Agent 技术和机器学习方法应用在系统的设计中。

② 合理性。在协商过程中，协商 Agent 代理协商人所提出的报价必须是合乎逻辑的，符合协商当时的实际情况。

③ 鲁棒性。在协商者不适当的误操作之后，系统能够自我恢复，并继续执行正确的协商动作，向对手提出合理的报价。

④ 快速反应性。在每轮协商回合中，执行和响应速度要快，即能够在规定的时间内实时提出协商方案。

⑤ 通信有效性。为实现基于 Web 的在线协商所需要的通信次数和协商数据最少，保证不会引起通信信号的延迟，并确保网络服务质量。

（3）自动协商的标准与类型

自动协商系统的效率，通过其协商结果展现出来。在不同条件下，协商结果一般是不同的，即使在相同条件下，协商机制不同，协商结果可能也是不同的。衡量协商结果是否有意义有以下三种标准：

① 效率。协商结果应该是帕累托最优的（Pareto-Optimal），也就是说，无法找到另一个解可使双方的效用增加，或者一方效用不变而另一方效用增加。

② 联合效用。协商达成协议后，根据协商结果的提案得出双方的效用，将双方效用值相加，即为联合效用。协商结果应尽可能使联合效用达到最大。

③ 公平性。谈判的结果一旦出现利益一方得到了过多的利益而另一方承受很大的损失的情况，表明谈判的结果是不均衡的，这是不公平的。协商结果应对双方都有很大好处。

根据自动协商的不同特征，可以有如下四种分类方法：

① 根据参与协商双方 Agent 的数量，可以将协商分为一对一协商、一对多协商和多对多协商。

② 根据协商属性的数量，可以将协商分为单一属性协商和多属性协商。

③ 根据协商问题的参与态度，可以将协商分为下列两种不同类型。

首先，分配型协商。分配型协商是指参与协商的各方在目标发生冲突时所进行的协商。在此期间，如果一方的收益增加，则必然伴随着削弱另一方的利益。这类协商的重点在于推导出另一方的底线，并且找到一种能让另一方满意的解决办法，但如果判断另一方的底线出现偏差，将会造成协商的失败。在这样的协商中，要么胜出，要么失败，所以协商的成功率并不高。如果协商的目的在于使双方都能满意，那么，在现实和信息化平台运行的情况下，分配型协商很难达到这种目的。因此，单纯的协商方法已经不适应目前的绿色转型发展磋商活动的需要。

其次，整合型协商。整合型协商是从合作的观点出发开展双方或多方协商的。因为协商各方在磋商中对同一属性有不同的偏好，从而改变了应对策略的架构。协商各方都在寻找达到本方利益最大的方案，他们在协商中并不是为了让每一个属性都得到最大的好处，而是为了实现综合利益最大化而对这些属性进行权衡，并最终找到一个统一的解决办法。在协商过程中，由于交易各方具有相互间的灵活性，存在互惠的弹性选择，因此可以改善各方满意度，这是一个共赢的结果。

整合型协商在现实谈判中具有更高的应用价值，而分配型协商则具有更多的技术需求。在商家看来，若能针对不同顾客的特征，为其提供个性化的产品协商服务，并提供差异化的产品，这也是通过合作协商达成的目的。

④ 根据研究中对多个存在相关性的协商进行处理的情况，可以将协商分为多协商研究和多相关协商研究。多协商研究只是同时对多个协商进行处理，并没有考虑到各个协商间的关系，与传统协商研究并无区别；多相关协商研究是指在对多个存在相关性的协商进行研究时，明确刻画和表达出各个协商间存在的关联关系，协商过程的设计与优化要综合考虑多个相关的协商，协商方进行报价和让步决策时要协同考虑与其相关的多个协商。

（4）多议题自动协商基础理论分析

在商业活动中，Agent 作为买方和卖方的代理人，应当能够选择适当的谈判战略，并在谈判过程中及时、精确地调整自己的行为以获取最大的收益。在实际的交易中，价格未必是消费者的唯一决定因素，还可以考虑其他的相关因素，例如运输时间、质量等级以及售后服务等包含诸多因素的情况；而对商家来说，他们也不想仅通过价格高低判断能卖出产品的优劣。因此，Agent 必须具备与对方谈判的多种属性，具备与谈判对象协商的能力，这就是多属性协商的问题。在多属性协商中，Agent 谈判策略的研究是电子协商领域最具智慧和创造性的，也是实现多属性协商的核心技术。自动协商中多议题协商与单议题协商的本质区别可以概括为：首先，多议题协商属于多目标优化问题，一般情况下不存在与单议题类似的全局最优策略，而是存在 Pareto 最优策略的集合；其次，单议题协商属于完全竞争的常和博弈，而多议题协商是变和博弈，协商过程中 Agent 相互合作、各取所需以实现双赢。多议题自动协商系统的建立所涉及的理论有逻辑推理理论和效用决策理论，其中逻辑推理理论用来支撑 Agent 智能模式的需求；效用决策理论则是帮助 Agent 对资源和项目的满意程度进行评价。在协商过程中，各个 Agent 之间进行动态的互动和协商。

① 多议题自动协商中的逻辑理性分析。正如在日常的协作谈判中，具有良好的逻辑思维和分析能力是谈判成功的重要条件。基于强大的逻辑推理理论，可以对多议题 Agent 协商模型进行深入的探讨。Agent 间的交互和对话是 Agent 的核心，它需要精确的定义和描述 Agent 的属性和决策，并通过严格的、形式化的数学工具来实现，这种严谨的数学工具称为逻辑。Agent 的自动协商系统模型涉及命题逻辑、谓词逻辑、模态逻辑三大类，其中命题逻辑的主要功能是对协商环境、合作关键属性、协商对象、协商程序等进行分析；谓词

逻辑是用来描述并判定主体本身的相关属性;模态逻辑主要是协助主体对其可能的行动进行推理和分析。逻辑是根据逻辑推理得出的可信结论,而不管它的假设是不是完整的。逻辑推理的基本前提是:主体信息完整,世界封闭。逻辑推理认为,一个合理的行动可以建立在现有信仰基础上,但需描述出这个完整的逻辑推理过程(假设 Agent 拥有对这个世界的完整的认识,而事实上,Agent 的资源是有限的,知识是不完整的),并且理论和现实之间存在差距。

② 多议题自动协商中的效用理性分析。尽管逻辑理性重视理性推理,但忽视了理性决策,主体间的主体关系为静态。这就需要引进一种效用理性,即每个行为都有可能发生的可能性,并以效用函数表达它的意愿,即一个合理的行为的衡量标准是最优化预期效用。应用效用理性的前提是:主体是自我利益的,主体使用效用理性是为了达到最大效用。Agent 的自利性前提假设和效用理性理论可以为 Agent 的自主计算提供有力的支撑并成为从事多 Agent 系统研究的学者的最爱。在研究或应用中,仅需给出 Agent 的具体描述,并清楚说明具体要完成的工作即可。在专家系统中,效用理性也是适用的,但是在实际运用中,它却走向了逻辑上的另一极端,它只关注理性决策,忽略理性推理,主体间的关系主要是竞争与排挤。

③ 从逻辑和效用两个角度对多议题自动协商进行全面的分析。在多议题自动协商系统中,逻辑理性和效用理性的应用要结合实际情况合理选择、有效控制,避免在某一方面走极端。在协商过程中,通过逻辑理性支持Agent在信念的基础上产生协商愿望和意图,并付诸协商行动,从而使协商意愿得以实现,并将其付诸磋商行为;效用理性与协商主体之间的互动结合,使协商主体从协商意愿转向执行,此时协商意图在所有协商中效用最大。

为了增加自动协商过程的理性和合理性,在对逻辑理性和效用理性进行分析和应用的基础上,还应进一步对行为理性和社会理性进行有效的分析和应用。行为理性讨论的是如何逐渐增加智能系统的能力,使其在每一个协商阶段都能创造出完整的系统以确保模块和界面的有效性。在自动协商过程中,行为理性应如何直接利用物理世界原型作出相应的反应是研究的难点。社会理性是开放环境下多 Agent 系统研究的重要内容之一,社会理性的基本假设是:Agent 是利他、合作和友好的。社会理性的目标是在实现整体收益最大化的前提下,保证个体损失最小。这有效地解决了在资源受限、信息不完备的情况下自动协商中的合作求解问题,协商是 Agent 间的主要关系,不足之处在于缺少坚实的理论基础。

(5) 多相关自动协商基础理论分析

近年来，国外有关专家对多相关自动协商进行了深入研究，打破了以往关于自动协商的研究局限于单一协商，忽略了现实经济发展过程中多个相关协商之间的联系与关联性。多相关协商可以促进资源配置的优化，促进经济的发展。多相关自动协商的研究更侧重于对多个具有关联度的协商进行整体优化，适用于多个相关资源的配置与协调。

① 多相关自动协商中的逻辑性问题。与传统的自动协商（单议题、多议题等）方式相比，多相关自动协商研究对逻辑推理和分析能力提出了更高的要求。Agent 自身的自治、环境适应以及 Agent 之间的沟通，都要求 Agent 具备更好的获取、分析、推理的能力，不仅要精确地定义一个协商的属性、策略，还要能有效地界定和表达协商之间的联系。

② 多相关自动协商中的效用合理性分析。在多相关自动协商中，Agent 的合理决策水平直接影响到多相关自动协商研究的总体效果，Agent 之间的关系不再是固定的，它会随着磋商的目的和环境的不断更新而改变。在研究过程中，Agent 的效用评估要跳出一个或多个磋商范畴，从整体上来衡量和考量。在决策过程中，Agent 的决策要充分考虑整体上的影响和联动效果。

第 3 章　资源枯竭型城市绿色转型相关案例分析

资源枯竭型城市转型不仅是东北地区面临的突出问题，也是全国乃至世界的难题。国内外资源型城市转型取得了一定的成就，借鉴其成功经验，避免其失败教训，在一定程度上有助于我国煤炭资源枯竭型城市绿色转型与发展。

3.1　国外资源枯竭型城市转型成功案例分析及借鉴

国外大多数资源型城市经历了一个漫长的发展和演变过程，其中包括碰撞和蜕变，也有改造与突破，当然也多次出现重生和创新，这些给我们带来了丰富且宝贵的转型与发展模式设计经验。而这些转型案例并非是一蹴而就的，如法国洛林、美国洛杉矶、休斯敦和匹兹堡、德国鲁尔和日本九州等的转型都持续开展了几十年才初见成效，在人力、物力和财力方面耗费巨大，但取得的成就也是比较显著的。

3.1.1　法国洛林市绿色转型案例分析

(1) 绿色转型情况概述

洛林位于法国东北部，与德国、比利时以及卢森堡接壤，拥有 230 万人口，是法国人口比较稠密的地区之一。19 世纪 50 年代，洛林地区的主要产业是铁矿、煤炭和纺织业。尤其在二战后，全世界大规模恢复重建，导致原材料需求增加，洛林获得了十几年的黄金发展时期。但是随着新材料的出现，传统材料被代替，加之受到生产技术升级等多种因素的影响，洛林由发展到衰落，进入重要的转型时期。

(2) 绿色转型特征与具体措施

① 高起点工业转型。洛林的工业转型与其他资源型城市的转型道路不同，并非直接选择替代传统行业，而是以提高城市国际竞争能力和实现长期可持续的高质量发展为目标，重点开展有针对性的工业转型。首先，发展新产业，包括汽车、电子和塑料工业。1960 年以前，洛林地区没有汽车工业，截至 2010 年，汽车工业占区域经济总量的 30%，成为支柱产业。其次，重点支持高

新技术产业的衍化和辐射作用，达到对传统产业改造的目的。例如，鼓励对钢铁、机械、化工等行业开展技术创新，在创新中实现有序改造，提高生产过程自动化水平，提升产品自身附加值。第三，淘汰确实没有竞争力的产业。例如，针对洛林地区煤炭资源开采及加工成本居高不下、煤炭价格远高于世界平均水平的情况，法国洛林政府果断采取逐渐淘汰落后产能政策；尽管洛林地区拥有丰富的铁矿资源，但也因无竞争力，相关采矿和冶炼企业全部被关停。

② 制定优惠政策，吸引外部资金融入。为了吸引有效投资，法国洛林政府先后制定和出台了多项优惠政策，这为洛林地区工业转型奠定了重要的基础，也使其走上与国际接轨的道路。例如，外来企业在洛林地区建厂的地皮价格比较便宜，同时政府给予50%的资助；对于以前的矿区建厂，政府将会有更多的资助；在设备方面，政府会给予15%的资助。随着外资的引入，法国洛林地区的工人就业安置问题很快得到解决。例如，当时奔驰公司的28亿法郎投资直接创造2千多个就业岗位，同时，政府也给予了7 000万法郎的资助。

③ 资源产业转型与国家体制转型存在着紧密关系。在城市产业转型过程中，政府应果断采取与产业结构转型相配套的体制转型政策，逐渐将国有企业转变成股份制企业，政府适当减少股份持有比例。而为解决剩余劳动力转岗和实现再就业问题，法国洛林政府还对近百个中小股份制企业进行扶持。

④ 培训劳动力促进再转岗。在城市产业转型过程中涉及许多从事传统行业的工作人员，他们掌握的工作技能单一，仅会从事简单的工作，不符合新产业发展的要求，因此面临着失业问题。洛林政府创造了许多针对转业者的技能培训的有效方式，根据需求不同，培训分为不同的类型，有针对性地开展专业技能培训；培训时长根据实际需要设定，一般为2年，特殊岗位可延长至3或5年，政府负担培训中的相关支出，企业则需要对员工发放工资。采取这种方式，洛林的失业率降为7%，低于全国平均水平。

⑤ 建立培育中小企业园圃。在中小企业扶持方面，政府给予了非常大的支持。中小企业在发展初期遇到的困难比较大，企业园圃帮助企业制订发展计划以及提供各种服务。新创立的企业可以在园圃中实习两年，利用园圃中现有的厂房、办公室、车间等设施，可以大大降低新企业的初期成本，大力推动了中小微企业的稳定发展。一般情况下，一个企业园圃每年可以为20家左右的企业组建提供支持，并帮助10家左右的企业实现转型，对法国洛林地区工业转型起到了积极作用。

(3) 绿色转型启示

法国洛林地区经过30余年的转型，由原来环境污染严重的“重灾区”，蜕变成了环境优美的工业新区，整个地区实现从衰退到新生的转变，成为法国吸引外资的重要地区。从洛林的转型中我们可以获得以下的经验：首先，洛林地区工业转型牵动的地区范围广，转型工作扩展到了欧盟甚至整个欧洲。其次，政府制定的制度以及设置的相关机构，为转型工作的效率提供了保证。第三，转型时机选择较好。我国的资源型城市转型基本上是从衰退期才开始的，转型时间越晚，难度越大。

3.1.2　德国鲁尔区绿色转型案例分析

（1）绿色转型情况概述

德国鲁尔区在 2018 年 12 月 21 日果断关停了最后一座煤矿，这标志着德国硬煤开采长约 200 年的历史终结。鲁尔区位于德国北莱茵-威斯特法伦州的中部，面积约 4 435 km^2，人口数量 500 多万。通常所说的鲁尔区并不是一个独立的行政区划，而是指“鲁尔区城市联盟”，其中包括 11 个直辖市和 4 个县级市，其拥有特蒙德、杜伊斯堡等比较有名的工业城市。

德国鲁尔地区拥有十分丰富的煤炭资源，可采储量高达 2 190 亿 t，占德国煤炭可采总量的四分之三，其中经济可采储量近 220 亿 t。德国鲁尔区在 18 世纪初以煤炭开采和钢铁生产作为主要发展行业，最多时曾拥有 300 多座矿井，同时还有十几座钢铁厂，当时在炼油、炼钢、汽车、造船和机器制造等方面发展特别迅速。在德国二战后的经济恢复中，鲁尔区发挥了重要作用。

20 世纪 60 年代初，面临煤炭开采成本逐渐提高、全球煤炭需求降低的危机，德国鲁尔工业发展受到很大冲击，发展速度受到限制。1950 年采矿生产矿井还有 160 个，而到了 1969 年就降至 60 个，从事采矿生产的职工数量也从 120 万人直接降到 20 万人。当时，鲁尔地区的很多煤矿和钢铁厂不断倒闭，经济逐渐萎缩。同时，由于鲁尔拥有多家发电厂和炼钢高炉，每年向空气中排放大量的烟灰和二氧化硫，造成十分严重的空气污染，形成厚重的雾霾。随之带来了一系列社会和环境问题，当地居民呼吸道疾病发病率剧增，树木受到高浓度二氧化硫侵蚀，酸雨频繁。鲁尔地区陷入了困难时期，转型迫在眉睫。

（2）绿色转型特征与具体措施

① 调整产业结构，发展新兴产业。煤矿企业改造需要政府直接拨款资助，直接关闭那些长期亏损且生产技术落后的小煤矿，兼并重组高污染和高能耗的企业，实现资源的重新配置，达到效益最优化。在改造传统产业的同时，也对传统的生产技术进行了改造和更新，包括更新煤炭转换工艺、引进当时世界上先进的连续退火炉等。此外，政府对鲁尔地区加大开放力度，吸引外资和

技术,大力发展新兴产业。对于从事新兴产业的企业落户在鲁尔,政府将给予相同程度的经济补贴。

② 促进企业协作,充分利用资源。政府为增强产业结构的稳定性,鼓励企业之间展开广泛的合作,出现了煤钢联营、煤化联营、钢铁与机械的联营等企业联盟。通过企业间的合作,实现上下游资源的充分利用,企业间的横向耦合共生。在合作的过程中,大企业可以为小企业提供先进的技术、资金等资源,使鲁尔区内部资源得到充分的利用。

③ 提升科研实力,整合社会资源。从 20 世纪 60 年代起,鲁尔区先后成立鲁尔大学、多特蒙德大学等多所高等院校以及科研机构,它们为鲁尔工业区转型提供了重要的技术支持。此外,鲁尔煤炭股份有限公司拥有 17 个煤炭研究所、4 个煤炭实验场和高性能计算机处理中心,是全国最大的煤炭技术研发机构,取得的研究成果在促进煤炭工业转型升级和现代化推进上贡献巨大。为了保障新技术企业的资金,鲁尔区政府还大力推进优势资源和能力的整合,引导经济中心和科研机构积极对接,建立比较有特色的"鲁尔区风险资本基金会"和多个新技术服务咨询公司。

④ 充分利用城市新功能。鲁尔工业区根据发展实际全力推进城市功能调整,并在 1989 年制订了一个为期 10 年的国际建筑博览会计划,目的在于对鲁尔区 17 个核心城市实施城市再造工程。整个博览会计划中有多种开发模式和近百个项目,充分利用城市功能,对城市进行重新定位和规划。

⑤ 颁布法律整治环境。针对鲁尔地区的环境危机,政府采取法律手段进行整治。德国早在 1974 年就出台了《联邦污染防治法》,明确设定了各种有害气体和颗粒物等对环境、人及植物造成危害指标,更加严格规定了工业企业的环保排放标准。

(3) 绿色转型启示

鲁尔工业区的转型比较符合典型资源型城市转型与发展的一般特征和规律,对我国资源型城市转型具有较大启示和借鉴意义。首先,充分利用法律体系,对整个鲁尔工业区的环境问题进行整治,并在此基础之上制订防污染计划,取得较好的效果。其次,对传统老矿区进行清理和整顿,果断放弃成本高、机械水平低的企业,对其采取关闭或者转型等措施;同时,培育新型产业,调整整个鲁尔地区的产业结构。第三,推动科研创新,激发生产力,实现传统产业的改造升级。最后,鲁尔地区在转型过程中对其工业文化的传承和遗产的保护十分重视。

3.1.3　美国休斯敦市绿色转型案例分析

（1）绿色转型情况概述

美国休斯敦市位于得克萨斯州东南部，是美国第四大人口多的城市。休斯敦市以石油资源储量大著称，是典型的石油资源型城市。二十世纪三十年代，休斯敦进行大规模开采，推动了这座城市的经济发展。经过三十多年的开采，石油资源接近枯竭，相关的石油产业相继衰败。二十世纪七十年代，石油受到经济影响价格暴跌，休斯敦地区受到了严重的打击，大量的企业倒闭、工人失业，对社会造成严重的后果。

（2）绿色转型特征与具体措施

① 延伸产业链，发展传统产业。休斯敦继续发挥石油产业优势，延伸和扩展石油产业链，加大对传统产业链升级。对石油进行深加工，增加资源性产品的附加值。通过制定相关政策，鼓励与石油相关的上下游企业大力发展接续和替代产业。

② 全力培育发展第三产业，实现产业多元多样化。休斯敦政府清楚资源型产业寿命有限的事实，为了适应城市转型的需要，在继续发展传统能源产业的同时，实现产业多样化十分必要。休斯敦是美国南部的金融中心，许多外国银行在这里设置分行，银行金融业已经成为休斯敦的支柱产业。此外，休斯敦还着力发展航天、医疗、交通、通信等产业，充分发挥市场机制的作用，构建多元产业体系，增强城市服务功能，带动就业。由于实现了产业多元多样化，休斯敦降低了能源行业的占比。

③ 充分利用国家政策，抓住发展机遇。1961年，美国国家航空航天局（NASA）约翰逊航天中心建立在休斯敦。在NASA的推动下，休斯敦大力发展与航天有关的电子信息、精密仪器等产业，先后孵化了许多家高科技公司，成为地区经济的重要增长点。此外，休斯敦还成为美国第一大医疗中心，将科研、医疗以及教学集为一体，在心脏病和癌症领域的研究处于国际领先地位，带动了休斯敦地区的医疗科技进步。

④ 吸引外资。休斯敦市和得克萨斯州政府在吸引外资方面采取了许多激励措施。例如，根据《得克萨斯企业园方案》，对在经济不佳地区进行投资并创造就业机会的公司，给予退税政策优惠。休斯敦营造了良好的营商环境，在2009年《财富》杂志评出的世界500强企业中有29家总部设在美国休斯敦。

（3）绿色转型启示

休斯敦的转型过程对我国资源型城市转型具有一定的借鉴意义。首先，优化自身优势，改善石油发展产业链，推动休斯敦石化工业继续发展。其次，联邦政府对休斯敦的发展予以全方位的支持，包括基础建设、新兴产业等。第三，对外来投资的重视，出台大量的优惠政策吸引投资。最后，充分抓住机遇发展高端科技产业，真正改变休斯敦地区的产业结构。

3.1.4 日本九州敦绿色转型案例分析

(1) 绿色转型情况概述

九州是日本西南部的一个岛，是日本第三大岛，面积约为 3.79 万 km^2。20 世纪 20 年代，九州地区的发展主要以煤炭、化工、钢铁、造船为主。二战后，日本为加快经济恢复，采取“倾斜生产方式”，加大力度发展电力、煤炭和钢铁行业。由于全国对煤炭的需求快速增长，九州地区的经济得到迅速发展。20 世纪 50 年代，日本的发展从经济恢复转向经济振兴，煤炭、钢铁等基础产业的需求逐渐削弱，石油逐渐取代煤炭成为主要能源。因此，九州地区的经济开始衰退，转型迫在眉睫。

(2) 绿色转型特征与具体措施

① 调整产业结构。针对煤炭行业的衰退问题，日本政府在 30 年间进行了 9 次煤炭政策调整。1969 年，明确提出煤炭产业要放弃自力发展。1976 年，提出促进国外煤开发、进口、国际协调。此外，部分政策还包括煤炭企业的离岗人员问题，推进离岗人员再上岗。

② 成立行政机构。1962 年，日本政府设立了产煤地域振兴事业团，针对九州经济开展复兴工作。融资开发工业小区，采取优惠政策将其转让给投资者，吸引外来投资者建厂。促进衰退产业调整，扶持新兴产业。

③ 利用区位优势，发展新兴产业。九州并没有采用简单的原有产业前后延伸扩展的措施，而是在对本地产业发展特征进行分析后，利用区位优势对典型企业进行重组重构，花大力气突破传统固有的产业结构，转而致力于培育新兴替代产业，形成多元化的产业结构。20 世纪 60 年代，日本政府在九州发展以生产和组装为主的 IC 产业，这给九州发展插上了翅膀，形成了显著的产业聚集效应，该地区高新技术产业得到长足发展。日本著名企业东芝、松下、富士通等大公司相继在此设厂。

④ 提供转岗培训。九州地区的企业转型涉及大量人员不适应新工作岗位，为此，政府推出转岗人员培训政策，着重提高工人的技能水平，增强其适应性，实现其再就业。政府明确规定，再就业前必须接受培训，相关费用由煤炭企业或接受单位承担，政府给予相关的补贴。

（3）绿色转型启示

经过 20 多年的努力，九州地区转型成功。第一产业逐渐衰退，第三产业兴起，其转型过程对我国转型过程具有重大启示。首先，改造升级传统产业，发展替代产业，尽快摆脱"煤"的约束。第二，成立专门机构，保证转型工作的推进效率，架起企业和政府的桥梁，帮助企业加快转型。第三，加大人才培育、转岗人员再培训，推动转型的可持续发展。

3.2　国内资源枯竭型城市绿色转型成功案例分析及借鉴

国内资源枯竭型城市绿色转型相对开始较晚，但是仍有很多城市通过凭借优越的地理位置、独特的文化，克服了重重困难，在一定程度上实现了绿色转型。

3.2.1　山东省枣庄市绿色转型案例分析

（1）绿色转型情况概述

山东枣庄，位于京杭大运河中心点，是一座依托大规模开采煤炭迅速发展的城市，但随着煤炭资源的枯竭，这座城市面临着转型问题。枣庄这座古城文化底蕴深厚，著名的台儿庄大战发生于此。枣庄市的转型可以通过重建古城、挖掘古城文化价值、发展独特的旅游文化产业实施。

（2）绿色转型特征与具体措施

通过旅游业带动商业的发展，枣庄古城不仅重获新生，更是成为全国首个海峡两岸交流基地、国家文化遗产公园、国家非物质文化遗产博览园、国家级文化产业实验园区。与古城一墙之隔的运河湿地公园是台儿庄近两年新兴的避暑胜地，通过运用京杭大运河优越的地理位置优势，种植荷花，引进稀有鸟类，建造双龙湖观鸟园。以运河湿地公园和双龙湖观鸟园为依托，向相邻周边村庄辐射，发展农家乐。建立沧浪人家民宿，设立服务中心，统一管理，完善基础设施，建绿化带与休闲场所。建设生态庄园，主打亲子旅游。打造集成牧草种植、奶牛养殖、绿色农业、花卉观赏等领域的综合景区，形成了全域旅游链。

（3）绿色转型启示

将生态与旅游结合，成功实现绿色转型。如今的枣庄，通过旅游＋生态观光、旅游＋现代农业、旅游＋休闲度假三种模式，实现了全域旅游链。

3.2.2 河北省唐山市绿色转型案例分析

（1）绿色转型情况概述

河北唐山，位于京津冀地区，是一座因煤而兴的城市，随着煤炭资源的枯竭，这座城市也面临转型的困境。开滦煤矿是唐山最大的煤矿，在其正在生产的厂区内建设矿山公园，开启了关于文化旅游的转型之路。

（2）绿色转型特征与具体措施

通过矿山公园与煤矿的矿井相结合，并利用被称为“活着的国宝”唐山矿一号井，让开滦国家矿山公园成为一个活态的矿山公园，这样的设计理念在世界工业遗址改造史上是无先例的。被换下的控制器、轴承、绞车的大小零部件都被陈列在矿山公园中作为煤炭开采历史文物进行展示。改造废弃的巷道，建立井下探秘游景区，建成了全国唯一建在地下的4D影院。除此之外，人文情怀的传承，爷孙辈口口相传的讲解方式，也促进唐山开滦煤矿煤炭文化的传承。将采煤的沉陷区改造成人工湖——南湖，利用地下水补给和雨水让死水变活水，利用水生植物固土。将以往的矸石山进行绿色植被覆盖，修建成著名旅游景区——凤凰台。

（3）绿色转型启示

唐山从昔日的黑色环境发展到现在的绿色生态，从以往只注重经济发展到现在注重经济、环境、生态协调发展，成功实现了绿色转型。

3.2.3 湖南省耒阳县绿色转型案例分析

（1）绿色转型情况概述

湖南耒阳，一座典型的煤炭资源型城市。随着煤炭资源的枯竭，耒阳市除了将高新技术产业作为接续产业之外，还引入“红薯绿市”的思维方式，转变绿色发展理念，促进了湖南耒阳的生态绿色转型。

（2）绿色转型特征与具体措施

打造高产红薯产业基地为基础，以精深加工和品牌建设为依托，以延伸第一、二、三产业链为目标，加大红薯产业扶持力度。优化红薯产业结构，提升红薯产业发展水平，让小小红薯成为农民的主要收入产业、改善生态的绿色产业、脱贫攻坚的致富产业。通过优良品种繁育和推广，对农产品区域进行布局，学习并推广高产高效栽培技术，培育红薯生产专业合作社，提升产业化水平。

（3）绿色转型启示

从“煤炭黑市”到“红薯绿市”的转变，促进了湖南耒阳的生态绿色转型。现如今，耒阳市红薯产业初具规模，让“地瓜”变成了“金瓜”，耒阳因地制宜发展特色农业实现了绿色转型。

3.2.4　湖北省黄石市绿色转型案例分析

(1) 绿色转型情况概述

湖北黄石，位于长江中游、湖北东南部，是中国近代工业发祥地，曾被誉为“青铜古都、钢铁摇篮、水泥故乡”。随着矿产资源逐渐枯竭，黄石城市发展一度濒临矿竭城衰的困局。黄石市在原有单一冶金工业基础上，通过全力打造全国核心冶金加工基地，大力发展长江中游先进制造业基地和产业转移的重要承接地，有效实现了黄石工业的绿色转型发展。

(2) 黄石市绿色转型基本特征与措施

黄石市在绿色转型中始终注重科技的引领作用，倡导开展企业自主创新，注重科技成果转化，注重“两化”融合发展，打造“现货资源＋互联网＋金融”模式，成为长江中游先进制造业基地。黄石市调整冶金结构，推动绿色转型，引进国际领先工艺技术，实施冶炼系统全流程改造，打造全新的冶炼厂。同时推进矿山技术全面改造，努力打造“绿色矿山”，引进并推广矿山安全、高效和无废开采以及土地垦殖与修复等技术，走出了一条属于黄石的绿色采矿之路。

黄石市坚持把产业发展重心放在产业的转型上，坚持产业为基，强化绿色转型新支撑。一是推动传统产业实现绿色化生产改造，针对黑色和有色金属、建材等开展对传统重点产业的升级改造；二是大力发展新兴产业，重点方向设为电子信息和高端装备制造等典型产业，坚持产业链招商持续化进行，引进东南沿海和台湾地区电子信息行业龙头企业，支持打造电子信息产业集群；三是整体提升产业竞争力，大力引导特色产业走品牌之路。

(3) 绿色转型启示

黄石市曾被评为2018年优秀产业转型升级示范区。通过对传统产业的绿色转型和升级改造，激发了城市经济增长新动能，经济发展方式的转变让黄石市走出了产业绿色发展之路，并有效破解了资源约束矛盾，实现地方经济社会大踏步和跨越式全面发展，相关经验具有很强的学习和借鉴意义。通过产业转移、发展先进制造业、冶金加工基地绿色转型方式，黄石工业绿色转型发展取得明显成效，城市产业发展活力和可持续发展能力不断增强。黄石工业的绿色转型成功经验可以为国内众多资源枯竭型城市提供有效参考，特别是为破解“矿竭城衰”传统周期率寻找到了新的出路，对很多老工业基地探寻如何绿色转型提供了有益的启示。

3.2.5 山东省淄博市绿色转型案例分析

（1）绿色转型情况概述

山东淄博，位于山东省中部，借助对资源的开发和利用实现了经济快速发展的代表性重工业城市，但在工业二氧化硫排放量方面始终位居山东省资源型城市榜首。作为资源衰退城市，淄博市在对自身城市产业结构和经济发展基础进行分析后，突破传统产业局限，重点对新装备、新材料、新医药和新能源四大新兴产业进行了扶植，开辟出了绿色转型发展之路。

（2）绿色转型特征与具体措施

淄博市对落后产能进行淘汰，舍弃以拼资源、拼能耗和牺牲环境为代价的企业，腾出煤炭和环境裕量，为新兴产业提供发展空间。加快对传统产业改造和提升，用新技术和新工业优化传统产业，倡导绿色和清洁生产，全力发展循环经济，举全市之力打造绿色制造体系。淄博市在对传统产业改造和提升的同时，还大力发展了许多新兴产业，助力新装备、新材料、新医药、新能源四大新兴产业成长，形成国内外都具有优势的产业集群。

（3）绿色转型启示

淄博市通过发展四大新兴产业实现绿色转型，在经济绿色转型方面取得成果，为全国其他老工业城市如何改造、提升传统产业作出了示范。

3.2.6 山西省长治市绿色转型案例分析

（1）绿色转型情况概述

山西长治，位于山西省东南部，与河南、河北两省接壤，作为一个典型的资源型城市，产能过剩问题在传统产业中日益突出，国家对环境治理的要求日趋严格使得长治市的资源环境约束趋紧，节能减排等任务更为艰巨。因此，通过新能源、新材料引领，推进长治市绿色转型发展尤为重要。

（2）绿色转型特征与具体措施

一方面，长治市大力发展循环经济和积极培育高新技术产业，并依据不同地域特点重点开发生物制药和疫苗产业是长治市绿色转型主基调。倡导用先进技术对传统产业进行升级改造，逐步去除落后产能和高能耗生产技术、加工工艺和生产装备，对产业链条进行延伸，全力降低各产业能耗，探索走出传统产业新型化道路。另一方面，长治市积极推进新兴产业规模化进程，支持低能耗、高效益新兴产业优先发展，增加高新技术和低耗能产业在经济结构中的比重，促进多元化支柱产业并行发展。与此同时，长治市还实行政府牵头推进产业集群化发展，鼓励校企广泛开展产学研合作，建立完成多个产学研合作联盟，并已在装备制造和生物医药保健等领域发挥显著作用。为推进绿色转型进程，新型材料、现代文化旅游和服务、特色医药、农业和有机食品等特色产业得到优先发展。

(3) 绿色转型启示

在山西省代表性资源型城市转型案例中，长治市基于自身特点，并未完全抛开前期发展基础，坚持以煤为基，将新能源和新材料作为支点，积极引导低碳、环保和高附加值高新技术产业和循环经济产业快速发展，并在长治市经济转型中发挥了至关重要作用。近年来，长治市围绕氢能源产业发展积极谋划布局，强化招商引资，集聚了一批氢能源项目企业，发展氢能源产业优势突出、基础扎实。通过发展新产业，长治市经济发展水平不断提高。

3.2.7　安徽省铜陵市绿色转型案例分析

(1) 绿色转型情况概述

安徽省铜陵市是长江中下游承东启西的重要节点，优越的地理位置使其成为长江三角洲的经济支柱城市。铜陵因铜而来，依铜而兴，丰富的铜资源让铜陵市经济发展突飞猛进。但是铜资源经过长期的开采与利用越来越稀少，近十多年来，铜陵经济只能以消耗资源为代价发展。所以，铜陵市与其他资源枯竭型城市一样，处于转型发展关键时期，也是绿色转型升级的重要阶段，要想继续维持铜陵经济持续平稳发展，积极发展战略性新兴产业就成为必要途径。

(2) 绿色转型特征与具体措施

目前冶铜产业仍是铜陵优势特色产业与主导产业，利用铜资源优势，把冶铜产业提升为高新技术产业培育，成为国内重要的电子基础材料和元器件生产基地，是铜陵市绿色转型重要举措。铜陵坚持通过产业延伸和接续替代的方式化解冶铜产业面临的困境，并全力推进工业化与全新一代信息技术的全面融合。以新兴产业为“新引擎”，积极推进铜基新材料产业，利用铜基新材料发展先进制造。建立铜基新材料产业基地，优化产业结构，促进经济增长方式的转变。同时，全面推进低碳经济、绿色循环经济发展进程，优化产业链格局，做大做强以铜、硫、石灰石等资源开采加工为主的三大循环产业链，修复、治理矿山地质环境，使铜陵从传统工矿资源型城市逐步发展为产业集聚的多元化城市。

（3）绿色转型启示

铜陵市冶铜产业成功转型在很大程度上受到其特定资源、地理位置等条件的影响而有其特殊性，其转型经验主要适用于具有资源优势产业的资源型城市。这类城市在转型过程中应突出资源优势产业的特色，利用自身资源的优势，不断向下游延伸资源性产品，推进新材料产业走高端、智能和绿色转变路线。同时，资源密集型城市在转型过程中需要寻找新的增长点，逐步摆脱资源化，培育和发展新型产业。

3.2.8 江西省景德镇市绿色转型案例分析

（1）绿色转型情况概述

江西景德镇，位于江西省东北部，是中部地区东西融合、南北对接之要地，外向发展环境十分优越。在国内资源枯竭型城市中，景德镇作为唯一的瓷土资源型城市，瓷土源已经全面进入枯竭，支撑瓷器产业发展的本底已经动摇，而绿色转型是景德镇经济持续发展的必然选择。

（2）绿色转型特征与具体措施

景德镇致力于打造多维融合发展格局，将陶瓷生产与现代科技、地方文化艺术、特色旅游和商贸进行融合，倡导将单一陶瓷产业转变成为综合文化创意特色产业。通过积极发展陶瓷业，促进景德镇特色陶瓷全新发展。支持高新技术陶瓷产业优先发展，通过技术更新改造实现陶瓷产业升级转型，逐步淘汰大能耗、高污染传统陶瓷产业，重点发展具有高附加值的高新科技陶瓷产业。此外，作为中国"瓷都"的江西景德镇，持续推进以陶瓷产业为支撑的特色陶瓷艺术优势，全力打造享誉国际的陶瓷文化艺术交流平台，围绕陶瓷创作、展示和交易等提供全方位支持，已经逐步形成全新陶瓷艺术创意产业。缝合历史文化碎片，展示"瓷都"文化，培育发展陶瓷文化创意产业。将丰富多元协同发展模式全面融入景德镇自身特色文化产业运作中，凸显陶瓷文化产业独有优势。打造全新陶瓷文化之都，推进 A 级乡村旅游点的创建，加强历史文化名镇名村保护，着力推进世界著名陶瓷文化旅游目的地，通过陶瓷文化旅游全域化发展，促进陶瓷文化与旅游业融合发展。同时，景德镇运用商业经营理念，延伸传统产业链，定期举办景德镇国际陶瓷博览会。打造"瓷都"，景德镇产业结构得到优化，近 10 年来第三产业不断发展壮大。

（3）绿色转型启示

江西景德镇是我国典型的资源枯竭型城市，加快转型和创新步伐是破解自身发展困境的必要出路，也是响应国家号召发展绿色经济和实现高质量发展的必然要求。对江西景德镇绿色转型方式进行具体、全面和深入的分析具有非常重要的意义，可以挖掘更多有价值的可借鉴经验。例如，作为资源枯竭型城市，转型发展要想成功，关键要结合自身基础和特点，无论最终选择采用哪种绿色转型和发展模式，都应切实做到因地制宜，在已有发展基础上逐步推进转型进程，循序渐进、稳扎稳打地去转型。

3.2.9　浙江省杭州市绿色转型案例分析

（1）绿色转型情况概述

浙江杭州，地处我国华东地区，作为东南部交通枢纽，承担着长江三角洲中心城市功能，适应发展实际、完成高效转型发展至关重要。在推进绿色转型进程中，杭州市重点支持文化创意产业、高技术制造业、服务业和生产性服务业快速发展，鼓励产业模式创新。

（2）绿色转型特征与具体措施

杭州市积极探索产业链延伸和升级改造，并以文创繁荣作为特色，大力支撑对传统产业文化内涵和创新能力提升，倡导多元化产品设计与多产业融合共生发展。对“创新活力之城”和“历史文化名城”进行优势挖掘和推广，加速杭州市文创产业园区建设进程，利用现代科技助力传统文化资源优化利用，侧重提升传统产业中的文化内涵和创意等特色，深化二者融合。杭州市通过现代化的新技术、新业态和新服务，优化传统服务业，向社会提供高附加值、高层次、知识型的生产服务及技术服务。

（3）绿色转型启示

杭州市通过改造升级、关停淘汰、兼并重组等方式推动传统产业实现绿色转型，并发展高技术制造业和服务业、文化创意和生产性服务产业，实现了绿色发展。因此，对于迫切需要走出当前困境、实现经济转型发展的城市而言，深入分析杭州市推进绿色发展的路径及动力转换机制，具有明显的现实意义。

3.2.10　陕西省榆林市绿色转型案例分析

（1）绿色转型情况概述

陕西榆林，位于陕西省最北部，地处陕甘宁蒙晋五省区交界地带。榆林市利用能源矿产资源优势，实现了经济跨越式发展。但是单一的能源产业结构，带来产业发展不足、环境代价大等问题。作为煤炭资源型城市，榆林市煤炭资源型经济需要迫切进行深度转型，突出发展核心能化产业，同时聚焦八大新兴产业融合发展，深入挖掘和做大做强地方特色产业，政府主导完善现代服务支撑体系，全力发展现代经济多点支撑体系。

(2) 绿色转型特征与具体措施

榆林市拥有国家级能源化工基地，推进现代煤化工产业高端化是必然发展趋势。榆林市以企业转型为契机，合理布局全产业链，加快传统能源向清洁能源延伸、煤电向现代高载能产业延伸、煤油气盐向高端精细化工产品延伸，构筑高端化、终端化、集群化的全产业链竞争优势，打造高端煤化工产业。榆林发展战略性新兴产业，打造新材料、旅游、农副产品加工、节能环保、新能源汽车、智能无人、医药康养、氢能等八大产业，构建现代创新体系，推进资源型经济产业结构调整。重视特色农业的发展，建设现代化的特色农业生产基地，多样化发展特色农业产业，推挤科技惠农引领农业实现高效转型升级。

(3) 绿色转型启示

2020 年榆林全市规模以上能源工业企业产值为 3 787.29 亿元，比上年下降 3.6%，非能源工业企业产值为 925.69 亿元，下降 2.6%，能源工业企业与非能源工业企业产值占全市规模以上工业企业产值的比重分别为 80.4%和 19.6%。能源工业中，煤炭开采和洗选业完成产值 2 258.84 亿元，比上年下降 0.4%；石油天然气开采业完成产值 459.14 亿元，下降 13.7%；石油和煤炭加工业完成产值 579.69 亿元，下降 13.9%；电力热力生产供应业完成产值 489.62 亿元，增长 7.9%。非能源工业中，化学原料制品制造业完成产值 442.75 亿元，比上年下降 4.9%；有色金属冶炼业完成产值 138.69 亿元，下降 1.4%。全市 992 户规模以上直报工业企业(不含 6 户省上反馈企业)营业收入为 3 588.8 亿元，比上年增长 0.6%；利润总额为 761.0 亿元，增长 4.8%。从以上数据中不难发现，榆林市已经走出转型发展困境，并且重新回归高速发展态势。正视发展现状和问题、聚焦特色产业和发展循环经济是榆林市的转型关键，对战略新兴产业的选择也充分借助了自身独有优势，走出了科技创新引领煤化工产业转型升级之路。

3.2.11 广东省佛山市绿色转型案例分析

(1) 绿色转型情况概述

广东佛山，地处广东省中部、珠江三角洲腹地，毗邻港澳，是珠江三角洲城市之一。佛山通过对传统产业改造升级，优化高端制造业发展环境，对低端产品进行逐步转移和淘汰；倡导有服务替代设计的生产导向，扶持发展“工作母机”，响应国家号召推进落实智能制造和“互联网+”；由政府主导落实产业集聚区建设，支持建立公共服务平台，政府给予必要金融和财政支持，重点做好传统产业设备升级更新，将绿色转型落到实处。

（2）绿色转型特征与具体措施

佛山通过对制造业原有结构的调整，在优化传统制造业结构的同时，充分支持和发展高技术、高生态化等新型制造业，将传统的以资源密集为主的制造业转变成以技术密集为主的产业。制造业的转型升级就是制造业从粗放型、高能耗、高污染及低附加值向集约型、低能耗、低污染及高附加值升级。大力发展物流、金融、信息咨询等生产性服务产业，形成生产性服务业对制造业的综合性服务。

打造工业互联网平台，拓展“智能＋”，通过智能制造提升制造业水平，实现人工智能、大数据等智能化技术与实体经济融合发展，使企业由“生产导向”制造转型为“服务导向”制造。让大数据能够与生产相互协作，使生产由自动化迈向数字化，制造业实现物联网环境支持。佛山市政府出台了一系列以产业转型升级为主的地方金融政策，涉及科技孵化基金、“互联网＋”、建设金融科技园区、打造金融创新平台、强化金融综合服务能力，以此为产业转型升级改善外部环境。金融支持制造业转型升级，打造以经济社会资源协调利用为主导的生产性服务业集群，完善各类生产性服务企业生态网络的城市功能配套等。

（3）绿色转型启示

佛山市制造业转型升级的方向是制造业向高技术化、高端化以及高生态化三个方面转型。佛山市作为全国制造业转型升级综合改革的唯一试点城市，为其他资源枯竭型城市如何进行制造业转型提供了方向，也促进了自身经济发展。

3.2.12　安徽省淮北市绿色转型案例分析

（1）绿色转型情况概述

安徽淮北，安徽省最北部的城市，地处苏鲁豫皖四省交界，是淮海经济区、中原经济区、陇海经济带、徐州都市圈几个经济区交叉地带。作为全国知名的煤炭资源型城市和能源基地，淮北因煤而建、因煤而兴。但是随着煤炭资源逐步面临枯竭，生态环境也在不断恶化，淮北市倡导以生态统领转型过程，加大对采煤塌陷区的综合治理力度，最终实现了将煤城变水城，绿色转型取得卓著成效。

（2）绿色转型特征与具体措施

淮北市注重对全市范围内采煤塌陷区的维护和利用，对塌陷区地表下陷地下水上涌形成的湖泊进行改造和完善，逐渐形成四湖环绕主城区的绿色生态规划。同时，淮北坚持不懈地实施荒山绿化，整治采煤塌陷区，挖深填浅、造湖堆山，改善水体和空气质量，综合治理采煤塌陷区 18.63 万亩(1 亩≈666.7 m^2)。大力发展循环经济，提升资源集约利用水平。打造“一带双城三青山，六湖九河十八弯”的城市架构，土地塌陷综合治理水平全国领先。在治理塌陷的同时，淮北市积极扶植新兴产业，淘汰落后技术产能，培育绿色低碳产业，促进资源枯竭型城市转型。

(3) 绿色转型启示

生态转型使淮北市从 20 世纪八九十年代的“灰城”转变为现在的“绿城”，说明其转型的路径和方向是正确的。淮北市把采煤塌陷区的沼泽滩涂和寸草不生的矸石山打造成绿水青山的成功经验，为其他煤炭枯竭、环境恶化的资源型城市提供了借鉴。

3.2.13 吉林省辽源市绿色转型案例分析

(1) 绿色转型情况概述

吉林辽源，地处吉林省中南部，自然资源丰富，尤其煤炭资源储备丰富，是我国典型的煤炭资源型城市。但随着时间推移，辽源市同样面临着煤炭资源日趋枯竭的问题，为此主要从优化产业结构、发展高新技术产业等层面推进绿色转型。

(2) 绿色转型特征与具体措施

辽源市对产业结构进行优化调整，发展高新技术产业，减少煤炭开采等产业占生产总值的比重，同时注重对环境污染的治理、对生态环境的保护，最终实现可持续发展。其主要方式是产业多元化，核心在于因地制宜，培育出符合辽源城市自身发展的产业。辽源市在培育主导产业过程中，积极推进产业多元化协调发展，将绿色产业发展理念落实到企业运营细节，鼓励高新技术中小企业进入市场，创造开放、公平和优质的市场环境。同时，根据辽源市自身实际，深化落实资源产业化发展战略，将产业高技术可接续发展设定为主攻方向，政府搭平台，主导推进产业集群建设，建立产业集聚基地，大力扶植木材精深加工、油气化工和新型钢铁冶金产业等接续产业。探寻产业链条延伸路径，提升辽源市资源产品附带价值水平，发掘和培养传统产业的接续和替代产业。通过构建完整的绿色金融政策体系、完善绿色金融市场体系、健全绿色金融中介体系、创新绿色金融产品和服务、营造健康绿色金融环境、搭建绿色金融平台和鼓励创新性金融工具发展等扩大绿色金融在辽源绿色转型中的支持力度，利用金融工具在产业发展中的地位促进辽源经济不断发展。

(3) 绿色转型启示

资源型城市要想获得发展，发展接续和替代产业、实现多元化发展应是工作重点，应把扩大投资和项目建设作为转型的核心之举，不断提升产业发展层次和科技转化能力及水平，重点提升资源加工企业产品创新和资源深加工能力，加速传统资源型城市从资源开采型向加工型平稳转变。实施“双轮驱动”，即招商引资和资本运作驱动，利用金融杠杆激活产业发展新动能。

3.3 国内外资源枯竭型城市绿色转型发展特征分析

3.3.1 西方发达国家资源枯竭型城市绿色转型发展

通过上述多个发达国家代表性资源型或资源枯竭型城市转型成功案例，不难发现它们存在如下共有特征。

(1) 转型中政府作用突出，并发挥了主导、协调和监管功能

对于西方国家而言，虽然市场经济普遍发展，但在转型过程中，中央和地方政府仍然肩负着实现资源型城市转型的主导作用。政府的积极参与和指导是纠正市场失灵的必要手段，只有将必要资源进行集中调度才能更好地推动转型活动有序开展。资源型城市转型中对目标的不断修正和对转型计划的持续落实，有利于规范城市转型行为，也提高了转型的效率和质量。各国政府为了进一步支持转型城市的快速有序发展，还颁布了一系列有针对性的法律法规，为各城市明确了具体发展目标和方向。

(2) 在选择接续产业时优先考虑具有环保绿色特征的高新技术产业

在西方国家资源型城市转型成功案例中，高新技术产业均被作为接续或替代产业首选，并加以积极倡导以促进传统产业结构调整和优化升级。高新技术产业的科技含量显著高于其他产业，而能耗相对更低，同时会产生更高的产品附加值，这均符合资源型城市高效转型的需要，有利于更快速地推进在技术上有较强优势且骨干人才丰富的资源型城市实现转型。

(3) 有政府全力支持的财政转移支付

资源型城市转型受到多种因素制约，其中资金问题是关键瓶颈，这一问题同样也是西方国家资源型城市转型面临的棘手问题。西方国家为了能对资源型城市转型提供有力保障，其中央政府会从中央财政收入中固定划拨一部分作为对资源型城市转型的专项拨款支持；而地方政府每年也必须针对新产业

部门发展需要划拨一定比例地方财政收入进行支持，同时，为鼓励新兴接续产业部门快速发展，地方政府还会出台减免税收等政策。

(4) 科学合理的产业结构调整满足国家总体发展目标要求

通过对西方国家资源型城市转型成功案例的分析还可以发现，其对产业结构的调整是有针对性和经过必要设计的，并非随意或盲目开展的，调整之前做了大量调研工作，对整个国家产业长期发展问题进行了全面考虑，因而国家或地区新发展起来的产业都会有非常好的发展前景，同时也更加有效地推进了资源型城市的快速转型。

我们在对西方国家资源型城市转型经验进行分析时，应结合我国资源型或资源枯竭型城市的实际特点和面临的问题，在推进城市转型和产业可持续发展方面进行必要的借鉴。

3.3.2 国内各省资源枯竭型城市绿色转型发展

通过上述国内几个典型资源型或资源枯竭型城市成功实现转型发展的经历，可以总结出如下要点。

(1) 产业结构优化升级仍是关键，绿色转型需要依靠对经济、生态和环境的综合协调

在国内典型案例中，调整、优化产业布局和结构都是资源型城市转型的基本活动，绿色产业体系的发展有效助推了产业结构优化升级。投资环境的改善能够有效吸引更多企业前来投资和发展，因此这些城市均不遗余力地进行了有针对性的改革，积极出台政策持续加强关键基础设施建设，提高公用事业的业务处理和服务能力，大力为企业投资发展打造舒适、良好的营商环境。与此同时，各地方政府为了全方位地提升资源型城市转型开展的效果，对中小企业发展给予充分的鼓励和支持，大力推进和优先鼓励非资源型产业发展，并对具有市场竞争力的替代产业进行必要扶植，挖掘企业和产品特色。

(2) 明确转型过程中的政府职责，倡导因地制宜地开展经济转型

在资源型或资源枯竭型城市实现转型过程中，地方政府必须起到主导作用，科学合理地研判和选择适合地方发展的转型模式并采取行之有效的措施，这将直接影响城市转型实效。目前，我国中央及地方政府均已成立专门机构监管和促进各资源型城市开展绿色转型，并根据各地区实际制定出台了转型规划和产业发展政策等，积极为资源型城市及相关企业转型发展提供政策和制度支持。虽然近些年我国中央和地方政府在推动资源型城市产业转型中发挥了积极作用，但在实施方式、方法和模式选择上的灵活性较差，存在循规蹈

矩的传统习惯，未能充分发挥市场调节作用，对各地方实际情况掌握不够全面，一定程度上限制了转型效率和质量的提升。我们应该结合自身特点，学习和借鉴国外典型转型成功案例的科学经验，各级政府要在不断建立健全和完善相关法律法规和制度规范的前提下，发挥市场调节作用，减少对民间资本融入的束缚，放手让其参与到城市和产业转型发展中来，将城市转型由政府督促推动的"被动性"局面向城市主体自发开展的"自主性"模式转变。在资源型或资源枯竭型城市实施转型的过程中，各级政府应最大程度地发挥指导性作用，在制定决策、规划时一定要以市场为基础，将市场化作为企业转型的基本方向，致力于打造绿色转型良好的经济和社会环境。

(3) 社会、经济、政治、文化和生态协调发展是前提，生态保护和民生改善要并重

在资源型或资源枯竭型城市实现转型过程中，对已破坏的生态环境进行修复与保护，是各地区探寻绿色转型发展路径的重要动因。我国在资源开发利用早期，受到传统资源开采和利用技术水平较低、专项研发和环境修复资金不足等因素束缚，对各种资源均存在长期、大量和无序开采，各地区乱采滥挖现象普遍存在，生产中废气、废渣和废水等未进行有效处理，对生态环境造成了难以修复的严重损害，而生态环境的恶化会直接影响百姓的生活和健康。各级政府在实现经济发展目标时，应该将解决民生问题放在首位。资源产量的持续锐减会直接导致资源型企业陷入发展困境，甚至导致相关企业破产或者被迫重组，这种情况会对这些企业的员工及其家庭直接造成影响，如果因就业岗位减少而下岗分流处置不当，还会让这些家庭的基本生活成为问题，进而造成社会发展不稳定因素激增。因此，在资源型或资源枯竭型城市转型发展过程中，各级政府应积极筹备建立资源型产业转型及发展预警系统，让各类企业有足够的时间选择如何转型、发展或者适时关闭等，还应通过正确途径告知相关企业员工转型的最新进展，让他们能够有充分的时间和准备去重新选择就业岗位。同时，各级政府要在资金、政策和专业技能培训等方面给予充分扶持。倡导由政府、企业、社会团体和工会组织等共同出资设立专门的社区基金，严格规范所有资金发放和使用程序，公开资金使用报表，保证公平、公正和有效使用资金，并侧重为下岗失业和困难群体解决基本生活保障问题。在文化建设方面，全面发挥第三产业的平台推动作用，打造现代化文化圈，深入挖掘和发展地方特色文化旅游事业，夯实文化基础设施建设，正确引导和满足人民群众日益增长的精神文化需求，花大力气提高全民精神文化素养。

3.4 煤炭资源枯竭型城市绿色转型发展启示

尽管上述案例中各类资源枯竭型城市或地区的形成和发展特征各有差异，但其转型与发展中所面临的困境存在诸多相似之处，各地区政府在绿色转型过程中均充分发挥了主导和协调作用，并将重点放在对科技创新水平的提升和对产业结构的优化升级方面，将强化生态保护和改善民生作为基本准则，为我国其他煤炭资源枯竭型城市实现绿色转型与发展提供了必要参考。

3.4.1 产业结构优化升级助力绿色转型发展

实现高质量转型是煤炭资源枯竭型城市必须面对的考验，而长期以来产业发展对煤炭资源的依赖，造成对传统产业升级改造和对可持续发展替代产业的挖掘举步维艰，但这是实现绿色转型发展亟待解决的关键问题。产业转型是资源枯竭型城市实现有序转型的关键，而转型过程中对产业结构的优化升级直接关系到地区发展，并具有不可替代作用。上述成功转型案例的经验大多是将产业布局调整和产业结构优化作为基本主线，并重点发展城市绿色产业体系，持续推动不同产业结构的优化升级，如德国鲁尔和法国洛林等。同时，在对传统产业改造过程中，高新技术占据绝对比重，在煤炭、机械和钢材等工业生产中融入了大量高新技术，产品科技含量和附加值得到大幅提升，绿色经济模式成为发掘传统产业潜能的关键。另外，多数资源型城市和地区均非常重视对投资环境的改善，并投入大量财力和资源加强基础设施建设、提升各部门综合服务能力，通过良好的营商环境招徕大型企业前来持续投资和建设。如我国的安徽铜陵、德国鲁尔、法国洛林地区等，都非常重视对本地区投资环境的改善和保障升级，在交通运输、网络通信和环境治理等方面的基础设施建设中成绩显著，尤其需要强调的是，这些地区均对传统资源无序开采造成的环境问题开展了重点治理活动，当地投资环境和自然环境均得到显著改善。

另外，通过对上述案例的分析可以发现，结合不同地区的特点和发展基础，积极培育和支持中小企业的发展也是推进转型进程的重要手段，特别是那些不单纯依赖于资源开发且具有地方特色优势的非资源型产业应该重点或优先发展，努力将其打造为该地区具有一定市场规模和竞争力的接续替代产业。如德国鲁尔地区的城市在转型过程中花大力气调动各种社会资源激活中小企业的发展潜力，并通过政府搭建平台优化这些中小企业间的关系，实现高效互通互动，进而实现对地区关键生产要素的协调和优化配置。与此同时，还有一些城市根据自身实际专门设立了企业创新孵化与培育中心等机构，力争帮扶新建中小企业高效处理初创时期的各种难题，这不但助推了这些中小企业快速发展，也让它们在区域经济转型中发挥了非常大的作用。

对于我国现有的资源型和资源枯竭型城市而言，亟须对所在地区的发展实际有一个客观且全面的认识，并将培育具有区域特色和竞争力的非资源型中小企业作为城市转型的关键，倡导产业多元化发展。近些年，我国颁布的一系列政策虽然都是为了激活各类中小企业发展潜力和市场活力，进而实现产业结构的不断优化，但大多数中小企业仍然存在综合实力弱和科技含量低等问题，难以快速形成规模和市场竞争力，从而演变成资源型和资源枯竭型城市转型中的另一个难题。国家应根据各区域不同特点，对其转型发展适当放权，加大对中小企业科技研发与创新财政支持力度，打造区域高端化和多元化的产业结构发展模式。

3.4.2　高新技术创新与应用提升为绿色转型保驾护航能力

通过对上述案例分析可以发现，资源型城市或地区转型都是将创新驱动作为动力，大力培育和发展高新技术产业，如美国休斯敦借力国家布局本区域高新技术产业良机，全力推进航空航天、医学卫生、电子工程和民用核电等一系列高新技术产业发展，并将其打造为地区特色和支柱产业。休斯敦的很多做法可以作为我国煤炭资源枯竭型城市转型的经验加以学习。在国家“3060”双碳目标下，绿色科技创新应该成为推动资源型或资源枯竭型城市转型发展的核心驱动力，与传统转型路径的关键区别在于提高绿色、节能科技创新成果在产业转型发展中的广泛和深入应用。虽然近些年随着我国科技水平飞速提升，在世界范围内取得了众多举世瞩目的高精尖成就，但在绿色科技创新和成果应用转化方面仍然是不可回避的短板，因此要想切实推进资源型或资源枯竭型城市绿色转型发展，就应该由政府牵头加大对绿色创新技术研发与应用产业的支持，破除传统体制、机制和思想束缚，在宏观和微观层面建立健全并有效落实绿色高新技术创新与应用实施保障体制和机制。

首先，要重点推进煤炭资源生产绿色技术创新成果与企业生产相融合的进程。产业发展从根本上摆脱对煤炭资源的完全依赖关系是实现煤炭资源型或资源枯竭型城市实现转型发展的根本任务。转型发展内生动力是实现传统煤炭资源型产业向新兴产业转型的根本，应坚持绿色高新科技创新，坚持多元融合发展的绿色转型模式，助推绿色产业链创新成果转化，并努力从根本上实现对原有产业结构优化升级改造。产业结构单一化是煤炭资源型城市转型的首要阻力，要重点强化产业结构多元化融合发展模式，推进数字经济背景下现代产业体系构建进程，提升产业发展中的绿色科技比重，引导实现产业链延伸发展。对于煤炭资源枯竭型城市而言，应该重点加强对已有煤炭主导产业的科技研发和成果转化投入，积极探索煤炭产业与多产业和行业融合发展模式，如与电力、化工和冶炼等行业相关联，进而达到延伸煤炭产业链的目的。同时，在煤炭产业链延伸过程中，也要注重对煤炭资源及其副产品的回收与利用率的提升，这些环节可以看作是提高企业经济效益的另一个途径，在减少了煤炭产业链对自然、社会和生态环境破坏的同时，更大程度上契合了国家绿色发展理念，而这种经济发展方式的转变，也是推进煤炭资源型城市健康、绿色、可持续转型发展的有效途径。

其次，要大力支持煤炭绿色开采技术创新，营造区域循环经济健康发展环境。就大多数煤炭资源型或资源枯竭型城市而言，煤炭资源存量并没有完全归零，仍有不同水平的可开采量，还有一部分储量是传统技术无法开采的，而作为资源型城市本身，要想对这些煤炭资源进行有效利用，必须先从绿色开采技术创新入手，遵循科学、有序和合理的行业开采标准，努力将开采与环境修复相融合，也就是将对煤炭资源的开采和加工与生态环境保护相统一，加强对“低开采度、高集约、低排放”开采原则的落实力度，重点提升对关键技术环节的研发与应用水平，如煤炭资源保水开采、矿区土地保护和废弃地生态修复技术等。另外，工业生态学理论应该在煤炭资源型或资源枯竭型城市转型发展中得到深度应用，创新利用煤炭资源发展循环经济形式，由政府主导在社会各层面激发循环经济发展潜力要素活力，并规范和加强煤炭资源及其副产品回收、储存和再利用管理机制、体制和相应制度建设，鼓励高新技术研发及相关产业融入煤炭资源循环经济发展中，尽全力拓展煤炭资源型或煤炭资源枯竭型城市发展循环经济的社会环境和空间。

最后，要加大对煤炭资源型或资源枯竭型城市转型中创新绿色科技各层次人才“引、育、留”支持力度。例如，在对各类人才的用人机制配套上，要充分考虑到为其提供宽松自由的才能发挥空间，打造一批具有国际、国内或区域一流水平的科研平台，形成人才集聚氛围，加速“人才改革试验园区”建设。同时，要突破传统人才理念，创新“一流人才一流报酬”和“不求所有但求所用”人才机制，将引才和留才并举推进，根据人才特点和贡献等优化人才工资结构，激发人才工作潜力，从而为煤炭资源型或资源枯竭型城市转型和高质量发展提供强大智力支持。

3.4.3　各级政府要明确绿色转型中的各项职责

在推动煤炭资源型或煤炭资源枯竭型城市转型中，不同地方政府根据所在区域发展现状和特征选择了不同的转型模式，也采取了不尽相同的举措，都对转型产生了非常显著的积极影响。例如，德国鲁尔和法国洛林地区，政府通过成立专门组织机构，优化了转型规划与任务分解，带动社会各界资源和力量加入产业转型和多元发展进程中；美国休斯敦选择“自由放任式”转型模式，充分发挥市场主体作用，利用经济杠杆激发转型动能，而政府主要负责为企业投资行为和走向提供一些必要的政策支持和方向导引；日本九州地区选择“产业政策指导式”转型模式，并充分彰显了政府在产业政策制定和优化方面的优势，虽然也有学者认为“产业政策指导式”模式从属于“政府主导式”模式，但“产业政策指导式”模式更加强调对产业政策和转型资金援助方面的积极作用，同时会根据市场行情变化及时对产业政策和具体举措进行有效修正。以上三种典型的产业转型模式各有利弊，也分别适合于不同地区环境，我们在学习和借鉴中，要本着实事求是的原则，从自身发展基础和特征出发加以借鉴。

对于我国煤炭资源型或煤炭资源枯竭型城市转型而言，“政府主导式”产业转型模式更适合大多数情况，政府主导下的绿色转型探索和实施取得了较为显著的成效。近些年，我国政府在推动煤炭资源枯竭型城市相关产业转型上发挥了非常大的作用，成立了专门机构对绿色转型发展工作进行监管，制定出台多项转型发展规划和产业政策等，但也导致了管理方式缺少灵活性和市场导向性不足等问题。因此，我国政府应考虑发掘市场动能推进煤炭资源枯竭型城市转型，在持续健全市场监管相关制度规范的基础上，引导更广泛的民间资本等积极参与到煤炭资源枯竭型城市产业绿色转型进程中，将传统的“被动性”转型推向各方具有完全“自主性”多元协同转型。在上述 4 个国外典型资源型城市或地区的转型案例中，也都由政府牵头分别成立了专门组织机构进行协调和管理，如德国鲁尔地区成立了“鲁尔煤管区开发协会”，法国洛林地区根据自身特点成立了“国土整治与产业转型部”和“企业园圃”等专门机构。另外，为了能够为转型提供更加多样化的服务支持，这些城市或地区还专门成立了很多科学研究机构和服务中介机构等，从不同角度和领域发挥非常积极的作用。例如，为了增加产品价值，提高企业经济效益，科学研究机构围绕重点产业生产与运作中的核心技术进行攻关。借鉴国外成功经验，我国在制定出台相关政策时，首先要进行全面、系统和深入的调查研究，充分考虑到政策的合理性、适用性和可实施性，确保各项举措能真正发挥作用，达到政策实施的预期；同时，要充分放权和鼓励地方根据自身特点开展经济建设，鼓励民间资本、中介机构和科学研究机构等主动参与到煤炭资源枯竭型城市产业转型中，对贡献突出的组织机构进行嘉奖和政策支持，全力营造全社会积极参与推动煤炭资源枯竭型城市绿色转型发展的氛围，加速绿色转型和可持续发展成效的持续推进。

另外，通过对国外典型案例的分析还能看到，这些城市或地区都十分重视法规制度在转型实践中所发挥的引导和保障作用，根据不同转型形势的需要持续健全和完善相关法规制度体系，校准地区转型发展目标，确保转型发展工作如期进行。例如，德国一直坚持以立法的原则引导各项政策和法规修订，用法律约束和保障政策有序实施，也提高了相关政策执行的稳定性和持续性，从严打击破坏制度执行的各种不良行为。德国的《德国联邦矿山法》就明确要求企业主必须成立专门的矿山复垦部门，并且还要负责对矿山环境恢复工作的监管。又如，英国的《煤炭工作私有化方案》和日本的《产煤地区振兴临时措施法》等法规条例的出台，对资源开采和利用行为进行了明确且严格的规范，也奠定了资源型产业转型发展的制度基础。这些都为我国煤炭资源枯竭型城市实现绿色转型提供了有价值的参考。

3.4.4 将生态保护和改善民生并重推进

对自然和生态环境的修复和保护是煤炭资源型或资源枯竭型城市或地区探索绿色转型发展出路的重要动因之一。长期、大量和无序的资源开采与加工过程，对城市自然和生态环境都造成巨大威胁，尤其在煤炭资源开采活动早期，落后的开采技术和匮乏的运作资金等演化产生了各式各样的乱采滥挖现象，生产过程中的废气、废渣和废水等根本没有进行控制和治理，直接对自然和生态环境造成难以修复的危害。如德国鲁尔地区和我国内蒙古鄂尔多斯煤炭企业，在煤炭资源开采和生产过程中遗留了大面积的煤矿塌陷区和采空区，矿区地表植被受到直接或间接损毁，对水资源和土地资源造成了直接的污染。面对这些严重问题，德国鲁尔地区和我国内蒙古鄂尔多斯大量关停那些产量少、效益差且污染严重的落后资源型企业，由企业主导发展绿色、循环和低碳经济，全力减轻对环境的污染与破坏，并持续加强对环境治理工作的要求，开展荒漠治理和植树造林等活动。同时，当地政府还拨付专项资金用于整治鲁尔地区环境，全面开展矿区绿化和恢复、改善生态环境系列活动。

纵观国内外很多资源型城市发展史，以牺牲自然和生态环境为代价换取经济发展而对人类生存环境造成严重破坏的案例数不胜数，如英国伦敦 1952

年的烟雾事件、苏联 1987 年的切尔诺贝利核泄漏事件等，都对居民产生严重危害并影响深远。我们要从中吸取经验教训，经济固然要发展，但保障人民群众健康的生活环境的基本目标不能变，要切实解决好人民群众的民生保障问题。对于煤炭资源型城市的居民而言，居住和生活区基本是在企业周边或附近区域，并以企业员工及其家属为主。煤炭资源产量的持续减少，必然导致煤炭资源型企业发展走向萎缩，企业破产或者重组现象频发，工人待遇下降或下岗失业不可避免，这会对企业员工及其家庭造成直接影响，很多居民基本生活难以维持，社会发展不稳定因素增加。这类问题得到了各国政府的高度重视，都出台了很多鼓励和支持下岗失业人员再就业和创业的特殊政策。同时，政府主持建立对资源型产业发展预警系统，不但让相关企业能够提前预判发展问题，有足够的时间对转型或倒闭作出理性选择，还可以告知企业员工提前谋划出路，让他们能够有充裕的时间选择再就业岗位或进行技术学习等。而政府将在技能培训所需资金和鼓励政策等方面给予大力扶持，比较有代表性的是美国专门由政府、企业和工会组织发起和共同出资成立了社区基金，并具体规范了专项资金发放与使用规则和程序，充分保证专项资金使用的公平透明性与有效性，在解决失业群体基本生活保障和技能培训方面发挥了很大作用。法国的做法更为简单，直接为企业失业职工支付一定比例的培训费。德国政府还通过职业化教育全面推动资源型地区劳动力综合能力和素质的提高，如专门建立了很多生物制药、机械制造及绿色高新技术创新等方面的应用型高校，实行定制化教育模式，为资源型地区产业转型发展注入了大量人力资源和高新技术。在文化方面，各国也是各尽所能，如打造综合文化圈，助推第三产业全面发展，多举措推动地区文化走向繁荣，如建立音乐厅和歌剧院等具有地方特色的大型文化基础设施，不断满足和丰富人民群众不断增长的精神文化需求。

第4章　煤炭资源枯竭型城市绿色转型发展驱动因素与约束条件

近些年，国家高度重视绿色可持续发展，将其作为破解煤炭资源枯竭型城市转型发展压力和困境的必要手段。但是我国不同煤炭资源枯竭型城市各有其特殊性，需要结合具体情况开展相应研究。本章将根据我国现有煤炭资源枯竭型城市发展实际，对其实现绿色转型的必要性、驱动因素和约束条件等进行系统研究。

4.1　煤炭资源枯竭型城市绿色转型发展必要性分析

实现煤炭资源枯竭型城市绿色转型要立足于绿色和可持续发展，深挖城市协调发展内生动力，在实现地区经济发展的同时要注重生态保护，并实现二者的有机统一、相辅相成。过去以"黑色发展"为主的传统工业化发展模式已经不能适应社会经济发展需要，前期发展所造成的矛盾和问题亟须解决，煤炭资源枯竭型城市居民的社会生活质量急需得到改善。以"绿色发展"替代"黑色发展"，才能从根本上实现煤炭资源枯竭型城市转型和可持续发展。

4.1.1　传统发展问题亟须转型纾解

如今，我国经济正处于增长速度换挡期、结构调整阵痛期和前期政策消化期"三期叠加"的状态，一向过度依赖传统煤炭资源且对资源的利用率以及对绿色转型的认知较低的资源枯竭型城市在此状态下发展愈发困难。要想解决煤炭资源枯竭型城市在"三期叠加"状态下发展困难的问题，就必须实现转型，从而降低对煤炭资源的依赖，提高煤炭资源综合利用效率，提高绿色转型发展意识。

(1) 对煤炭资源依赖性强

改革开放以来，我国工业化取得了巨大成就，工业化的发展促进了煤炭资源型城市的形成，这些城市的兴起大多依赖于资源开采与加工。煤炭资源型城市在国民经济发展和维护国家安全方面作出了巨大贡献，如内蒙古自治区鄂尔多斯市、辽宁省阜新市、山西省大同市、黑龙江省鸡西市、鹤岗市、双鸭山市、七台河市等自改革开放以来都取得了令人瞩目的成绩。煤炭产业作为国家支柱产业，基于当时国情与现实需要形成了一大批煤炭资源型城市，但随着时代的进步和社会的发展，煤炭资源型城市发展的弊端逐渐显现出来，面临的形势愈发严峻，只有依靠转型才能推动城市健康发展。煤炭资源型城市依赖煤炭资源的开采而形成，但是煤炭资源是有限的，大量开采必然造成资源枯竭，因此煤炭资源型城市的发展必然会受到的煤炭资源有限这一因素的制约。煤炭资源丰富地区的城市因为煤炭大量开采逐渐演变成煤炭资源枯竭型城市，这些城市长期依靠煤炭资源生产与生活的固定模式很难改变，无法在短时间内作出调整并改变发展方式，从而陷入了经济发展困境。除此之外，煤炭资源枯竭型城市还存在其他问题，如产业结构单一，只依赖于煤炭开采和初步加工，而不关注产业结构的科学调整和产业技术的深度创新，这些问题如果得不到及时解决便会影响资源产业的维系，从而降低煤炭资源型城市的功能，甚至影响其社会经济和民生。煤炭资源属于不可再生资源，其不可再生的特点决定了煤炭资源枯竭型城市转型发展的必要性。一味地依赖传统资源只会导致城市发展的停滞不前，只有及时摆脱对煤炭资源的依赖，进而寻求转型发展，煤炭资源枯竭型城市方可实现可持续发展。

（2）煤炭资源利用效率不高

煤炭资源型城市产业经济效益偏低，这主要由于煤炭资源综合利用率较低，而煤炭资源综合利用率低的根本原因在于产业科技创新能力不足。近年来，随着国家政策的较大倾斜以及新兴产业和优势潜力产业的快速发展，煤炭资源枯竭型城市转型在资金上获得了较大的支持，但是，科技水平较低、产业结构单一、过于依赖煤炭资源、科技内生动力缺乏、自主创新能力较低等问题的存在依然导致煤炭资源利用率偏低。这些煤炭资源型相关产业的发展还处于初级阶段，无法与已经具备成熟产业链的发达煤炭资源型城市相提并论。具体来看，导致产业科技创新能力不足的原因在于以下三点：

第一，相关行政人员并不具备相关专业背景，缺乏对高科技研发项目的重视，而正是这些专业背景不强、对项目重视程度不高的行政人员却要主导这些高科技研发项目的落实，从而阻碍了企业创新的步伐。

第二，相关科学技术管理规章制度不完备、不健全，从而阻碍了科技人员的创新。例如，对企业知识产权的保护力度较低，对科技人员的管理不完善等，都会阻碍企业的创新。

第三，自主创新能力不高，没有形成企业核心竞争力。如今，我国企业往往在加工制造环节聚集发展，而忽视了对创新合作能力的聚集，对煤炭资源综合利用率技术的研发力度不强，对核心技术的研发能力不足。

除此之外，煤炭资源利用率较低也不利于产业结构的优化调整。煤炭资源利用率在一定程度上反映了科技发展水平，煤炭资源型城市的第二产业所占比重较大，在地区经济发展中的地位应当较高，但其不具备完整的、系统的、科学的产业链，产业结构还处在一个较低的层次，产业结构优化升级困难较大，因此整个产业在地区经济发展中的作用也会受到影响。煤炭资源型产业是煤炭资源枯竭型城市的支柱性产业，对城市发展的重要性不言而喻，但煤炭资源枯竭型城市往往产业结构单一，一旦资源型产业难以维系，对于煤炭资源枯竭型城市的发展则会产生致命打击。

（3）绿色发展理念滞后

煤炭资源型城市转型是一项复杂的系统工程，往往伴随着产业结构的调整、科学技术的创新、城市居民思想观念的转变，因此，煤炭资源型城市转型不仅是一场深刻的经济社会变革，还是一场深刻的思维观念变革。目前，我国的大多数煤炭资源枯竭型城市认识到了转型的重要性，并取得了一定的成果，其中转型较为成功的城市有内蒙古自治区鄂尔多斯市、辽宁省阜新市、河南省焦作市等，这些煤炭资源枯竭型城市的转型可以为其他煤炭资源枯竭型城市提供宝贵的经验借鉴。但是，我国仍然还有一些煤炭资源枯竭型城市的发展处于停滞阶段，虽然在转型实践当中有一些较为成功的案例，但整体上转型力度不强，绿色转型发展理念滞后，阻碍了煤炭资源枯竭型城市的绿色发展。煤炭资源枯竭型城市实现转型，归根结底就是要做到“城市系统、自然生态系统和其他系统之间的和谐共生，实现可持续发展”，涉及城市发展的方方面面，其中包括在绿色方面的转型、在技术方面的转型、在文化方面的转型、在民生方面的转型、在社会方面的转型等。因此，煤炭资源枯竭型城市的转型有牵一发而动全身之势，是抛弃消极因素、保留和发扬积极因素、改善和创新的过程。但是在煤炭资源型城市的实际转型中，经常会出现顾此失彼的现象，比如过多注重经济和产业转型而忽视了对民生、生态环境的考量。不可否认，产业转型在煤炭资源型城市的转型发展中占据了重要的地位，甚至在城市转型中起到了核心作用，但是仅仅注重经济效益，不注重对生态环境和其他方面保护，必然会对城市转型效果造成影响。不同于一般城市，煤炭资源型城市的形成与发展依赖于煤炭资源的开采，在煤炭开采与加工过程中势必造成地质环境破坏、水资源破坏与污染、土地资源破坏与污染等后果，导致生态环境质量变差，从而影响居民的正常生活，甚至威胁到人们的生命安全。例如，内蒙古自治区鄂尔多斯市在 2010—2014 年诊断出新发尘肺病 372 例，其中 94.4%是煤工尘肺，新发尘肺病病例呈现区域性聚集的特点。由此可见，由工业污染源产生的废水、废气、固体废弃物不仅污染了环境，还威胁到人们的生命健康，甚至威胁到稳定和谐的社会局面。因此，城市发展在注重经济效益的同时，也要加强对生态环境的保护，让绿色思维观念推动煤炭资源枯竭型城市的转型发展。

4.1.2 转型发展迎合经济发展规律

随着煤炭资源因不断开采而面临枯竭，我国大多数煤炭资源枯竭型城市发展陷入困境。在这种严峻形势下，煤炭资源枯竭型城市必须实现转型，从而促进产业结构优化升级、提高居民生活质量、提升城市整体竞争力。

(1) 产业结构优化是绿色转型的首要任务

实现煤炭资源枯竭型城市的绿色转型，关键在于产业结构的合理转型。只有对产业结构进行优化升级，煤炭资源枯竭型城市才能彻底摆脱发展困难的困境，从而实现绿色转型。产业结构优化升级的关键在于寻求优化升级的好方法，不能再像以往那样粗放开采煤炭资源，而是通过新的技术、手段和方法，注重产品附加值、利润率等指标，优化产业结构，走出一条有效益的绿色转型发展道路。煤炭资源枯竭型城市转型发展的重点和难点是如何对落后的缺乏竞争力且污染排放高的产业进行淘汰，对先进的技术含量高且污染排放低的产业进行重点培育，以后者替代前者。目前，我国产业转型的模式主要有三种:替代型、延伸型和混合型。其中，替代型是指完全舍弃传统产业从而实现彻底转型;延伸型是指进一步深化原有的产业模式，实现向纵深一体化或产业集群化的发展目标转型;混合型是指既兼顾原有产业的延伸转型又培育新产业的混合型转型。这三种转型模式各有优缺点，不同地方适用不同的转型模式，需要根据当地发展的基本情况在三者之中做出合适的选择，选取一个最适合当地经济社会发展的模式。目前，我国的煤炭资源型城市的发展存在一个现象，就是在这些城市中国有企业和国有经济占据了较大比例，而非国有经济极难进入，原因在于国有企业一般能提供良好的社会福利，国有经济与非国有经济的发展差异会导致地区经济发展的失衡，从而影响了城市功能的有效发挥。因此，为了促进经济社会的发展、摆脱对资源的依赖、提高城市居民的生活质量，就必须通过绿色转型解决城市部分功能的缺失问题。

(2) 城市居民生活质量提高迫切需要绿色转型

煤炭资源枯竭型城市在煤炭资源丰富的地区建设而成，依赖煤炭资源而形成和发展，因此，煤炭资源型城市在建设的过程中往往缺少科学性、缺少必要的人文环境规划等。煤炭资源型城市在快速发展时期仿效大城市的高楼大厦纷纷建立起高大的楼房和具有标志性的建筑物，这种现象在一定程度上反映了文化内涵的缺失。煤炭资源型城市依靠对煤炭资源的开采和初步加工促进经济发展，开采和加工的过程不仅造成资源的浪费，同时也给自然环境、居民生活带来负面影响。由此可见，实现煤炭资源型城市绿色转型刻不容缓，正如党的十九大报告中提出的“中国特色社会主义进入新时代，我国社会主要矛盾已经转化为人民日益增长的美好生活需要和不平衡不充分的发展之间的矛盾”。总体来看，我国煤炭资源型城市发展往往不如其他城市，提高煤炭资源型城市居民的生活质量关系社会的进步和时代的发展，是当前需要解决的重要问题。

（3）绿色转型是城市竞争力提升的关键

在计划经济时期，煤炭资源对于煤炭资源型城市而言有着巨大的竞争力，对城市的发展起到了强有力的推动作用，在对煤炭资源开采、加工和利用过程中，煤炭资源总量和开采规模能体现出城市发展潜力的大小，一般来说，往往煤炭资源越丰富和开采规模越大的城市的发展潜力越大，竞争力自然也就越大，而促进城市竞争力的提高需要政府的有计划调控。但是，在市场经济快速发展过程中，政府的有计划调控对促进城市竞争力提高的作用逐渐降低，市场因素对煤炭资源型城市的发展造成了前所未有的冲击，对煤炭资源型城市的发展产生了不可忽视的影响。因此，在市场经济快速发展的背景下如何实现煤炭资源枯竭型城市转型自然而然成为必须面对以及解决的重点难题。在推动煤炭资源枯竭型城市转型的过程中，我国政府考虑经济发展、生态环境保护、社会和谐稳定等因素做了大量的工作，以内蒙古自治区鄂尔多斯市、河南省焦作市为典型代表的一些煤炭资源型城市已经成功实现了转型，转型后的城市竞争力和城市居民生活质量都得到了显著提高。一方面，经济发展与社会和谐稳定有着密不可分的关系，煤炭资源枯竭型城市具有特殊产业结构，一旦企业的发展状况不佳就会影响社会的和谐稳定。众所周知，煤炭资源是有限的，无节制的粗放式开采总有一天会导致煤炭资源枯竭，从而导致煤炭开采企业的倒闭与破产，企业员工也因此失去工作；而只有通过发展新兴产业等方式实现城市的发展转型，才能降低居民失业的可能性，让居民拥有更多的就业机会，从而促进社会的和谐稳定。另一方面，人们深刻认识到对生态环境保护的重要性，城市生态环境也在一定程度上体现出一个城市的竞争力。在煤炭资源型城市转型过程中推进城市的绿色发展、践行低碳生活、发展循环经济，可以使煤炭资源型城市离环境友好型城市更近一步，加强环境保护，有助于提高城市的整体竞争力。

4.1.3 绿色发展应该成为转型基本目标

(1) 绿色发展关乎民生国运

党的十八届三中全会提出"国家治理体系和治理能力现代化"的重大命题，考虑当前我国的生态环境和经济社会发展，需要通过加强绿色治理能力来推进这一重大命题。习近平同志指出，面对可持续发展的时代潮流，面对绿色、循环、低碳发展的新趋向，面对人民群众对环境保护的期待和诉求，必须把生态文明建设作为增强党的执政能力、巩固党的执政基础的一项战略任务，持之以恒地推进，不断抓出成效。

实现绿色发展就是为了提高人们的生活质量，给人们提供更好的经济基础和居住环境。煤炭资源枯竭型城市的发展不仅是我国的难题，还是世界性难题，外部经济形势与内部结构性的矛盾给转型带来了巨大的压力，转型的成功与否关系着居民生活质量的高低。推进资源型城市的绿色转型事关美丽中国的建设，事关社会的和谐稳定，事关人民群众的幸福，事关中华民族的发展。在全球气候变暖与自然环境遭受破坏的背景之下，目前发达国家与发展中国家之间博弈的重点不仅仅包括科技水平与经济水平方面的指标，还包括绿色竞争力这一重要指标。改革开放以来，我国经济建设取得了巨大成就，经济实现了飞跃性的发展，但是在经济发展的同时往往忽视了对环境的保护，使生态环境遭到了严重的破坏，许多城市的环境污染问题非常严重，其中煤炭资源型城市环境问题最突出，因此要更加注重煤炭资源型城市的绿色发展问题，倡导绿色、循环、低碳的理念，推动其可持续发展，优化其产业结构，加快转变其经济发展方式，实现其可持续发展。

(2) 绿色发展中反思传统工业化发展道路

传统工业化发展方式带来了一系列生态问题，绿色发展的提出正是对传统工业化发展道路的反思。传统的工业化对资源的消耗高、"三废"排放高，高资源消耗和高污染排放严重破坏了生态、污染了环境，可以说在经济发展过程中，生态环境付出了巨大的代价。环境污染与生态破坏在煤炭资源枯竭型城市中体现得尤其明显，煤炭资源型城市因煤炭资源而兴起，对煤炭资源的开采和利用给城市带来了巨大的发展机遇，促进了城市的经济发展，但粗放式开采导致煤炭储量大幅度减少，煤炭资源的枯竭限制了煤炭企业的发展，为此，煤炭资源型城市的经济效益必然降低，城市发展必将受阻，甚至民生以及社会的和谐稳定都会受到影响。在这种情况下，抛弃传统的"黑色发展"而选择新兴的"绿色发展",是实现煤炭资源枯竭型城市转型的必然选择。当前我国经济进入了增长速度换挡期,增长速度由原来的高速增长转向为中低速增长,经济结构从扩大增量方向转换为优化存量方向,结构调整处于阵痛期以及前期政策还处于消化期,在此状态下实现绿色发展成为中国经济实现转型的根本出路。与其他城市相比,煤炭资源枯竭型城市中存在的问题更为突出,主要体现在三个方面:第一,煤炭资源的枯竭限制了城市经济的发展,许多企业的生产技术处于一个较低的水平,低层次的生产技术对资源的消耗大且综合利用率低,从而导致企业的经济效益处在一个较低的水平;第二,由于技术原因导致的"三废"排放高造成环境的污染以及生态的破坏;第三,产业结构往往过于单一,非煤产业的发展受到限制。因此,推动煤炭资源枯竭型城市经济可持续发展的重要性不言而喻,在注重经济发展的同时也要注重对生态环境的保护,实现经济发展与环境保护的统一与双赢,以绿色转型实现煤炭资源枯竭型城市的可持续发展。

(3) 社会主义生态文明建设要求绿色发展

近年来,中国共产党执政理念越来越侧重生态化,绿色发展理念的提出便是其具体体现,同时也是我国社会主义制度优越性的集中体现。中华人民共和国成立之前,我国经历了长期战争时期,战争不仅导致人类生命大量损失,同时也破坏了生态环境,因此在中华人民共和国成立之初,党和政府就针对生态环境破坏问题提出了要保护森林和发展林业的主张,致力于提高我国的绿化率。后来,随着社会的进步和时代的发展,我国的经济建设取得了显著成就,在经济得到发展的同时我们党又提出经济效益和生态效益相统一,将经济发展和资源综合利用相结合,这为后来绿色发展理念的提出奠定了一定的基础。改革开放之初,我国的工业化进程推进速度加快,但受到相关科学技术水平较低的影响,企业采用的是粗放型生产方式,而粗放型生产方式往往伴随着资源浪费大以及污染排放高的特点,从而对生态环境产生了巨大的负面影响。在此情况下,我国加强生态环境保护的法制化建设,推动生态环境保护制度体系的建设。习近平总书记强调,牢固树立保护生态环境就是保护生产力、改善生态环境就是发展生产力的理念。党的十八大以来,我们党高度重视生态环境与经济发展的关系问题,将生态文明建设纳入"五位一体"总布局当中。

绿色经济的发展是马克思主义生态思想的进一步丰富与发展,要求做到以效率、和谐、可持续为目标的绿色发展,以低耗能、低污染、低排放为特征的低碳发展,和以资源节约和循环利用为特征的循环发展。目前,我国大多数煤炭资源枯竭型城市的生态遭到严重破坏、环境遭到严重污染,针对这一现状,必须要改变长期以来的粗放型生产方式，以绿色经济发展替代传统发展模式，推进绿色发展的一项重要内容就是进行生态建设，比如加大环境治理的实施力度，建立更为严格的环境保护制度体系；又如针对不同地区发展适合当地的绿色产业，促进旅游业的发展等。总而言之，推动绿色发展，并将绿色发展融入城市转型发展过程中，从而使煤炭资源枯竭型城市走向可持续发展之路。

4.2　煤炭资源枯竭型城市绿色转型发展驱动因素

4.2.1　外部驱动因素

(1) 国家的政策导向性

各地政府积极推动煤炭资源型城市的转型，并颁布了一系列的相关政策，如促进再就业政策，劳动力市场政策等；政府还颁布了一些特殊的救助政策，如关闭资源枯竭矿山，让企业员工提前退休，给搬迁的居民提供补助，将辽宁省阜新市等地设为转型发展试点等。除此之外，政府还积极为煤炭资源型城市的转型创造良好的环境，颁布了一些倾向于环境治理、招商引资、社会保障等方面的政策。总体来看，国家政策导向性主要体现在发展规划、产业政策和环保政策三个方面。

① 发展规划。矿业城市拥有着丰富的自然资源，凭借此优势当地经济在一定时期获得长足发展，但有限的矿业资源只能促进城市一时的发展，无法促进城市长期可持续的发展，因此，各国都对城市与矿业的发展进行统筹规划，以此来促进矿业城市的可持续发展。例如，在国外，鲁尔区被称为“德国工业引擎”，是德国最重要的工业区之一，在德国经济中具有举足轻重的地位，拥有德国煤炭产量 80%以上的份额，然而随着世界能源需求结构的改变以及科技革命的兴起，鲁尔区曾经陷入困境之中。为了挽救鲁尔区，德国政府积极应对，成立了鲁尔煤管区开发协会，制定第一个具有法律效力的改造振兴总体战略规划，实施了一系列的照顾政策，从而使鲁尔区摆脱了困境，改变了单一发展的产业结构，促进了其他行业的发展，使该地区成为各行业协调发展、相互促进的新经济区。在国内，淮南矿业集团的发展规划体现了国家政策导向性。从 2003 年起，淮南矿业集团共编制了 9 个方面的发展规划，这些规划先后得到了相关部门的批准，如在 2004 年和 2006 年，《潘谢矿区总体开发规划》和《淮南潘谢矿区循环经济试点实施方案》先后得到国家发改委的审批；2004 年，为促进市矿统筹发展，淮南矿业集团与淮南市共同编制了市矿统筹规划，

将矿区一系列发展规划与淮南市《城市总体规划》等统筹考虑、统一规划。在此过程中，煤矿企业主动承担社会责任，自觉实施社会责任发展战略，对促进区域经济社会发展贡献了力量。德国鲁尔区和国内淮南矿业集团的成功经验表明，加强城市与矿业的统筹规划与协调互动，是矿业资源型城市实现可持续发展的重要因素之一。

② 产业政策。当今世界大多数国家采用产业政策进行宏观经济调控，通过制定各种干预产业活动的政策实现政府的全局和长远利益。产业政策在经济政策体系中有着举足轻重的分量，具有很强的政策导向性。仅仅依靠市场机制会使一些行业在资源配置的过程中出现市场失灵的现象，市场无法有效配置资源且无法发挥作用，而这一现象可以通过政府实施相关产业政策得以控制。政府通过产业组织政策、产业结构政策、产业布局政策、产业技术政策以及其他对产业发展有重大影响的政策和法规发挥其职能，对宏观经济进行调控，有效配置资源，弥补市场缺陷。发达国家通过采取扶持政策加快促进矿业城市实现产业转型、防止区域功能萎缩并且实现矿业与城市协同发展，为我们提供了可供借鉴的宝贵经验。从历史视角来看，矿业城市不具备较强的经济基础，历史遗留问题复杂，如果没有政府的扶持，其发展将会更加艰难。政府关注到矿业城市在发展中遇到的难题，对矿业城市采取了倾向性的扶持政策，如在项目审批方面给予较大支持，优化城市产业布局，实现产业多元化发展，促使城市经济结构调整，从而使矿业城市有更加广阔的发展空间。

③ 环保政策。矿业城市在对矿业资源开采和加工过程中往往会产生一系列环境问题，如露天开采的矿山会造成土壤以及生态系统的破坏，过度地下开采会造成地表的沉陷，工业废弃物的排出会污染大气、水、土壤资源等。因此，矿业城市政府要在城市转型过程中注重对矿业资源的有效利用以及优化配置，制定健全的环境保护政策，限制高排放、高污染企业的发展，减少对环境的污染和对生态的破坏，促进市矿统筹发展。环保政策实施的目的在于在全社会当中树立环境第一、以人为本的现代理念，培养绿色发展意识，将实现人与自然和谐发展、节约资源保护环境等环保理念上升到精神文明的高度。这就需要政府转变矿业城市发展观，注重经济、社会、环境的和谐统一，实现城市与矿业的和谐发展，物质文明和精神文明的全面发展。

(2) 市场成为资源配置中的主导因素

随着社会的发展，人们生活水平的不断提升，旅游业、餐饮业等产业进入了黄金时代，这些产业的兴旺发达同时也带动了其他产业的发展，各种第三产业如同雨后春笋般涌现，给城市的转型奠定了基础。市场主导带来的影响主要表现在以下三个方面。

① 市场机制。市场机制通过自由竞争和自由交换在市场上实现资源配置，主要包括供求机制、价格机制、竞争机制和风险机制等。市场这只“看不见的手”可以通过价格机制把有限的资源分配到不同的企业和产业当中。城市与矿业的统筹发展也需要一个公平的、统一的、开放的、竞争有序的市场环境，从而发挥市场在矿业资源型城市发展中的主导作用。长期以来，矿业城市实施的都是计划经济，由政府计划决定企业的生产，导致了市场因素的严重不足，市场的作用没有得到发挥，发展要素的流动性较低，从而阻碍了矿业资源型城市的长远发展。因此，矿业城市要遵循市场经济发展客观规律，调动和发挥积极性与创造性，让企业在市场中寻求机遇、迎接挑战，促进各个产业协调快速发展，改变以往过度依赖资源的局面，促进产业多元化发展，实现城市与矿业统筹发展。

② 全球竞争。在经济全球化的今天，世界经济日益紧密联系，资本和产品早已打破了地理限制的阻碍在全球范围内流动，资源也是如此，并成为全球流通的重要生产要素和产品。在经济全球化进程中，各个国家和地区获取资源的渠道越来越广泛，这就要求矿业资源型城市要抓住机遇，优化城市发展环境，提高城市竞争力，利用多个渠道凭借自身力量获取相关资源。在激烈的全球化竞争当中，发展中国家的资源安全问题应当得到足够的重视。工业化能实现经济效益，发展中国家为了实现工业化的发展对资源的需求越来越大，从而导致获取资源的竞争越来越激烈。因此，矿业城市既要保证对资源合理有序的开发，又要对企业的发展给予一定支持，促进企业在全球竞争中发挥自身作用，使企业成为全球竞争主体。

③ 劳动力优势。资源型城市产业结构的调整与重组会导致失业问题，一大批劳动力从第一产业和采掘业中脱离出来，这些劳动力因从事采掘方面工作往往文化水平不高，劳动力成本较低。因此，丰富的剩余劳动力资源和较低的企业支出成本往往更容易吸引外来投资，为加工制造业与第三产业的发展奠定了基础。

4.2.2　内部驱动因素

(1) 资源不足问题

煤炭资源的形成需要经历非常漫长的时期，属于不可再生资源，长期以来的持续开采必然导致煤炭资源的短缺甚至枯竭，资源的枯竭成为长期过度依赖资源开采的资源型城市发展的一个重大难题。面对这一难题，煤炭资源型城市以及企业必须谋求新出路，实现转型发展。

(2) 资源环境问题

从20世纪80年代以来，我国传统的计划经济逐渐转变为市场经济，市场经济越来越成为适应生产力发展并有效配置资源的经济体制。然而，在市场经济的作用下，企业长期进行矿业资源的过度开采，导致资源型城市面临资源的短缺与枯竭，资源的枯竭使企业陷入了困境，经济效益日益下滑；矿区的开采导致地面塌陷破坏了土地资源，工业排放造成了严重的环境污染；再加上对经济、社会等功能统筹规划不足，许多矿业城市的发展变得愈发艰难，城市发展风险增加。因此，为了实现城市的可持续发展，必须对产业结构、环境改善、生态修复、城市发展等各个方面进行统筹规划，促进矿业城市实现转型。

(3) 人才结构性断层问题

一些煤炭企业将面临人才结构性断层的问题，其原因主要有两点：一是煤矿事故的发生，在如今这个网络发达的时代，通过相关媒体的报道，在社会上引起较大的舆论关注，煤矿安全问题成为毕业生不愿踏入煤炭企业的主要原因之一；二是在如今这个快速发展且充满机遇的时代，大批新兴产业的兴起为毕业生们提供了更多选择机会，煤炭企业薪酬及待遇相比于其他企业并没有优势，自然就无法吸引到优秀人才。

(4) 居民生活水平

资源型城市长期以来对资源的持续开采导致资源枯竭，资源枯竭导致矿产品产量下滑，从而导致经济效益降低、居民收入降低。资源枯竭型城市居民的生活水平在全国范围内处于一个较低的水平，因此，为了改善民生，满足居民物质生活需求，实现城市转型刻不容缓。

(5) 社会问题

煤炭资源的短缺与枯竭使煤炭企业发展陷入困境，大批煤炭企业纷纷停产，大批工人面临失业问题。煤炭企业工人长期以来从事的都是采矿工作，文化水平往往不高，一旦失业，很难拥有从事其他工作的机会，导致城市贫困人口数量的增加。地方政府为保障贫困人群的基本生存，就需要在低保等基本保障方面增加更多财政支出，加大了政府的负担。

(6) 行业自身结构失衡

资源型城市存在着城市结构失衡、产业结构失衡、所有制结构失衡的问题。城市结构失衡体现在资源型城市居住人口众多，但第二产业不发达；产业结构失衡体现在第三产业比重小；所有制结构失衡体现在资源型城市中企业大多为国有企业，仅有极小部分为私营企业，市场的活力不足。

4.3　煤炭资源枯竭型城市绿色转型发展约束条件

（1）行业依赖严重

煤炭资源型城市伴随着煤炭资源的开采与初步加工而形成，城市经济的发展以及居民的工作都来源于煤炭资源。煤炭资源的枯竭使企业发展陷入困境，大批煤炭企业停止生产，大批工人面临失业，失业人群数量的增加引发了一系列社会问题。

（2）产业结构单一

矿业城市主要通过矿业产业实现经济效益，在此过程中往往会出现过于重视矿业产业的发展而忽视其他产业发展的问题，经济结构失衡，如农业、非矿业产业、现代服务业等其他产业发展滞后，产业过于单一导致矿业城市经济发展出现结构性危机。矿业城市的发展对矿产资源过于依赖主要体现在以下四个方面：一是矿业资源枯竭导致采矿业陷入困境，采矿业的萎缩导致经济效益下降，从而导致失业人口数量上升，影响社会的稳定发展；二是采矿业作为城市的主导产业，是城市财政主要来源，其产业萎缩必然导致矿业城市财政支出困难，使政府无力承担城市必要的维护支出以及居民的福利支出；三是对采矿业长期以来的过于依赖导致了对城镇发展投入不足，城镇功能不健全，基础设施不完善；四是对矿业资源的过度开采导致城市环境的污染和生态的破坏，使城市缺乏竞争力，无法吸引到优质生产要素的投入，从而使矿业城市的发展加速进入恶性循环。

（3）高素质人才短缺，技术力量薄弱

煤炭行业对劳动力资源需求依赖程度较高，实行专业化生产，工作岗位种类多，工种多，不同工作岗位由不同工种完成，造成了工人技能单一的问题。文化程度不高的工人在长期只从事本岗位工作的过程中，往往缺少学习机会，造成工人创新创造能力不足。实现行业的转型需要依靠具备专业技术的人才，毫无疑问企业原有内部员工无法满足实现企业转型的要求。此外，煤炭企业往往只重视产量的达标而忽略对员工培训以及科技研发的投入，员工专业素养不强及技术力量薄弱严重限制了企业发展。

（4）经济衰退迅速，地方财政拮据，历史遗留问题严重，融资困难，资金短缺

煤炭资源的枯竭导致煤炭产量降低，企业陷入前所未有的发展困境，经济效益日益下滑。矿业产业对劳动力资源需求依赖程度较高，人力资源成本较

高，长期以来形成的外债导致城市财政紧张。在煤炭企业逐渐衰弱的趋势之下，各大银行出于谨慎而拒绝向煤炭企业提供贷款，企业发展困难，外资难以引进，城市资金严重短缺，阻碍了城市转型。

(5) 城市建设与环境缺乏吸引力

煤炭资源型城市依靠资源而建立，往往处于煤炭资源丰富的山区，然而山区地形复杂，交通不便利，基础设施不完善，从而使经济发展受到限制。除此之外，在过去长期对资源持续开采的过程中使环境遭到了污染、生态遭到了破坏，从而导致对人才以及外资的吸引力不强，城市竞争力低，阻碍了城市转型进程的推进。

4.4 驱动因素与约束条件内在联系分析

在资源型城市发展过程中，始终受到两大因素的合力影响，即驱动因素和约束条件。其中，驱动因素主要包括资源不足、环境问题、技术创新、人力资源结构、居民生活水平、社会问题、新兴产业发展等；约束条件包括技术储备不足、政策法规不健全、资金短缺、行业依赖严重、产业结构单一、资源枯竭等。在城市发展的初级阶段，丰富的资源为城市的发展奠定坚实的基础，城市发展的动力大于阻力，城市发展速度迅猛。随着资源开采的持续进行，有限的资源逐渐减少，城市发展的阻力逐渐加大，城市发展的进程趋于平缓状态。如今，资源濒临枯竭，城市转型刻不容缓，在驱动因素和约束条件的作用下，驱动因素所起作用若大于约束条件，则带来城市发展；反之，则会导致城市走向衰退。因此，资源型城市要充分发挥和增强驱动因素的作用，合理避免约束条件的影响，并寻求两者间的平衡，通过实现产业转型来推动城市的可持续发展。

第 5 章　煤炭资源枯竭型城市绿色转型发展模式分析

回顾国内外资源型城市的转型进程，每个城市转型实践呈现的特征均不相同。伴随着煤炭资源型城市转型的推进，呈现出与以往不同的驱动因素和约束条件。本章重点以典型煤炭资源型地区成功转型实践为例，对煤炭资源枯竭型城市绿色转型模式进行了阐释。

5.1　以产业协同创新加速煤炭产业绿色转型模式

在推进煤炭产业绿色转型模式创新发展中，需要摸索一条全新的出路，重点推进煤炭产业链向纵深发展，全力打造供给侧改革背景下的全新煤炭产业绿色转型模式。这就需要全面考虑生态环境的容量和自然资源的开发能力，以及保护资源和建设生态文明在探索可持续发展道路中的作用，将其作为新型转型模式研究的基础。在具体研究中需要重点考虑三个要素：首先，以环境资源作为低碳经济转型的内在要素；其次，将绿色转型与发展的目标界定为实现经济、社会和环境三者的相互协调与可持续发展；最后，将煤炭工业实现绿色转型的主要内容和途径作为“绿色化”和“生态化”经济活动的过程和结果。

（1）倡导以产业间集群组合方式丰富产业园区建设

产业园区是集群组合的体现，通过对传统产业改造升级，聚集各种产业集群，突出高新技术产业，从而丰富产业园区。资源型城市面临转型升级的困境，而集群化发展是产业转型升级和可持续发展的有效途径。产业集群可以提升产业竞争力，通过产业集群促进产业集聚，发挥集群效益，构建产业园区，实现转型升级。产业园区是实现经济转型的重要载体，围绕着加速培育和壮大接续产业，加强园区项目建设，通过项目建设和产业集聚，提升发展空间，打造招商引资、集群发展的共享平台。同时，要加强产业结构的适应能力，通过集群和引导手段，聚焦新兴支柱产业，优化传统产业布局改造，使之成为替代产业升级的新兴支柱产业集群，把地下资源型产业向地上产业转型、优势产业由中端向上下游转型、单一产业向多元产业提升，推动产业集群发展。山西省在 2018 年就已经提出以提升产业集群主导产业发展质量为中心，坚持产业集群建设和重点项目建设并举的工作思路。该工作思路主要从三个方面阐述了如何培育具有竞争力的优势产业集群：一是从区域布局看，空间集聚是基础；二是从产业项目看，引进重点项目是重中之重；三是从资源和服务看，实现资源和服务相辅相成，落实落地产业集群项目。根据带动效应，首批30个基地入选省级认定示范集群。对于产业集群来说，产业层次偏低不利于集群发展，中端产业不够优化则导致集群没有真正走上产业高端之路。针对这种情况，通过“产业链-产业主导-产业集群”的核心发展模式，有效提升产业集群的定位。以发展绿色产品、绿色园区、绿色产业链为重点，把“绿色化”改造作为传统产业集群升级的重要路径。探索项目联动集群协调机制，积极推进重大项目落实工作，成功落实新能源汽车二期工程、太原第三代半导体材料研制基地、华翔增材制造项目、中铁磁浮轨道交通产业园等，重大项目的成功引入，加速了产业集群发展。黑龙江省在2020年初也提出加快铁煤资源开发整合，助力全省“万亿级产业集群”建设行动纲要，并已取得显著成效。2019年5月，在黑龙江省政府和投资平台的大力推动下，黑龙江建龙投资集团出资成立了黑龙江建龙钢铁有限公司和建龙北满特殊钢有限责任公司。建龙集团的成立给黑龙江省矿产资源工程带来了希望，在成立当年累计形成521亿元投资规模，实现590亿元的工业产值。钢铁产业集群实现了行业整合，也加速了黑龙江省矿产资源向“百千万”工程进一步迈进。建龙投资集团选择以布局两大基地和一个主要产业园区为主，倾向于探查评价、企业兼并、全速研发和协调优势手段，实现企业集团发展目标。黑龙江省政府还具体给出了后期工作的几点要求：第一，明确提出要整合翠宏山、翠中铁多金属矿田，不断培育其为企业提供资源的能力；第二，扩大企业煤炭需求，通过强强联手加速建龙集团与龙煤集团合作，进一步推进煤矿建设；第三，考虑到企业对原料的要求，搭建地质勘查平台，综合把握大理岩资源开采底线，使资源得到有效的开发与利用；第四，探索实行绿色化发展路径，集群内外资源得到整合，通过保护生态环境以及合理调配经济、社会、生态和资源等效益，实现建设绿色矿山目标。

(2) 盘活企业市场，加速地区碳平衡发展

以绿色发展为理念，通过节能减排，对碳排放和碳吸收构建碳交易体制，使得金融杠杆起到作用，盘活企业市场，实现地区碳平衡发展。通过经济或市场化手段，积极探索出东北地区资源型城市生态环境治理与恢复的有效路径。以经济和环境相互协调发展为背景，应用碳交易体制，实现有效减排，并逐步向市场融合。碳交易体制一般靠产业结构优化，降低高耗能部门的比例，并靠能源结构转换，以低碳能源替代化石能源，且靠能源技术升级，提高能源利用

效率。同时，政府通过数量和价格双变量控制，使企业有更强的主观意愿去进行生态修复，更倾向于提升治污能力、优化减排计划。尝试建立排污权交易制度，利用政府的公共权力筹集环境治理资金更具合理性，体现了奖优惩劣的功能，促使企业能自觉降低污染物排放，使排污权这种市场有限资源具有了流通的价值。现行碳交易的减排及绿色发展效应传导机制如图 5-1 所示。

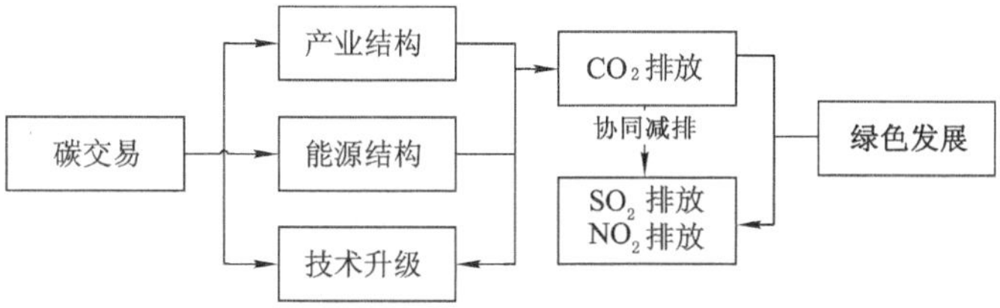

图 5-1　碳交易的减排及绿色发展效应传导机制

经济、社会和生态之间互相矛盾，而这三者之间的矛盾并非不可调和，通过构建环境友好型发展体系进行调和，可以实现可持续发展。资源型城市产业链延伸进而发展循环经济意味着提高经济单位的环境生产力，可以更加有效地利用资源、保护环境并提高经济效益。通过企业和产业的环境投资，使得环境标准得到提高，这也是城市经济发展的新机遇，解决并处理好三者之间的关系，是构建煤炭产业体系下绿色转型模式的重要保障。碳产业体系下碳链的延伸和绿色转型模式的构建，不仅仅是资源型城市转型的必然趋势，也是国家经济发展的最佳模式。只有通过延伸产业链，发展循环低碳经济，才能有效解决城市面临的资源和环境危机、经济发展困境等根本问题，实现城市的绿色转型和地区经济、社会的全面振兴。

黑龙江省四大煤炭城市——鸡西、鹤岗、双鸭山和七台河都是典型的依靠大规模开采煤炭资源而发展起来的资源型城市。随着对煤炭资源的大规模开采，鸡西市处于资源型城市发展成熟阶段，鹤岗市、双鸭山市和七台河市处于资源型城市衰退阶段，虽然所处阶段不同，但都面临着资源枯竭的困境，城市绿色转型迫在眉睫。这四座煤炭城市应该大力发展精深加工，延长产业链条，发展循环经济，发展非煤产业，优化产业结构。这四座煤炭城市除了煤炭资源丰富外，石墨资源储量同样丰富，而且品位较高，极具规模开采价值。石墨是现代工业、国防军工和战略性新兴产业发展的重要战略资源。相比之下，吉林省内西部平原非金属类矿产资源丰富，特别是松原石油、天然气储量丰富；而东部地形以山林为主，所以森林、金属和煤炭类资源丰富，其中抚松市和敦化市的储备最多，其次是通化市、磐石市金属产业相对成熟，而辽源市、舒兰市和珲春市的煤炭业相对成熟；此外，作为矿产和森工均成熟的代表是白山市。综上，吉林省资源型产业各具特色，先后进入绿色转型发展阶段，应重视政府调控、市场培育、深化企业改革和发展接续产业。

黑龙江省应贯彻落实"绿色开发、绿色加工、绿色发展"的理念，发展石墨精深加工，把原料变成材料、把材料变成产品，不断提高产品附加值；统筹推进石墨产业发展，构建"碳产业"体系，培育壮大重要支柱产业，把石墨资源优势转化为城市转型的发展优势，加快推进资源型城市转型发展。构建碳产业体系下的绿色转型模式，不仅要发挥政府的主导作用，也要重视市场的作用。政府要发挥引导作用，培育壮大龙头骨干企业，加强专业园区建设，推动产业集群式发展，打造公共技术服务平台，建立和完善行业标准与质量体系，推动产学研用一体化发展；充分发挥市场对资源的有效配置作用，强化企业市场主体作用，提升自主创新能力，延长产业链条，合理高效开发利用石墨资源；强化政策支持，建立信息共享、协同推进工作机制，引导企业与资本市场合作，提高企业市场竞争力；把握资源要素优先发展有实力企业，帮助解决实际问题，激发民营企业和社会资本活力，营造良好环境促进企业发展，实现经济、社会、生态和环境三者统一、协调可持续发展。资源型城市产业绿色转型应以区域资源禀赋为前提，结合资源型城市空间区位、环境承载力与产业经济发展基础，通过接续替代产业发展机制建设，推进资源型与非资源型产业的融合，实现产业多元化，破解产业锁定效应。资源型城市产业绿色转型有三种可以选择的主导模式——产业链延伸模式、产业嬗变或蜕变模式和产业融合模式。

5.1.1 产业链延伸模式

通过深加工延长产业链，提高产业附加值。将煤炭资源(含生产中的副产品，或者其他相关资源)作为原材料，将"煤头化尾"进行更深层次贯彻与落实，大致沿着当前流行的"煤-气-化、煤-焦-化"一体化产业发展路径，加快加深煤炭产业链延伸水平和能力，加大对煤焦油、甲醇下游烃、醚、酸、酯等一系列精细化工、清洁燃油及碳素材料项目的研发与转化投入力度，更具煤炭资源枯竭型城市的实际特点和需求，对材料、合成和精细化工等多元现代煤化工体系进行构建和完善；以煤炭等作为生产或深加工的原材料，探索将煤炭资源转化为电力资源，并高效完成电力储备和输送等的新技术和新方法，在"煤头电尾"实施过程中积极探索提高产品附加值和副产品利用效率的途径，在构建和实现多元现代煤电体系过程中形成完备实施路径。

(1) 煤炭纵向产业链

煤炭纵向产业链始于煤炭开采，重点发展煤炭及其精细化加工。基于纵向视角，煤炭产业链存在四种情况：产业链一为煤炭-煤化工-产品-市场；产业链二为煤炭-电力-市场；产业链三为煤炭-电力-电解铝-铝制品-市场；产业链四为煤炭-市场。以鄂尔多斯为例，正在探索煤炭深加工多产业、多方向纵向产业链建设，形成煤炭资源加工业聚集区，降低运输和交易成本，促进技术转化，推动相关产业高质量稳步发展。

① 上游。发挥"鄂尔多斯煤"品牌效应。鄂尔多斯的煤炭资源瓦斯含量少、以烟煤为主，是少见的精品煤，应做强做优。一方面应控制总量，逐步淘汰落后产能、整顿违规矿井，提升现代化开采水平和废弃物等综合利用水平；另一方面建立煤炭产业标准体系，促进煤炭精细化分类、多渠道销售，提高精品煤炭的附加值。鄂尔多斯精品煤的打造不仅提升了产业链上游产品的附加值，更对保证煤炭能源供给质量、保障国家能源安全具有重要意义。

② 中游。提高煤炭加工产业精细化水平。以煤炭采洗为基础，至少可以延伸出煤电、煤化工两大产业链，大幅提高煤炭相关产业的附加值及技术含量。在配套服务上，鄂尔多斯市应加强与本地优势资源和产业沟通，通过建立更多基础设施，促进煤炭产业进一步发展。此外，政府层面可以积极呼吁国家完善落实相关政策措施，特别是在煤制油方面的税费政策改革，做到以煤为基、多元转化，通过一系列煤炭资源加工环节将煤炭价值"吃干榨尽"，实现煤炭产业的深度发展。

③ 下游。强化技术服务业的溢出效应。截至2018年年末，鄂尔多斯市拥有2个国家级工程技术研究中心，1个国家级重点实验室，16个自治区级院士专家工作站等技术研究创新平台，应进一步发挥得天独厚的资源产业优势，与高校、科研院所共建煤炭应用技术研发平台，通过技术服务业的溢出效应增强产业和城市竞争力。

(2) 煤炭横向产业链

产业延伸模式适用于资源开采处于成长期、成熟期，资源开采量比较大、地区经济发展较快、地方政府有能力投资建设资源产品精深加工项目的地区。横向产业链在城市转型初期具有明显优势，在煤炭产业已经发展成熟的情况下，可以将更多的资源配置到上下游产业链，能够带动生产、管理和技术的进步实现转型升级，并通过适当的产业引导将资源引向上下游产业，提升产业附加价值，实现煤炭产业价值最大化。但这种模式也有弊端，表现为产业基础的多样性不足、产业结构弹性较小，在资源有限的情况下，其竞争优势不复存在，土地与劳动力不断升高的成本成为制约产业链进一步发展的障碍。由于横向产业链局限于某个产业领域之内，不利于区内其他资源的开发和培育，产业发展循环较为封闭，抵御市场风险的能力较差，导致容易受到经济波动和市场变化影响，一旦出现资源衰竭、产业衰退等，整个产业链条将受到严重冲击。所以，仅仅延长横向产业链无法真正实现转型，在资源型城市绿色转型过程中，以深加工作为转型的短期过渡手段，然后进一步探索更多绿色转型方式。

除了要纵向延伸产业链外，同时应注重产业链之间的关联度，探索现代非煤产业体系新思路，打破原有横向深加工路径，把相关传统产业推进到新技术、新产业阶段。在现有煤化工产业和资源优势共同作用的基础上，选择发展高端装备制造业，注重各领域之间的关系，培育优势互补且能够促进未来产业转型升级的支柱产业；聚焦于企业信用体系，打造企业之间信息互通机制，实现企业融资渠道与民间资本、金融服务的渠道联动，围绕产业发展规范融资机制与渠道，为未来产业的金融来源打下基础。比如鄂尔多斯市转型，结合大宗能源商品物流中心的区位优势，一方面利用大数据手段，建设现代物流集散中心；另一方面适应经济发展趋势，发展智能物流网络。此外，也可以借鉴沙棘治理采煤沉陷区的经验，将现有采煤沉陷区、枯竭矿坑通过生态化改造，建设成为生态文化旅游产业园区。从城市转型角度看，产业链的横向拓展是资源优势升级到技术优势的第一步，为城市后续转型奠定了基础。又如鄂尔多斯市目前正处于煤炭资源型城市发展的成长阶段，能源保障潜力巨大、经济发展动力充足。为此，对鄂尔多斯市转型过程进行功能分析，认为其转型必须满足能源供给、资源配置和产业可持续发展的必然要求。而保障能源安全是鄂尔多斯市必经的转型之路，一方面在发展中逐步建立新的比较优势，形成多元均衡的产业格局；另一方面增强系统化、创新化、绿色化煤炭供给能力，为我国提供持续稳定的能源保障。

（3）煤炭扩展产业链

关于资源型产业链的延伸，主要是在明确资源产业所处位置、资源优势的基础上探讨如何向两端产业链进一步深化。一方面，向上游延伸产业链，通过技术配置实现产品深加工和价值的增加；另一方面，向产业链下游延伸，以配套服务业与市场机制为支撑，推动产业链向外延扩展。同时，横向促进生产要素从一个产业向另一个产业转移，形成具有产业共同技术和优势的综合产业。参考自身经济发展阶段，在一定的地域空间范围内，通过集聚产业、产品、人才、技术、资源、消费主体，聚焦优势主导产业，吸引上下游产业在这里生产、经营、销售，形成产业扩展延伸的组织形式。通过这种方式集聚，煤炭产业链最终向生产专业化、成本费用低、集聚优势明显的产业链发展。发展非煤产业是煤炭矿区发展的重要方向，将有效促进煤炭资源型城市的转型，以及深化产业基础。例如，为了摆脱煤炭工业的限制，利用煤焦油制药技术发展新的煤副产品、新的技术与新的产业链条，新兴产业以煤焦油为主要原料，提炼医药原料，制成药产品，形成非煤主导的产业链。根据非煤产业特点，通过优势转化和提高附加值，实现产业转型升级，在一定规模内打造全新煤炭产业链。

5.1.2　产业嬗变或蜕变模式

目前，大多数资源型城市正在从成熟阶段迈入衰退阶段，在这个过程中，未来的可流入盈利几乎等于前提开发成本，甚至损失拐点即将到来。因此，资源型城市迫切需要通过产业转型和结构调整实现转型。第一，在产业上，摆脱以资源为中心的发展模式；第二，在结构上，从产品出发，改变技术、改变融资、改变用途，使得原有资源型城市在产业结构上得到明显提升。关键是要逐步将现有产业的某部分转化为新产业的一部分，实现关键部分的跨越式突破，并且在此过程中向适宜资源型城市的新产业转变。特别是鼓励旅游、金融、商贸、文化、娱乐、房地产、信息网络等第三产业参与城市转型，发挥第三产业的新优势来促进资源型城市转型。如山西省一直全力推进"煤炭产业理性嬗变"，提出限制开采中小煤矿，同时伴随着一系列准入标准政策出台，使数以千计的小煤矿开采无计可施。此后，煤炭准入标准不断被提高，着力构建拍卖制度完善、资源补偿收费透明、有偿使用制度明确的体系，进一步推进资源整合，深化安全生产标准的联动机制，规范矿井范围和规模，全面推进煤炭产业升级。过去几年，煤炭产业的经济繁荣掩盖了暗礁隐伏，在山西煤炭市场蓬勃发展的表面下，煤炭产业实际上早已是一个岌岌可危的产业，任何一个拐点都可能击败煤炭市场，但人们抱着心知肚明的态度去压榨这最后一点经济利益，活在"理想"的经济泡沫中。但山西省政府已明确认识到煤炭产业的急迫转型需要，着手从规模、集团、清洁三方面有序转变煤炭产业，实现煤炭产业的跨越式转型。

5.1.3　产业融合模式

产业融合的前提是企业包含不同产业或者不同行业。这意味着产业和行业进入壁垒变得模糊，强调相互联通的网络，越来越多的新技术、新产品、新市场、新服务等商机出现，产业大融合带来新的机会，推动产业和行业融合创新，形成充满活力的新业态及新模式的产业，形成新技术在产业之间相互渗透的趋势。需要转型的产业，首先从延伸产业链开始，通过发展核心加工业获得优势，并且渐渐实现对原有简单开采方式的升级；伴随工业的壮大，城市经济获得了快速发展，尤其是新产业给城市带来新的生命力，产业转型与城市更新相融合，城市进入深度又复杂的发展阶段。各资源型城市由于其资源禀赋不同，城市地域辽阔、经济发展不均衡、产业结构等方面存在明显差异，在长期的发展中形成了各自的特点。这就要求在城市转型过程中要以现有资源为基础，充分发挥各城市优势，形成独具特色的转型模式。

（1）综合性发展模式

综合性发展模式是城市转型的最佳结构模式。该模式强调资源型城市所处的生命周期及其特点，明确其自身的规模、区域、技术与其他优势，通过优化产业结构实现向替代产业转型。但是，由于资源型城市的各产业结构不同，在城市转型中，每个资源型城市应选择不同的发展模式。资源型城市由于历史原因，未形成完善城市网络，无法直接实现有利于综合性发展的活跃的配送；而在考虑资源型城市的选址和内陆配送中心后，并不能兼得这两种优势，资源丰富的地区往往产业结构单一、交通不便。

（2）主导产业转型模式

主导产业转型模式作为一种新兴的经济模式，以处于衰退阶段的资源型城市为重点转型对象。这种资源型城市已经不可能再进一步深化产业模式，开发不出更多的资源，也未有替代产业可发展。因此，针对衰退期的资源型城市，首先应淘汰原来以煤炭为主的传统产业，转而向新兴产业发展。在转型过程中，资源型城市协调国家政策和自身资源、技术、位置条件，实现原有煤炭资源产业结构向领先主导产业转型。

（3）培育接续产业模式

培育接续产业模式属于产业链延伸模式。许多资源型城市受到国内外市场冲击，主导产业下滑，但资源并未枯竭，仍能支撑下游加工业的发展。该模式以资源型城市为重点，鼓励发展更多产业，研发新模式，促进产业多元化；积极延伸产业链，提高产品附加值，提升产业技术水平，提高资源加工企业对资源深加工的能力，实现由资源驱动型城市向加工型城市的转型升级。

（4）资源带动发展模式

资源带动发展模式作为产业链扩张的一种形式，集中在资源型城市，倾向于采伐型向森林资源深加工型、专业化资源开发型和森林生态资源开发型转变。如临江市等资源型森林城市，国家的“天然林保护工程”造成其经济崩溃，但产业转型仍需立足森林资源，充分挖掘森林资源，基于森林资源的特色和可再生性，深入分析和研究当前的城市发展和可利用的资源，进一步拓展多元化发展视角，重点倾向于森林特色产业、旅游产业等森林生态经济形式，以资源引领的方式实现森林资源型城市的转型和升级。

（5）空间转移发展模式

资源型城市最初产生于资源开采，其地域选择与资源匹配一致，导致资源型城市往往位于偏远地区，从位置上看距离城市交通枢纽、经济中心较远，背离市场繁荣地区，地理位置条件较为不利。城市运营的投入产出决定了一些区位劣势、缺少接续资源的资源枯竭型城市是无法实现转型的。倘若资源枯竭型城市全部转型，就会违背经济规律，扭曲市场配置资源的作用。尤其对于一些独立工矿镇，在资源枯竭后，其区位劣势明显，这类工矿镇规模往往不大，转移人口和劳动力、减小城市规模乃至整体搬迁成为一种必然选择。

5.1.4　产业绿色转型模式实施路径

资源型产业绿色升级囊括在煤炭资源枯竭型城市转型中，包括绿色配套城市、绿色一体化、绿色扩张和资源型城市产业“四大板块”。通过深化并扩展资源型产业链，重点发展替代产业，从而生产出高附加价值的产品，提升城市、产业和资源型产品在空间和市场上的优势，推动和实施资源型城市绿色现代化产业的发展，形成集群产业转型。

（1）促进煤炭资源枯竭型城市资源型产业绿色升级

① 化工石油产业。设计产业的化工架构，平衡材料与下游产业的扩张，推进资源型产业和城镇融合发展，打造化工原料多元化来源渠道，迅速开发煤化工和天然气化工产品，突破核心技术，进一步深化乙烯、丙烯、酒精产业链，形成在我国能起关键作用的化工新材料产业基地。加强对油气资源的开采，根据开发难度，明确开发阶段和开发顺序。大力挖掘新开发区潜力，继续探索老区块的优势，使采油项目得到最大程度的利用。激励石油勘探企业通力合作的决心，进一步加深石油和天然气的开采。优化技术、深化产业链、精深工艺，侧重于生产高附加值的油气化产品。其中，以生产合成氨、尿素、甲醇、脂肪醇、非离子表面活化剂等产品为主，推动传统油气生产升级。依托城市石化产业园区，加强与油气资源富集县区开展资源产业化合作，努力把油气产业培养成相关资源型城市的支柱产业以及区域经济的核心。

② 冶金产业。促进产业结构调整，优化产品结构，使产品超越原有单一简单的加工模式，形成相关“钢铁化产业”的汇集，推动城市钢铁、冶金等产业进一步发展，实现资源型城市产业升级。加强铁矿石等矿产资源的探索和开

采也是产业发展的关键，以便巩固国际市场上的交易地位，保证有充分的铁矿石来源生产钢铁，稳定冶金行业的供应链。同时，加强对钢铁产能标准的把控，淘汰落后技术、设备和产品，推动钢铁产品水准提高。大力开展区域集团企业重组项目，通过引进战略投资者，带来资金、技术、人才、市场的优势，实现自身向现代化工业的发展。钢铁冶金产品向多层次、差异化发展，满足周边城市相关产业对钢铁产品的需求。优化产业布局，以产业园区为载体，加强总体规划、合理统筹、协调发展，从而优化资源配置，实现产业转型升级。

③ 装备制造业。集中优势大力发展装备制造业，使之适应转型升级后新的产业结构，挖掘产能潜力，最大限度地发展产业集群，精准提升高精尖装备生产业，完善零部件配套能力，逐步实现产品的多样性、多元性、品牌性。增加科技创新和综合配套禀赋，以培养专用装备、电气装备等产业为核心，建设区域性装备制造生产立足点。

④ 木材加工产业。过去森林加工业技术水平较低，生产出的产品位于产业链初级阶段，经济价值也不高。现在通过转变产业结构，加快技术改造和产品升级，深化森林资源产业发展。面向国内外市场，森林资源深加工业已经逐步演变成我国重要的产业，为确保满足产业的加工需求，扩大林木的种植范围，同时落实对速生林、原料林和名贵大径木林试点的完善。实施向外发展的路线，同国际市场交易，在国内森林资源供给不足时，获得稳定的资源保障。对于企业而言，形成行业规模十分必要，通过实行合并重组等一系列措施，综合林木企业的整体优势，培育具有综合竞争能力、高技术附加值、行业明星的集群企业集团。打造品牌产业链，覆盖上下游市场，形成适宜的发展条件，提升森林产业园区发展。

⑤ 医药健康与特色食品加工产业。国家应重点关注医药健康产业，完善相关高新技术的融合，尽快完成对特色产业园区的构建，重点建设现代中药、化学药、生物医药支柱产业，向生物保健设备与天然食品、医疗器械、检测仪器与制药设备、药品贸易流通、健康医疗服务五大主导领域发展。开发医药和食品来源一致的产品，实现医药产业销售路径的变化，在原来的传统经销模式基础上，融入电子商务路径。明确整体概念，凭借区域资源优势打造一批品牌医药企业，打造地方品牌标识，建立对外统一的国际知名品牌。依托区域内的资源优势，积极开展对当地食品的宣传，形成当地食品加工的产业链。立足于当前区域内的食品加工企业，融合特色化、绿色化趋势，着力打造本土品牌、新项目、规模化的产业链。积极培育与建设年产值超千亿元地方特色产品精深加工基地。

（2）建立资源枯竭型城市绿色服务产业体系

为了实现资源型城市绿色转型的最终目标，引入“互联网＋”模式，形成现代化服务产业，以服务业的繁荣作为资源型城市升级经济结构的契机，从三年实施服务业发展规划，运营现代服务业，引入并培育资源型城市相关服务产业链，保障服务业底层效力，促进资源型城市绿色化转型。

① 优先发展生产性服务业。加快发展现代物流业，完善网络物流路径，引进并扩大物流主体，进一步提高网络物流的服务能力，构建自己的物流资源。发展第三方物流，引领现代物流主渠道，同时伴随着专业化、社会化的公共信息平台成立，设立货物装载中心，形成具有专业能力和水平的物流基地。此外，引进城市联运机制，打通城市和农村的物流渠道。进一步发展金融服务业，开发相关金融产品，完善基础支撑，推进金融模式更新，创建多层次、多角度的立体融资方式，积极培育外资金融机构在资源型城市的分支，持续提升互联网金融技术，带动发展良好的企业上市，取得转型的资金来源。当前互联网经济的持续发热可以为资源型城市服务，首先是互联网实施的布局，扩大互联网企业的渠道，营造稳定可靠的互联网构建环境，融合农业、制造业、服务业与互联网相互促进，形成具有创新性的高效能体系。其次是侧重电子商务和农村电子商务方向，打通农村电子商务渠道，形成城市和农村一体化的服务平台。第三是支持研发设计、融资租赁、节能环保、售后外包等业务结合物联网，加快实现产业结构升级转型。

② 加快发展生活性服务业。为了适应社会老龄化趋势，在政府的协调下，动员社会各方的积极性，加快发展生活性服务业，建立功能完善、规模适度、覆盖城乡的养老保障体系和支持社区。将养老服务业融入医疗、医药、房地产等相关产业中，协调发展、互利共赢，壮大养老服务网点。完善居家养老基础设施，推进城乡、社区设立居家养老服务中心，扩大互联网在居家养老中的应用。更新优化商业部署，实现向现代化商业转型，提倡多元化商业模式，增加消费者对于服务行业的热情。扩大“万村千乡”工程和“新型网络”工程规模，打通城市与农村的对接渠道，形成规模效应。协调城市和农村的市场交易机制，使得农村具有现代化的商业服务水平。关注资源枯竭型城市的社区，完善相关民生服务产业链条，培育社区衔接功能、供求关系、信息咨询、服务管理等能力，建设互联网综合家庭服务机制。提供社区支持服务，帮助城乡居民拥有最低的生活保障，救济失业人员、贫困家庭、残疾人家庭，形成家庭、社区联动的民生救助体系，以多种形式、层次建立家庭、社区服务市场及经营机构。

（3）促进资源枯竭型城市产业绿色融合发展

产业绿色融合以去除传统发展模式的劣势为基础，加大农业发展力度，并逐步进入非资源型产业，发展生态农业、生态旅游等，实现产业与传统优势资源的融合。

① 特色生态农业。首先明确区域资源的旅游效益，建设具有本区域特点的农业生态基地，重点突出规模化、集约化、品牌化的特点，融合信息网络科技，将原有农业产业结构升级为具有现代化特色的农业产业结构。东北地区应把握本地区的农业资源优势，同时落实国家在现代化农业方面予以的优势政策，打造畜禽生产加工点，大力发展经济动物，如梅花鹿、林蛙、蜜蜂等，扩展发展珍贵皮毛畜牧业，如狐狸、水貂等人工动物皮毛，形成现代化优势养殖产业链。此外，大力推动农副产品实现绿色化，强化对绿色农副产品的进一步加工，形成终端为保健食品的农作物、生物产业链。引导现代化新兴农业产业链升级，形成具有良好发展前景、牵引力大、与农民利益密切联动的协同组合，发展家庭为主导的生产力量，形成农业主导产业链，培育专业化、集约化生产农场，扩大土地经营流通范围，打造多元化的生产模式，完善农业相关配套机制。尽快实现现代化农业产业链，融入“互联网＋”发展，引进多渠道电子商务发展现代农业。落实标准农业准则，提高对农地、林业、草原、湿地等生态保护要求，形成规范化农业基地。引入农产品与互联网结合机制，保护农产品商标、标志，发展无公害、绿色有机农产品产业链，形成对农产品生产流程和质量安全的有效监管。

② 生态旅游产业。资源型城市多伴随着特殊的地势，植被丰富，水源充足，矿产资源亦丰富，可以发展多元化、深层次的旅游产业。大力发展旅游配套服务产业，打造休闲旅游线路，提供优质服务，实现观光旅游业的升级，成为资源型城市转型的核心产业。树立“大旅游”核心，建设生态旅游经济区和休闲旅游度假区，扩大旅游产业规模。打通东北地区的旅游产业链，破除存在的阻碍，吸引投资联盟的加入，同时加入境外旅游路线，集中优势发展上市旅游产业，从而获得更多的支持，形成综合旅游产业发展链，最终实现各种资源型城市以及不同阶段资源型城市之间的联通渠道，实现全生态旅游产业链升级。以打造资源型城市文化名片为重点，进一步深化现有资源，向文化城市转型，引入特色矿业、资源开采、传统文化、流行文化等交互融合的文旅工程。围绕主要景点，增加生态类、经济类、家庭类酒店，并有与之匹配的相关服务。促进旅游业与养老事业相互联动，推动资源型城市向智慧旅游城市转型。

(4) 加快资源枯竭型城市产业绿色延伸

以优势产业作为转型的关键，引导资源型产业的循环经济试点企业打造全方位、全视角、链式一体化的产业链。

① 新能源产业。以节能减排促进循环经济为基础，推进能源消耗改革，大力发展资源型城市的清洁能源工业，如水能、风能、生物质能、核能等清洁能源。

② 新材料产业。重点发展碳纤维、高附加效能金属材料、尖端材料、高分子材料和新型非有机金属材料，努力形成一批在国际市场上拥有优势的新材料产业链。升级资源枯竭型城市原有单一材料产业，形成以合金、复合材料为核心的新兴矿物材料产业。有效提升科技装备水准，大范围生产硅藻土、白云石、镁、钼、镍等矿源，促进羰基金属、铝镁合金、纳米碳酸钙、硅藻土等形成高附加价值的产品。在高新技术转化的支撑下，研发羰基钴、羰基钼等新型材料，建立国内外知名的羰基金属研产地，同时在产地大力发展稀土镁合金、汽车零部件用镁及镁合金等新型材料。引入投资者联盟支持硅石资源项目，打造利用高纯硅和多晶硅发电的太阳能产业。

③ 生物产业。创新推进基因重组技术、生物分离技术、酶工程、现代生物发酵技术落地转化，实现生物产业链的升级，以研发生物产品推进资源型城市转型。推进以生物技术和生物制品技术为主导的制药工程，研发人工胰岛素、重组人血白蛋白等高附加技术含量的生物与药物产品，实现生物产业现代化。发展基因重组技术、单细胞融合技术、酶工程和现代生物发酵技术，重点对基因工程药物和生物中药进行研发，形成规模化产业链条，在资源枯竭型城市中快速发展。

④ 信息产业。抓住互联网经济快速发展、信息产业升级换代的重大历史机遇，迅速提升信息基础设施水平。大力发展电子信息产业，积极引入信息产业投资者，提高产业信息科技投入，提升相关产业的技术密集度，接续传统产业转型。加大力度发展移动电子商务、信息服务外包以及现代物流等新型的信息服务业，大力发展应用软件业以及游戏、动漫和服务外包业，重点扶持科技创新园等园区建设，推动数字技术、网络技术等现代技术发展，并在外包领域广泛应用。

5.2 挖掘文化价值助推绿色旅游全域链转型模式构建

延长煤炭产业链，发展煤化工是资源型城市绿色转型的重要发展模式，但是煤炭资源是有限的、不可再生的。随着煤炭资源的枯竭，一些矿井将陆续关闭，与煤炭相关的企业也将会破产，但是文化旅游资源是取之不尽、用之不竭的。

绿色旅游全域链转型模式，从基本内涵来看，是对传统旅游模式的创新，是一种以旅游资源绿色开发和环境友好为导向，以绿色创新为核心，以科学化、绿色化、低碳化、可持续性为原则，将旅游发展与资源合理开发利用、环境保护与经济社会和谐发展相统一起来，实现经济效益、社会效益、生态效益协调发展的新型转型方式。具体包括以下三点：一是把文化资源作为社会、经济发展的内在目标要素；二是将文化资源与社会效益、经济效益、环境保护协调发展作为绿色转型的目标；三是把文化资源开发管理过程的“绿色”和“生态”作为绿色转型的主要内容和路径。

绿色旅游全域链转型模式的实现路径主要有以下三种：一是挖掘文化历史价值，探寻人文情怀，对已有旅游资源进行绿色开发与整合。二是将煤炭作为文化遗产、文化资源，以“自然、和谐、生态”的理念修建矿山公园、国家文化遗产公园、国家煤炭文化博物馆。三是通过对矿区生态修复，在沉陷区建立人工湖或者湿地公园，种植植物，引进稀有鸟类，建造观鸟园，并以此为依托，向相邻周边村庄辐射，发展农家乐或者生态庄园，形成绿色全域旅游链。

素有“煤都”之称的抚顺市，位于辽宁省东部。这座因煤而崛起的城市，随着煤炭资源枯竭，在探索转型发展的路上，除了充分发挥抚顺矿区煤炭和油页岩资源的独特共伴共生效益优势，坚持实施以煤炭开采、页岩综合开发利用为核心的循环经济发展战略外，重视深厚的文化底蕴和丰富的旅游资源，这也是其绿色转型发展的优势背景。

位于抚顺的赫图阿拉城，是一座拥有400余年历史的古城，在史学界被称为“清王朝第一都城”，为清太祖努尔哈赤所筑。内城主要建有汗宫大衙门（俗称金銮殿）、正白旗衙门、汗王井、关帝庙、满族民居、塔克世故居、八旗衙门、文庙、昭忠祠、启运书院、城隍庙等一大批古建筑群及遗址。外城主要遗址有驸马府、铠甲制造场、仓廒区等。外城外（中华满族风情园）建有显佑宫（玉皇庙）、地藏寺、满族民俗博物馆、满族老街、满族历史文化长廊等古建筑群遗址。赫图阿拉故城集风景名胜、人文景观、旅游度假、观光游览、水上游乐、主题公园、人造景点于一体，凭借其在清前史中的特殊历史地位而闻名遐迩。位于抚顺市望花区的雷锋纪念馆，是参观雷锋事迹、学习雷锋精神的场所，具有很好的现实教育意义，可以主打学习参观、亲子旅游。抚顺煤炭博物馆位于抚顺市西露天矿参观台原址，是一个主要讲述百年来煤矿开采历史的博物馆，模拟井下开采，复原煤炭开采历程，让人们可以更好地了解煤炭的开采过程。三块石国家森林公园位于抚顺市东南部，目前已被列为辽宁省农家旅游示范点之一，是亲近大自然的最佳选择。对于煤炭开采后的沉陷区，可以结合当地的地质情况修建人工湖，对废弃矿区进行填埋、覆盖、绿化，发展生态旅游。

鸡西市居于黑龙江省“四大煤城”的首要地位，煤炭、石墨资源丰富。在绿色转型发展过程中，鸡西市延伸产业链，提高产业价值，构建低碳体系。此外，鸡西市还拥有独特的旅游资源，如界江、界湖、湿地等，都是其绿色转型的优势资源条件。

中俄界湖——兴凯湖、中俄界江——乌苏里江、兴凯湖湿地和珍宝岛湿地是大自然的馈赠，登高远眺，芳草青青、水带蜿蜒、绿树点翠、百鸟翔集，湿地自然生态风光之美尽收眼底。兴凯湖不仅是国家级自然保护区、国家地质公园、国家农业旅游示范区，还是东北亚鹤类保护区网络成员、世界生物圈保护区，并被拉姆萨尔国际湿地公约组织列入国际重要湿地名录。兴凯湖湿地是世界三大湿地之一，生态系统保持完好，是候鸟的驿站和天堂，还有记录的鸟类达 200 多种，还有高等植物 691 种。珍宝岛湿地是国家级自然保护区，2011 年 9 月被列入国际重要湿地名录，是我国保存下来的较为原始、典型和完整的三江平原湿地生态系统代表之一。

鸡西市旅游资源丰富，依托生态、人文、地域等优势，大力发展旅游产业，实现绿色转型，促进人与自然和谐发展。鸡西市可以构建以界江、界湖养生游、历史文化红色游、森林湿地生态游、鸡西农家风情游、北大荒知青返乡游、中俄边境跨国游等为卖点的旅游产品体系。

黑龙江省“四大煤城”之一的鹤岗市，位于黑龙江省东北部，北接黑龙江，南连松花江，西靠小兴安岭，东拥三江平原，处在“江臂岭怀”合拢的金三角，面积 1.47 万 km^2。转型期的鹤岗，资源富集、民风淳朴、社会和谐、人文昌明，是投资、旅游、休闲、康养的好地方。鹤岗是东北地区重要资源宝库，矿藏众多，已探明金、铁、铜、铀、白云母、白云岩等 24 种矿产资源，占黑龙江省探明矿种的 31%；煤炭储量达 32 亿 t，已有百年开发历史。此外，鹤岗市将“文化旅游”产业作为重点发展的五大产业之一，开发、传承与发展流域文化、清金文化、解放文化、矿山文化、垦荒文化等“五大文化”，涵养、书写、演绎城市的历史和灵魂。鹤岗市构建绿色全域旅游示范区，有利于构建绿色全球旅游示范区，推动文化旅游产业高质量发展。

鹤岗市打造“一个核心”，即“龙江三峡”中俄风情旅游集合区。擦亮“四个品牌”，完善升级黑龙江流域博物馆等景点，打造“中俄界江游”品牌；加快森林旅游资源整合与开发，打造“原始森林游”品牌；建设一批旅游乡镇，规划建设十大花海项目，打造“现代农业游”品牌；加速建设矿史馆等项目，打造“矿山文化游”品牌。同时，大力贯彻“旅游＋”的思维，分别从六个方面建设：一是“旅游＋文化”，用好东北电影制片厂、中国医科大学旧址，打造文化旅游节庆活动；二是“旅游＋体育”，启动建设体育场馆，加快打造特色体育小镇；三是“旅游＋健康”，谋划建设集运动康体、避暑疗养和森林养生于一体的旅游区，推行中俄跨国“候鸟式”旅居养老旅游基地；四是“旅游＋工业”，打造以矿山地质公园、矿史馆等为代表的，集实景体验和观光休闲为一体的工业旅游景区；五是“旅游＋研学”，开发红色主题研学旅游产品，组织开展中俄学生艺术交流、优秀教师进行互访等活动；六是“旅游＋商贸”，加快特色餐饮点建设，发展文化度假酒店、民宿等多元业态，开通萝北中俄边民互市贸易区，提升“鹤岗礼物”水准。

综上，依托当地历史文化遗产以及煤炭文化资源，实施“绿色开采、绿色管理”，多元发展旅游产业，注重经济、生态和文化的协调发展，构建绿色旅游全域链是实现资源型城市绿色转型的有效模式。东北地区其他文化底蕴深厚的煤炭资源型城市也可以结合当地特色文化资源，发展旅游业，实现绿色转型。

5.3 研判土壤成分助推特色化农业和养殖业绿色转型模式落实

习近平同志到东北视察指出，东北肩负着保障国家国防安全、粮食安全、生态安全、能源安全的重大责任，战略地位十分重要，发挥东北地区土地广阔、地力肥沃、水系发达、光照充足以及农业经营规模大、机械化程度高等优势，坚持发展现代农业，力争实现农业现代化的目标。

基于当地土壤成分，发展特色农业和养殖业的绿色转型模式是对传统农业的创新发展。从其基本内涵来看，现代农业的发展是以绿色发展理念为核心，根据当地自然条件，实现人与自然的和谐共处。

发展特色农业和养殖业绿色转型模式的实现路径主要有以下三种：一是延长农产品产业链，提升其价值；二是依托科学技术，引进外来高质量品种，进行农作物改良；三是调整种植结构，实现供给侧结构下的绿色转型。

黑龙江省“四大煤城”之一的七台河市，地处黑龙江省东部城市群中心位置，交通四通八达，牡佳铁路、鹤大高速、依七高速、饶盖公路贯穿全境，与东北东部十四市(州)结成区域战略合作城市。七台河土地肥沃，盛产蓝靛果、红松仁、红小豆、白瓜子等特色农林产品，耕地面积达 277.1 万亩，勃利县是国家重要的商品粮基地县。绿色食品认证面积超过 90 万亩，36 个产品获得有机食品标识，蓝靛果、红松仁等5个产品获得地理标志认证。森林面积为30.23万hm^2，林木蓄积量达1 760万m^3。七台河水系发达，有大小河流26条，水库20座。

七台河市处于中温带湿润气候区，四季分明，昼夜温差大，土壤多为黑壤土，矿物质丰富。随着人们生活水平的提高、保健意识的增强，蓝靛果、高钙大米、叶黄素、刺五加等功能性食品成为资源型城市绿色转型的推动力。作为蓝靛果的特产地，七台河勃利县蕴藏的野生蓝靛果产量占全国总产量的60%，大力发展蓝靛果产业，获取“勃利蓝靛果”农产品地理标志，配套相关产业同步发展，形成饮料、果酒、果干、果酱和保健品加工的成熟产业链条，打造知名“勃利蓝靛果”品牌。蓝靛果花青素含量是蓝莓的10倍，对蓝靛果花青素、万寿菊叶黄素、红小豆皂苷进行提取深加工，可以延长农产品产业链，提升其价值。拥有肥沃的土壤、充足的光照，再借助科技的力量，引进高钙菜，并与中国农业大学合作，研发出更适合七台河的高钙菜产品。七台河市现有高钙菜种植基地5个，并建成了高钙富硒水稻、高钙鱼实验基地，进一步推动高钙系列产品的集聚发展。依托科技力量，推广特色农业种植，从单一品种到多元发展，实现绿色转型。

黑龙江省“四大煤城”之一的鹤岗市，林地面积达1 275万亩，有3个国家森林公园，全市森林覆盖率为46.87%，城区森林覆盖率达69.7%，鹤北联营原始红松母树林是亚洲单体最大的红松母树林；广袤林区产有40多种山野菜、20多种山野果、30多种野生中草药，发展林下经济得天独厚。鹤岗地处世界三大黑土带、黄金玉米带、北半球奶牛带，拥有耕地800多万亩，年产粮食30亿kg左右，水稻、玉米、大豆三大粮食作物优良品种率达到98%以上，并且形成以生猪、白羽鸡、肉鹅为重点的畜牧产业，是国家重要的商品粮基地和绿色食品之乡。鹤岗应合理安排水稻、玉米、大豆的种植面积，细化绥滨绿色水稻主产区、萝北杂粮杂豆特色区、市郊果蔬生产保护区。同时，结合土壤、光照、降雨情况，引进寒地大樱桃、汉麻、北药等高价值农产品，进行改良加工。不断升级水产养殖品种技术，积极发展名特优水产养殖，引进台湾泥鳅、超级鲤、方正银鲫等。引进池塘微循环养殖（跑道式）先进技术，改进稻田养鱼技术。认证绿色有机种植，申报绿色食品企业、绿色标识、农产品地理标志（萝北蜂蜜、绥滨大鹅）等。

特色农业和养殖业绿色转型保障体系主要建立在以下三个方面：一是构建现代农业产业体系、生产体系、经营体系；二是提升农业综合生产能力，毫不动摇地抓好粮食生产，充分发挥保障国家粮食安全的“压舱石”角色；三是深化现代农业改革。

以黑龙江省为例，从以下三个主要方面进行保障：一是加快现代农业产业体系建设，加快发展规模种养业、农产品加工业和农村服务业，加快高质量农产品加工产业集群和基地建设，改变“量大链短”局面，推动粮经饲统筹、农林牧渔结合、种养储销一体、一二三产业融合发展，提高农业产业整体素质和竞争力；加快形成现代农业生产体系，用现代物资装备武装农业，用现代科学技术提升农业，强化农田水利等基础设施，加快实施二江干流治理等重点水利工程，推进三江连通工程建设；强化农业社会化服务，提高农业良种化、机械化、科技化、信息化、标准化水平；创新农业管理经营体制，培育和拓展农业新主体，建设职业农民队伍，因地制宜推进多种形式规模经营，提升农业竞争力，增加农民收入。二是增强农业综合生产能力，毫不动摇地抓好粮食生产，稳定好国家粮食安全“压舱石”角色。推进农业供给侧结构改革，搞好农业结构调整，提升其综合竞争力和效益；发挥东北地区大米品质好、口感好、销路好的优势，稳定发展水稻生产，完善生产、科技、市场服务体系，做大做强水稻产业经济；引导农民扩大大豆种植面积，培育优良品种，提高大豆生产效率和提高市场竞争力；减少玉米种植面积符合市场需求，调整品种结构，加强加工转化，由大产量转化为大产业；编制绿色食品产业科学发展规划，推进亿亩生态高产标准农田建设，深入实施减农药、减化肥、减除草剂“三减”行动计划；培育绿色生态农产品品牌，着重发展“鸭稻”“蟹稻”“鱼稻”“森林猪”“森林鸡”等农业绿色食品，复制推广市场认可度高的绿色食品生产模式，加快形成规模；以“互联网＋农业”等方式提升农业生产销售水平，基于整体性水平提升农产品市场的竞争力，推动黑龙江省由大粮仓变成绿色粮仓、绿色菜园、绿色厨房，从而实现绿色农业转型。三是深化现代农业改革，进一步推进“两大平原”现代农业综合配套改革试验，加快农业转型发展。改革农村土地管理制度，引导土地流转和规模化经营；深化国有农垦体制改革，以垦区集团化、农场企业化为主线，推动体制创新、资源资产整合、产业优化升级，推动资源型企业转型发展。

响应国家政策，发展特色农业、绿色农业，是东北地区实现粮食产业深度挖掘的有效模式之一。将自然环境优势和实际调研情况相结合（煤炭企业低层次劳动力偏多），发展独特的绿色农业和养殖业，能够促进东北地区煤炭资源型城市绿色转型。

第 6 章　煤炭资源枯竭型城市绿色转型发展实现路径设计

资源型城市的绿色转型是一个长期且渐进的过程，需要从多个维度着手推进。本章将分别从生态功能修复、绿色科技创新、政府职能优化、内生动力挖掘和社会氛围营造等方面进行具体阐释。

6.1　在深挖绿色转型潜能的基础上推进生态功能修复

在煤炭资源型城市发展过程中一直将煤炭资源作为产业基础，城市发展与煤炭资源开发利用相扶相依，并形成了“矿城一体化”发展模式，因而常形容煤炭资源型城市是“因煤而生，靠煤而兴，煤枯城衰”。煤电、煤化、煤炭开采等传统产业依托于煤炭资源的大量开发，并影响着煤炭资源型城市的经济发展格局。在开发煤炭资源的巅峰时期，城市建设与矿区开发的关系没有得到较好处理，导致开采无节制；在煤炭资源枯竭时期，收益的下降致使沉淀成本无法支付，生态环境渐衰，环境负外部性日益凸现。煤炭资源型产业的发展，导致对煤炭资源的需求不断增加，煤炭生产不仅对地区生态造成庞大压力，也制约着煤炭资源型城市的产业发展。煤炭资源逐步匮乏，无法保证供给，加上生产开发带来的高污染、高排放问题，使煤炭资源型城市受到环境与资源的双向夹击。生态环境长期受到不同程度的破坏，煤炭资源枯竭型城市的环境治理与修复十分困难，部分地区甚至出现生态环境恢复治理“不可逆”情况。

当前，煤炭资源型城市尽管已全力投入生态建设与环境保护中，但长期遭受破坏的生态环境受损程度不尽相同，使得区域性环境治理与生态保护工作开展困难，这也成为煤炭资源型城市转型所必须支付的沉淀成本。为此，煤炭资源型城市应强化矿山综合整治，推进生态功能区域保护与生态资源保护培育建设，加强对煤炭资源的综合利用，将绿色技术创新融入经济发展中，构建循环经济，打造优越的生态环境条件，实现煤炭产业绿色转型与生态环境二者可持续发展。

6.1.1 构建绿色合理勘查与开采煤炭资源体系

过度依赖煤炭资源，使得煤炭资源型城市的经济发展速度受煤炭资源消耗量的牵制，并且大量生产力要素在技术挤出效应和利益的共同驱动下逐步向煤炭资源所在地汇集。随着城市规模持续扩大，煤炭资源的需求量不断增加，催化了对环境的破坏以及对煤炭资源的消耗。仅将城市发展依托于煤炭资源的简单模式是不可行的，是无法持续的，会由于生态环境的逐渐恶化而打破经济与环境的平衡，最终煤炭资源型城市仍无法逃脱环境与资源的约束。为化解煤炭资源型城市的环境难题，应当通过合理手段控制煤炭资源的开采，设置绿色开采机制。

(1) 推动煤炭资源绿色开采

作为可持续发展的重要组成之一，绿色开采的特点是对煤炭资源开发效率高，能综合考量煤炭资源效率与环境的关系，对生态环境影响最小，并兼顾企业与社会效益，见图 6-1。提高煤炭资源的开发效率能切实有效地控制开采量，进行科学的开发与利用，从而保护生态系统的修复与自我调节能力，逐步实现环境保护与经济平衡发展。煤炭资源型城市可以通过以下几种方式实现绿色开采：首先，充分利用煤炭及其伴生资源，通过对矿区资源的综合开发与利用，实现以最小的环境破坏代价换取最大的煤炭资源开发与利用价值；其次，大力推动煤炭产品深加工转化及清洁燃烧技术的发展，通过使用清洁能源，逐步缓解对不可再生资源的依赖，并深化对现有煤炭资源的使用程度，充分提高利用效率，减少废水、废气、废渣在生产中的排放，降低对环境的污染；再次，大力提倡绿色开采技术创新，通过财政手段支持科技创新企业的技术研发，引导提高其绿色创新意识，实现从根源上提高煤炭资源利用效率，降低资源浪费率；最后，建立统一完善的绿色开采标准，设定相关绿色开采指标，包括回采率、单位产量的污染排放量及矿难中死亡人数、单位开采量中伴生资源耗损率、选矿回收率、矿山土地复垦率等。

(2) 建立煤炭资源开发前的预防性规制

作为保障性及辅助性机制，煤炭资源开发前的预防性规制是动态式、全程式的管理手段。该预防性规制旨在采用发展规划的途径减少煤炭资源在开发利用中的浪费，缓解对环境造成的伤害，将资源利用最大化，在资源开采中尽最大的努力保护生态平衡。在煤炭资源开采前，要充分了解该区域的生态环境状况、生态承载力、煤炭资源储备量等，并对其进行科学、全面的评估和测量，预估在开采中可能出现的问题，制定有效的应对措施及完善的预案，为长

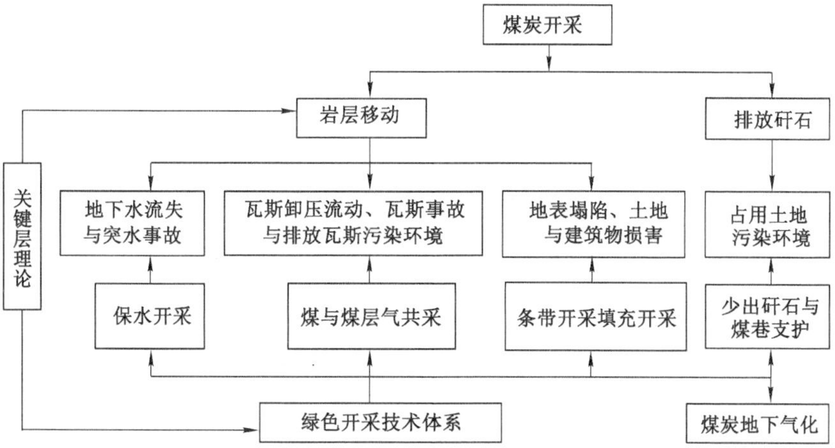

图 6-1　绿色开采体系示意图

远发展做好规划。在开采煤炭资源的过程中，实时监测各生态指标，逐步完善预案，充分保障绿色开采顺利推进。以快速推进可持续发展与煤炭资源型城市绿色转型为根本立足点，大力推动煤炭资源的勘察与勘探工作，高效、有序实施资源开发，不断增强资源有效储备。确立生态环境补偿与治理原则，明晰生态补偿的实施范围，煤炭资源型城市的绿色转型和可持续发展与煤炭资源精深加工和产业深化密不可分。为此，根据煤炭资源型城市所处煤炭资源开采的阶段，按照“谁开发、谁保护，谁污染、谁治理，谁收益、谁补偿，谁破坏、谁修复”的原则，划分责任主体，明确各责任主体的范围与职责。与此同时，运用市场、法律和必要的行政措施，充分发挥市场的作用，管理和规范各类市场主体，使其真正成为煤炭资源利用和环境保护的责任主体，以实现煤炭资源有节制、可持续的开发。

(3) 正确进行煤炭资源的勘查开发

为了提升煤炭资源勘查开发效率，需要实施重要成煤矿区(带)资源潜力评价与煤炭矿产资源潜力评价，逐步完善煤炭资源探矿权管理机制，约束探矿权转让使用时间，提升探矿权费用标准及煤炭矿产勘查的最低投入标准，全面、有效地规范区域内煤炭矿产勘查秩序。发展规范矿业权市场的流转机制，改进煤炭矿产资源勘查的投资机制，推动地方政府在地质勘查方面的资金投入，重点支持独立矿区煤炭资源勘探的相关工作，创造良好、有序的煤炭矿产资源投资环境。有效监督和组织煤炭矿产资源勘探项目，并对资金投入、勘探范围、勘探权准入许可等进行规范清查。提升煤炭资源开发准入门槛，鼓励采用更先进的节能新设备，在保护生态环境的同时，选用深部开采、低品位煤炭资源开采、尾矿综合利用、残矿复采等先进技术和工艺，使得具有发展潜力的煤炭资源型城市可以进行煤炭资源开采与再开发。加快形成科学的矿产资源勘查开发机制，为煤炭资源型城市快速、有效转型夯实资源基础。

6.1.2 促进煤炭产业化高效利用

消耗大量煤炭资源是煤炭资源型城市发展过程中不可或缺的部分，为了实现绿色转型和可持续发展，煤炭资源型城市必须变革以往粗放型的资源利用模式，积极主动发展循环经济，建立高效集约的资源利用机制。循环经济作为经济可持续发展的典型模式之一，旨在使经济活动构建成"煤炭资源-产品-再生资源"封闭循环，在一个经济周期中使所有原材料和能源得到充分利用，减少经济活动对自然环境的危害和影响。实现循环经济需要做到以下几点：一是延伸生产链，在生产过程中处理尽可能多的污染物，降低环境负载；二是提升资源利用效率，即在生产中降低能源消耗及其他不必要的消耗；三是重点抓好生产企业垃圾废物的回收处置工作，加大对环保产业和循环利用产业的发展力度；四是综合回收及合理使用废物，以尽量减少对原始资源的开发。

开采煤炭矿产品时，经常伴随着开采率较低、生态环境遭到破坏等问题。传统粗放型的开采方式，一般以稳定的厚煤层为主要开采对象，在生产中释放大量的污染废物，如在开采中产生的矿井水、煤矸石、煤层气等；大量的劣质、难以开采的煤炭资源被废弃，不仅造成资源浪费，还导致土地环境和水资源的污染。相似的，传统的煤炭利用方式也具备粗放型的特点，煤炭作为重要的工业原料，能采用精深加工等方式提取出多种产品，但大部分煤炭只被用于直接燃烧，大大降低了资源效率。不可否认的是，如果不改进和优化现有的煤炭开采与利用方式，不仅会使煤炭资源迅速耗竭，还导致环境遭到严重的破坏。因此，大力发展循环经济是煤炭行业的必然选择，实现资源的综合利用，加强废物的资源化利用。煤炭行业的循环经济包括废物综合利用和煤炭资源精深加工两部分内容，二者存在交互关系。

原产业链垂直延伸的常见表现是煤炭资源精深加工。首先，从原煤中提取泥煤和精煤产品，实现初步的洗选处理，将能够直接销售的精煤优先出售；其次，将煤炭液化生产煤基合成油，形成燃料进行发电；再者，将煤产品与水和添加剂混合，用于水煤浆的加工和利用；作为典型的副产品，洗煤水可再利用。与此同时，煤炭可在地下直接气化，不进行升井处理，从而使煤层气和煤转化形成煤气,可直接作为化工原料或燃料使用。

从综合利用废物的角度来看,在煤炭生产过程中对煤层气、矿井水和煤矸石等废弃物再利用非常重要,这样不仅能提高废物利用率,减少浪费,还能获取一定的经济效益。在煤层气再利用方面,可采用特殊的方式对其进行压缩和提取,作为城市燃气使用或直接在地下进行气化形成煤气。在矿井水再利用方面,可以先将其进行初步净化,然后将净化后水作为洗煤水,也可以用于城市绿化,而初步净化水经深度净化后也可直接用作饮用水。在煤矸石再利用方面,过去采用堆积的方式处理煤矸石,不仅需要占用大量的土地资源,而且煤矸石存在自燃的风险,可能导致更严重的大气污染。基于循环经济的基本理念,可以综合使用多种方式利用煤矸石:首先,作为地表沉陷区与采空区的填充物,使已破坏的土地在一定程度上得到修复。其次,用煤矸石在井下建立支柱代替传统煤柱。第三,用于生产建筑材料,煤矸石中自燃过的红矸石可以用于水泥的生产,煤矿能直接为水泥厂提供所需材料,水泥的窑余热也能用于发电;未发生自燃的黑矸石可用于生产煤矸石砖,由于黑色煤矸石具有一定的热值,可以不需要其他燃料而仅用自身进行烧结,具有非常强的成本优势。上述废物的综合利用体现的是原产业链的横向扩展,这一点与煤炭资源的集约化加工不同。

将循环经济列为重要模式进行参考,以煤炭矿产资源产业化为基本方向,淘汰落后产能,优化生产工艺,高效引进具有高精尖技术及拥有先进设备的企业,以该类企业为依托,建立产业经济的发展链条,形成“煤-建材”“煤-电”“煤-化工”等产业链;建立基于煤炭资源开发的高效煤炭资源利用集聚区,鼓励金属矿产开采等重点矿产资源集聚区围绕矿产采、选、冶等环节科学、高效地组织产业化发展。

6.1.3　加大生态环境保护与建设力度

(1) 综合治理生态环境

通过设立地质矿山环境恢复治理长效机制,加快实施煤炭资源型城市综合治理工程建设。与此同时,倡导全方位综合治理生态环境的重要发展理念,快速推进建设区域生态环境共享机制。对采煤沉陷区、废弃地、矸石山等采用回填、绿化、平整等方式进行综合整治,积极主动建设植被防护环境,营造沟塘和江河的护岸林、丘顶和斜坡的护坡林,全面推进重点矿区及煤炭资源型城市的环境治理,使得生态系统与林区植被得到快速恢复。强化综合防治污染工程,提升土地污染、危险废弃物污染、重金属污染的治理力度,有效治理噪声污染和大气污染，完善重大环境污染事故问责制度。重点整治环境问题区，强化对沉陷区、地下矿井、深部采空区、矸石山、特大型矿坑等地质灾害和隐患造成的地下水污染的治理力度，恢复煤炭资源型城市的土地功能、水源涵养功能与森林植被。加强煤炭资源开发监管力度，建立与煤炭资源开发相关的环境评价制度，防范新的生态问题的产生。

(2) 培养与保护生态资源

针对煤炭资源枯竭型城市的生态系统特点，强化对开发区内的湿地、森林等矿产资源和生态系统的维护。设立健全的煤炭储备体系，正确、合理地开发利用煤炭资源。落实自然生态保护区制度，构建集科学研究、物种保护、环境管控等功能于一体的多功能生态保护区。建设功能完备、门类齐全、布局合理的自然生态保护区体系，重点抓好植被恢复，修复和培育草原、森林等生态系统。

(3) 建设与保护生态功能区

落实煤炭资源型城市所在地区的建设与保护，促进区域生态功能提升。加强煤炭资源型城市的自然保护区建设，完善生态保护评价体系与动态监测建设工作，着力构建代表性生态系统研究站。时刻坚持“统一规划、严格保守、可持续利用、合理开发”原则，以政策引导为手段，鼓励社会各界积极参与，发挥市场作用，强化对生态系统环境设施的管理与建设。

6.1.4 补偿和修复煤炭资源生态环境

(1) 在煤炭资源开发中实施生态补偿

煤炭资源是生态环境的重要组成部分，其依赖于生态环境而存在。在开发利用煤炭资源的过程中，导致当地生态环境遭到一定程度的破坏，尤其煤炭开采对环境的伤害更加严重，使得生态承载力与生态环境的资源储备不断下降。因此，实施生态环境补偿机制具有十分重大的意义。在对生态环境实施补偿的过程中，要关注对生态环境的功能性补偿，换言之，应该引导企业和社会通过补偿机制确保生态环境的自我修复和循环能力得到恢复。基于可持续发展的角度，保护生态环境的自我修复和更新能力是最关键的，一旦其自我修复功能被打破，生态系统将面临崩溃的风险，人文环境也将受到严重的破坏，同时阻碍社会和经济的发展。实行生态治理责任制，根据“谁污染，谁治理”的基本原则，实时监测环境指标，推行动态补偿机制，将环境保护与生态治理逐步变为常态化工作，实现生态环境的稳定发展。

(2) 修复生态环境

生态修复作为末端治理模式，属于事后控制，旨在开发利用资源后，对生态环境进行恢复治理，竭力消除煤炭资源开采对环境已经产生的负面影响。事实上，即使实施了生态动态补偿，在煤炭开采的过程中仍不能完全补偿对生态的损害。因而，在从工业化向生态化转变的过程中，资源开采后的生态修复对完善生态系统自我修复机能、提高生态承载能力是非常必要的。推行生态修复，首先必须制定明确的生态标准，改变之前简单、粗放的生态评价指标，代之以完善、科学的生态环境评价体系，更加强调修复生态系统的功能性。其次，基于各地区生态系统的不同特点，逐步优化环境保护技术，根据生态系统的自我修复和更新能力，制定合适的人工修复方案，将人工生态与自然生态结合起来，利用生态环境自身的净化能力，以最小的投入获得最大的生态恢复效果。最后，为确保各项修复工作按时、保质完成，对生态恢复进行全程动态监测。

6.2　通过加大对绿色科技创新投入加速绿色转型升级

推动经济增长的方式逐步从资源依赖型转向创新驱动型，这是促进煤炭资源枯竭型城市产业绿色转型的必经之路，但其中存在科技创新难题，煤炭资源枯竭型城市可持续发展与绿色转型受到创新动力不足的制约，产业也受到煤炭资源高收益、资源依赖、产品同质等缺少创新动力的制约，从而导致煤炭资源型城市在形成产业的过程中出现创新挤出、创新效率较低等一系列问题。绿色技术创新是煤炭资源枯竭型城市绿色转型的第一原动力，也是保障绿色发展顺利实施的必由之路，如何避免“挤出效应”成为这类城市需要克服的技术难题，应当以绿色技术创新为导向，提高绿色技术创新能力，最终实现煤炭资源型城市的绿色转型。

6.2.1　引导绿色技术创新成为煤炭资源型城市绿色转型内生动力

传统技术创新没有考虑大自然承载力与煤炭资源稀缺性，仅仅以经济增长率为目标。而绿色技术创新从战略全局出发，从科学统筹社会、人类、自然三者间的紧密关系出发，侧重环境保护、循环发展、资源再生，推动煤炭资源型城市的可持续发展与绿色转型。

(1) 绿色技术创新是煤炭资源型城市绿色转型的重要步骤

绿色技术起源于西方工业化国家的社会生态运动。欧盟委员会将绿色技术创新定义为：根据生态经济规律和生态原理，在生产和使用过程中，充分节约使用自然资源，减少或避免对生态环境的损害，对生态的负面影响最小的"无污染"或"无公害"的技术、产品和工艺的总称。具体包括减低废物产生技术、从根本减少消耗技术、降低和提前预防污染技术、再利用技术、生态工艺技术、净化技术、绿色产品技术等内容。基于产品生命周期的绿色技术创新，是将环境融入产品研发、引进、成长和成熟的各个环节，追求产品全生命周期总成本最小化的技术创新，使绿色技术从理念的形成走向市场。这个过程被概括为一个绿色经营链，即"为环境而设计—为环境而制造—为环境而营销"的绿色经营链。

在煤炭资源型城市产业发展初期，经常利用煤炭资源规模大的特点进行开采，从而实现资源效益。规模效应的确降低了煤炭资源型城市的单位开采成本，但同时也导致严重的生态环境问题。煤炭资源型城市随着自然资源储备的流失，经济增长幅度逐步放缓，需要技术创新来克服这种依赖煤炭资源的现状。而在技术创新中同样考虑生态环境问题。因此，煤炭资源枯竭型城市在转型发展中需要进行绿色技术创新。

(2) 实施绿色技术创新对煤炭资源型城市的价值

煤炭资源型城市旧发展模式带来的"高投入、高消耗、高污染"必然会破坏生态平衡，导致煤炭资源的过度使用。因此，大力推进绿色技术创新，有利于避免走上西方发达国家"发展先于治理"的弯路。

首先，煤炭资源枯竭型城市要转型必须进行绿色技术创新。一方面，为满足人们日益扩大的物质文化需求，煤炭资源枯竭型城市需要发展经济；另一方面，该类城市也面临着资源储备枯竭、自然环境遭到破坏的压力。因此，要实现绿色转型发展，就必须追求绿色技术创新，加大科技创新投入，提升生产效率，打造绿色经济。

其次，发展绿色转型需要绿色技术创新。绿色技术创新是煤炭资源枯竭型城市转型的关键步骤，能够提高资源的综合利用效率。同时，需要通过循环经济、绿色资源开采等方式发展绿色技术，实现资源利用方式的转变。

再次，绿色技术创新是减缓和预防生态环境恶化的重要手段。煤炭资源枯竭型城市在资源的初加工和选矿的过程中，产生大量的废气、废水、废渣等污染物，开采煤炭资源会破坏地表植被，导致严重的水土流失，破坏生态系统，因此必须采用绿色创新技术进行治理。只有掌握合适的绿色技术，煤炭资源枯竭型城市才能解决生态问题，从而实现绿色转型。

6.2.2　突出绿色技术创新融合体系建设价值导向地位

绿色技术创新融合体系是在一定的政策和制度下，将绿色技术创新主体的创新方法与创新理念相结合，从而提高煤炭资源型城市向绿色创新型城市转化的可能性。这是解决煤炭资源型城市科技创新难题的一种途径。

（1）优化区域创新环境，健全区域创新体系

煤炭资源型城市需要建立完善的创新机制，营造"大众创业、万众创新"的制度和政策环境，制定和实施推动创新发展的措施，建设高水平的科研体系，引导企业创造高效率、高标准的创新环境，强化企业绿色技术创新在体系建设中的作用，不断激发企业创新活力，使得企业创新成为推动城市创新的第一动力。为谋求企业可持续发展、全面提高自主创新能力，应重点发展煤炭资源型城市创新体系，构建发展平台，如科技融资平台、中介服务平台、创业孵化平台、关键技术研发平台、成果转化平台等，发展合作网络，构建以企业为主体，产学研有机结合的创新体系。

（2）引导和鼓励绿色创新主体

实现绿色技术创新，必须以引导创新主体的自主性、原创性为重要手段。煤炭资源型城市应当建立人才培养、激励和流动机制，并设立扶持基金，给予对高新技术产业有突出贡献的科技人员重大奖励，同时资助高层次人才。构建人才在高等院校、企业及科研院所间的双向流动机制，能够为优秀人才大量涌现提供良好的社会环境。鼓励技术、管理、知识等生产要素参与分配，引导高科技人才进行技术入股、参与分配。竭力在制度、政策、金融、财税等方面实施整体联动、配套改革，营造富有创新活力、鼓励创新的制度大环境。同时，政府建立补贴和奖励制度，鼓励社会各界开展自主创新，对发明专利多、新产品开发数量多、研发投入比例高的企业给予奖励，调整和改革专利资助政策，努力提高专利的含金量。此外，需要构建科学有效的资源型城市科技创新能力评价指标体系，完善风险投资机制，鼓励民间资本参与技术创新投资。加大财政资金向科研院所、社会基金、企业倾斜力度，以设立科技型中小企业创新基金等方式，使高新技术成果转化为现实产业具备充足的资金可能。鼓励金融中介提高和完善对高新技术企业，尤其是科技型中小企业的金融支持，对重大产业和科技成果的落地给予一定的融资优惠。

（3）以绿色技术创新为导向

绿色创新导向主要体现在产业集群培育、绿色产业创新扶持、产业多元化、资源利用生态修复等方面。为丰富煤炭资源型城市产业结构，需要构建产

业多元化发展机制,在产业多元化的过程中,把绿色产业放在优先位置,以绿色技术创新为引领,强化煤炭资源型城市的产业部门和非资源产业部门对绿色创新的需求。在产业布局方面,充分应对绿色技术创新带来的挤出效应,优化产业集群成长环境;以生态环境修复、资源利用为导向,通过绿色技术创新实现循环经济和绿色开发,从而提升资源利用率,改善生态环境。

(4) 建立绿色技术创新的政策和制度体系

为推动技术创新,煤炭资源型城市政府需要减少烦琐且不必要的审批步骤。扩大对科技创新的投入,实施各项财政政策和优惠措施,鼓励企业进行技术创新。强化企业研发投入,并制定相关政策,打通企业融资渠道,使其明确技术创新主体为企业自身。提高政府的财政投入,将企业创新科技项目与财政资金直接对接,充分发挥财政资金的引导作用,鼓励企业扩大科研项目投入,使企业成为绿色科技创新的主要来源。

6.2.3 开创煤炭资源枯竭型城市绿色转型科技创新道路

我国要深入实行创新驱动型发展战略,推进煤炭资源型城市绿色转型,以提高持续创新、自主创新能力为根本,以科技进步为支撑,构建科学且功能完善的科技创新体系,改善科技创新环境,壮大人才队伍,努力建设以创新为支撑、创新为主导的发展模式和经济体制。

(1) 构建科技创新体系

当前,最重要的任务是深化科技体制改革,推动创新水平的提高,快速建立以创新企业为主体、市场为导向、产学研相结合的科技创新体系。注重科学技术创新和产品创新,煤炭资源枯竭型城市应以创新要素的企业聚合性为目标,全面推进企业科技创新建设,引导企业成为城市科技创新的基本驱动力。支持企业积极开展商业模式创新、开发重点新产品及战略性新产品,制定行业、国家、国际标准,推动行业发展。打造以企业为核心的创业创新孵化体系,核心企业与政府帮助和指导科研院所与中小型企业建立检查中心、产学研联合室等机构,发挥高校人才的技术优势,提高企业吸纳创新资源的能力,引导全社会资金流向初创企业。持续推进“巨人”企业培育,提供创业导师服务,强化以科技为生产力的中小型企业科技项目孵化模式,建设创业项目孵化器,引导以科技为引领的中小型企业开展创新创业,推动中小企业快速健康发展。具体来说,有以下几个方面的突破点:

① 构建“政-产-学-研-用”协同创新。以企业为主体, 市场为导向,在政府的指导下,加强企业、科研院所、高校的紧密合作,提高创新资源在社会各界的

流动性，丰富社会各界的合作内容，构建更加规范的合作创新体系，拥有具有代表性的创新服务平台，突出创新人才水平，加快科技成果产业化速度，为产业升级提供科学技术支持，促进煤炭资源型城市经济发展。企业应当根据国内外创新发展特点与趋势进行自主创新，从而使自身创新水平能站在科学技术发展的前沿。建立和优化自主创新体系，加强科技研发与生产之间的融合关系，提高创新能力。加大企业对自主研发的投入力度，增加科技研发部门，实现各创新要素的产业聚集，形成以企业为主的科研创新平台，维护和支持具有自主品牌、拥有自主知识产权的骨干研发机构及企业。打开科研院所、高校与企业间的合作渠道，在知识产权分享、衍生公司发展及人才流动方面进行制度上的试验与创新，逐步形成责任共担、利益共享、高效利用资源的产学研合作模式，构建以企业为主体，产学研协同发展的技术创新战略联盟。以提升合作创新能力为目标，积极建设诸如大学科技园区、科普工作站、创新创业服务中心、创新创业园区等促进产学研协同创新的各类支持机构。同时，加强对外合作平台建设，利用国内外拥有优势资源企业，共建重点实验室，支持企业与科研院所、高校联合组建多种形式的技术研究中心，设立企业运营的重点实验室，克服限制重点产业发展的主要技术问题。

② 快速推进技术市场服务系统的建立。强化平台建设与技术转让机构构建力度，着重建设专门的技术转移机构，构建各种产学研合作中介机构。构建和完善以科技中介服务机构为核心的技术转移平台、科技资源统筹平台、科技成果孵化平台、产学研协同创新平台等，促进科技成果转化和技术转移。建立丰富的信息数据库，如企业需求库、科技成果库、知识产权库、专家人才库、科技文献库、科技信息库、科技政策库等，使得煤炭资源型城市技术人才市场高效运行。

③ 构建“众创空间”。抓住“大众创业、万众创新”契机，积极培育和引进创新工场、众创空间等全新模式，构建完善的孵化机构管理体系，提高孵化质量。快速完善市场环境，构建高效的市场机制，推进信息化与城市网络建设，给创新者营造有效的市场机制，鼓励各种形式的创业和创新，克服物理空间限制，充分利用高校和科研院所、科技园区、城市产业园区及各种服务平台，吸引多种形式创新创业要素聚集，体现互通互惠系统和创新创业优惠政策优势，快速形成与众创空间需求相适应的服务能力。合理利用国家政策优惠，汇集各种有利资源，引进人才，引进资本，吸纳核心企业，整合社会各方力量，共同打造众创空间。

④ 构建产业技术创新联盟。以现有研究和技术中心为基础，引导组建技

术创新联盟。创新联盟的工作核心和重点是实施科技产业化项目，同时强化创新联盟在国家和社会中的引领、示范作用。做好核心产业资源开发、人才聚集等工作，掌握关键技术和实现成果分享。煤炭资源型城市在绿色转型过程中支持大型骨干企业建立工程技术研发中心、国家重点实验室、技术中心等研发平台，协助龙头企业构建产业技术研究院。为营造良好的企业创新孵化环境，竭力构建企业研发代表中心、国家级重点科研中心及国家创新型实验中心等，强化国内外知名研发机构及项目的引进力度。

（2）改善科技创新环境

打造良好的科技创新环境，建立激励制度，以激发保护知识产权和发明创造热情，渲染良好的科技创新氛围。以优势产业为核心，建立跨行业、跨地域、跨企业的技术创新联盟，完善产学研合作流动机制，健全中介服务和技术平台，实现优势资源共享，联合其他科研机构与优势科技资源共建创新机构。煤炭资源型城市绿色转型要抓住“大众创业、万众创新”的机遇，积极推广和引进创客空间、创新工场等孵化器，推进“微创业”“微创新”“草根创新”等新的创业形式，形成便利化、低成本、开放式及全要素的众创空间，为中小企业提供全面、综合服务。继续优化“龙头企业、高端人才、天使投资、高校院所、创新创业文化、创业孵化”六大要素以及“市场、政策、法制”三大环境的创新创业系统，竭力创造“预孵化器-孵化器-加速器-专业园区”的完整孵化链条，通过商业实践将创新理念转化为创业实体。

（3）加快推进科技成果转化

建立和完善促进科技成果向现实生产力转化的激励机制。坚持以市场化创新为核心，促进科技成果向现实生产力转化，加强科技创新服务，着力打造科技成果转化交易市场。快速发展会计师事务所、技术经纪公司、资产评估公司、律师事务所、市场调研公司、专利咨询公司、技术服务公司等配套服务体系，推动安全体系建设，完善科技成果转化必要条件。提升科技成果向现实生产力转化的能力，有效发挥企业在科技成果转化中的重要作用。加大力度推进科研与生产相结合，激励研究机构与高校开展合作，推动技术研究成果向现实生产力综合转化。积极发展技术评估咨询工作，将科技成果大范围推广。竭力发展技术产权交易等中介机构，提高科技成果转化能力。构建科技成果奖励机制，实行科技人员分配技术股份的政策。引导科技园区转型发展，吸纳境内外资本进入地方科技中心，从而实现科技成果的转化。

（4）强化重点领域的科技创新发展

紧盯现代农业、煤化工、机械制造、生物质加工、电子信息、互联网、农产品加工等重点产业发展，大力推广和应用支撑作用强、科技含量高、具有自主知识产权的成果。以新品系培养、改良、繁殖和杂交技术为重点，推动精品养殖业的产业化发展。以特色优势产业、主导产业为核心，攻克共性及关键性技术，集中实施高新技术项目，吸引具有创新优势专业的国内外知名高校院所与重点骨干企业对接，将技术资源优势聚集，开展重点研究，形成优势互补的技术创新发展模式。着重推动制造业的发展，如汽车零部件、矿山机械、轨道交通设备、工程机械等领域，大力提高核心元器件研发设计、加工制造、技术装备产业链系统集成水平。开发高新技术产业示范性项目，将重心放在新能源、新材料、信息技术等领域，努力实现高新技术产品化、产业化发展。以食品生物技术、生物制药为重点，实施知识产权合理保护利益转化和整合，形成一批具有知识产权核心竞争力的产品、项目和产业，提高新能源、新材料、装备制造、电子信息、医药健康等产业的科技支撑能力。推动系统创新的整合，加强先进技术在农业中的应用，使得农业科技水平大幅度提高，同时保证食品安全和生态安全水平。聚焦高新技术在传统产业转型升级中的重要作用，以综合创新为着力点，引领开发具有自主知识产权的重要产品，大力发展新兴产业，增强核心竞争力。建立覆盖产业发展全过程的、具有科技创新能力的多层次、多功能的立体金融服务体系。健全股权融资链，推进产业孵化，实现科技成果转化；发展多层次资本市场，强化交易创新支撑，鼓励资本市场为中小技术型企业提供天使投资，拓宽进出口渠道；建立多层次的信用体系，完善银行信贷，实施定向监管，大力发展科技型私营金融。政府应当加大财政服务力度，改善财务担保制度；高效整合资源，强化各类金融工具协同合作，支持“一站式”金融服务平台从小到大的连续性发展。

(5) 建立创新载体

在煤炭资源型城市转型发展的过程中，创新载体的技术优势将成为其核心，政府重点打造新材料、特色食品加工、生物医药等产业的联合科研平台、共同发展平台、安全质检平台、技术共享平台和信息交流平台，更好地为科技创新服务。推动具有条件的企业自主创新或与科研院所、高校等联合建立国家级、省级企业技术站、科技创新站、重点实验室、院士工作站、博士后工作站、工程实验室等研发机构。强化新型孵化器建设，参考新型创新孵化器工作经验及发展模式，如创业咖啡研讨会、创客空间等，快速推动开发创新孵化器，着重建设和发展众创空间孵化器，使得资金向孵化器倾斜，形成一批具有特色的创新和创业孵化器，如新生态、新模式、新服务、新趋势、新文化、新概念的“六新”结合孵化器，在孵化和投资创新的支持下，结合线下创新和网络创新，促进孵化系统组合的形成。

(6) 强化科技人才队伍建设

煤炭资源型城市周边欠发达乡镇的人员会聚集过来,形成新的人力资源,但该类人力资源大部分处于综合素质低、专业技能单一、文化水平低的状态。同时,煤炭资源型城市从外部引进的高新技术人才仍处于稀缺状态。由于煤炭资源型城市缺乏对高新技术产业发展的智力支持,导致现有企业难以向其他产业拓展和延伸,当前的人才拥有情况也难以支持其知识技术密集型产业的发展。因此,要想成功实现绿色转型,煤炭资源型城市就必须制定人才优先战略,引进专业技术人才和创新创业人才,着力打造结构优化、规模配套及布局合理的科技队伍。依靠国内外职业技术学院、高等院校、产学研实训基地、产业技术创新联盟等各种人才培养平台,以发展战略性新兴产业为核心,培养懂技术、会创新的专业技术人才和能经营、懂管理的管理团队。确保人力资源供需信息对称,促进人力资源供求关系的对接,引进一批经济社会发展重点领域急需的高度国际化和专业化人才。与此同时,要营造良好的人才发展环境、用人环境、经济待遇环境,在吸引人才的同时留住人才。

6.3 在优化政府职能过程中实现对煤炭资源枯竭型城市转型发展顶层设计

近年来,各级政府在推动煤炭资源枯竭型城市绿色转型中起到了关键性的作用,通过加强城市转型顶层设计,准确把握城市转型策略,完善城市转型政策法规,明确绿色转型发展的目标和方向,为煤炭资源枯竭型城市顺利转型提供了强有力保证。

6.3.1 加速推进绿色政府建设

绿色政府理念是在资源环境危机的背景下提出的,其宗旨是转变政府职能,坚持绿色发展,建设绿色经济,营造良好生态环境。建设绿色政府是实现“五位一体”总体布局中生态环境保护目标的关键举措,是对建设服务型政府的进一步升级,绿色政府肩负着生态文明建设推动者的职责。一方面,要充分发挥政府各项职能,将经济发展与生态保护相结合,推动绿色经济发展;另一方面,坚持和实施绿色办公、绿色政府采购,引领社会公众形成绿色发展的思维方式和文化理念,促进生态文明理念成为社会的主流价值观念。当前,我国部分地方政府存在资源管理粗放、环境资源代价过高以及环境政策失效等问题，特别是在生态环境相对脆弱的地区，这些问题更为严峻，不仅不利于生态环境的改善，而且阻碍了生态文明建设的进程。在这种情况下，建设绿色政府是一项十分艰巨而重要的任务，以此有效调控经济发展与生态环境保护的关系，发挥市场作用，促进经济、社会、环境的协调可持续发展。对于煤炭资源枯竭型城市来说，绿色政府建设是城市绿色转型的重要引擎，在很大程度上决定了城市转型的方向与效果。具体来说，在绿色政府建设中要做好以下三个方面工作：

第一，坚持绿色财政，提高转型扶持资金利用率。我国大部分煤炭资源枯竭型城市处于社会经济发展缓慢的状态，要想完成城市的发展转型，既要对传统产业进行技术改造和优化升级，也要培养和发展新兴产业，这都需要必要的资金支持，然而地方财力不足是普遍存在的事实。在历史上，煤炭资源型城市为推动国民经济发展起到了关键性的作用，而在其面临发展困境之时，中央和省级政府都有责任和义务为其转型发展施以援手，提供资金和政策支持。对于煤炭资源枯竭型城市而言，获取必要的转型资金是其转型的前置条件，有效的资金扶持和财税优惠是推动其转型的重要路径。在市场经济条件下，中央对煤炭资源枯竭型城市的资金支持是以间接形式进行的，并规定财政扶持资金主要用于生态环境治理、城市基础设施建设、原国有企业职工的生活保证以及产业结构优化升级这四个方面，因此需要建立和完善扶持资金使用监督机制。总之，煤炭资源枯竭型城市绿色转型发展不仅需要必要的转型资金，如何有效利用这些扶持资金促进城市产业结构优化、改善生态环境治理、提高生活质量水平，是确保煤炭资源枯竭型城市绿色转型的关键。

第二，完善政府公共服务职能，为煤炭资源型企业转型发展营造良好社会环境。在推进煤炭资源枯竭型城市绿色转型过程中，充分发挥民营经济的作用，破解体制弊端，让非国有经济参与到地区发展转型中，激发城市的经济发展活力，以此达到调整产业结构、促进居民就业和提高人民生活质量的目标。从整体来看，当前煤炭资源枯竭型城市普遍存在缺乏经济活力的现象，要想扭转这种局面，一个办法就是要“由竞争力较强的先进地区和企业手中收购煤炭资源型城市的传统企业”，通过这种方式，一部分资产可以有效运转起来，为城市发展创造效益。但必须指出，落后体制的原有缺陷不能由新承接企业承担，否则就会导致接续企业因无法解决已有问题而陷入困境，这是确保先进企业保持竞争力和形成新的竞争优势的关键点。此外，接续企业要与原企业职工就发展目标达成一致，确保多方力量共同推动经济活动健康发展，增强资源型企业活力，进而提升全市经济发展能力。

第三,转变地方政府的政绩考核机制,加快绿色政府建设。习近平同志多次提到不再简单以国内生产总值增长率论英雄,而是强调以提高经济增长质量和效益为立足点。城市是一个由不同的异质个体组成的一个相对较大、相对密集、相对固定的异质个体居住地,是人类为满足自身生存和发展需要而创建的人工环境。一般来说,大部分的煤炭资源型城市在形成和发展过程中忽视了文化与社会因素,主要围绕资源相关产业形成。虽然经过很长一段时间的发展,城市加大在教育文化方面的投入,推动公共基础设施建设,但与其他综合型城市相比,仍然存在人文因素的短板。由此可见,要坚持在以人民为中心的发展思想指导下推动城市功能的回归,打造城市功能区,推进生态绿化工程,提升科教文卫水平,以满足人们对美好生活的期许,有效提升城市居民的幸福感。

此外,在强化绿色政府建设的过程中,要紧紧围绕国家重大发展战略,推进煤炭资源型城市绿色转型。由于不同煤炭资源型城市拥有不同的发展过程、影响因素,其绿色转型路径也大不相同,因此投资者、企业家等利益关联者需要政府提供更舒适、宽松的政策环境,并给予以上利益相关者大力支持,以促进新的替代产业茁壮发展。如党的十九大提出的实施乡村振兴战略,就可以融入煤炭资源枯竭型城市转型的进程中,这是推动转型的重要途径之一。煤炭资源枯竭型城市在推进乡村振兴战略的过程中,应根据实际情况大力发展乡村经济,促进乡村发展。煤炭资源枯竭型城市部分采矿区位于农村地区,以实施乡村振兴战略为契机,是促进农村实现现代农业发展的重要途径。以河南新密市为例,该市是一座典型的因矿产资源丰富而崛起的城市。随着生态环境的破坏以及煤炭资源的匮乏,该市发展一度处于倒退状态。为克服困难、改善局面,当地政府快速推进绿色转型,大力实施乡村振兴战略,建设农民创业基地,发展现代高效农业,开发农村旅游项目,开辟出一条符合当地实际情况的、契合时代发展的乡村振兴转型之路。由此可知,政府要紧密结合市场形势和国家政策,以煤炭资源枯竭型城市的实际情况为基本依据,探寻契合该地区发展的、富有特色的绿色转型路径。

6.3.2 制定科学的城市绿色转型发展规划

与一般城市不同,煤炭资源型城市的自身特点决定了其与众不同的发展道路,伴随着煤炭资源的逐步匮乏和生态环境的逐渐恶劣,绿色转型成为必然发展途径。这要求政府拥有精准的城市定位及发展方向,做好城市绿色转型规划,竭力实现城市绿色、健康的可持续发展。一般情况下,城市规划是一种公共政策，根据煤炭资源枯竭型城市当前面临的共性问题，对其进行合理调整和优化，主要解决以下三个方面问题：一是把握城市绿色转型的方法、路径和转型后发展的方向，特别是处理好城市转型与生态环境保护和经济发展关系，将城市资源、人口等方面纳入规划范围，做好城市各方面的整体部署，具体包括选址、道路交通、城市人口规模、工程管线、广场位置、郊区居民点建设、人防设施等。城市转型的每一个方面都涉及大量的因素，需要政府及有关部门在制定转型规划时做好充分的准备，多方位知晓改造区域的发展状况，保证实施规划的科学性。二是抓好产业发展规划。作为城市转型的重要内容之一，科学、合理地制定产业发展规划对于地区经济发展具有十分重要的意义，关系到其是否能够全面、协调、可持续的发展。尽管在市场经济条件下，市场经济是产业发展的主导因素，但政府的宏观调控作用仍不容忽视，通过制定一些重点产业的发展规划，用系统、科学的规划来指导市场经济活动，可以使得资源能够有效配置，优化区域产业结构升级。三是采用制定城市生态规划的方式，推动煤炭资源型城市自然、人居、产业相协调。煤炭产业是我国重要的资源产业之一，长期的煤炭资源开采及相关产业发展对煤炭资源型城市造成了严重的生态问题，因此，在制定转型规划时必须将生态问题纳入其中，用现代理念指导生态城市建设。总之，在制定城市转型发展规划过程中，政府处于主导性地位，要始终肩负起规划设计者和城市转型战略谋划者的责任。

在对煤炭资源型城市进行转型规划的同时，还要建立专门的绿色转型发展管理机构。城市的转型发展涉及社会、政治、经济、文化和生态等各个方面，若出现部门衔接、协调不力，必然导致转型进程不顺利。因此，设立专业的指导机构有利于提升资源整合和办事效率，最大限度地促进城市转型。

6.3.3　构建绿色考核与核算制度

绿色核算是指国民经济核算体系包括生态环境，最大限度地减少各种生产活动对自然环境的危害，形成与原财务核算体系相对应的绿色核算体系。总体来说，绿色经济核算制度包括绿色审计制度、绿色核算体系、绿色 GDP 核算体系三个方面。著名学者希克斯于 1946 年提出绿色 GDP 的概念(也可以称为可持续收入)，绿色 GDP 指标是将环境因素、自然资源引入 GDP 计算得出的，将自然资源消耗的成本从国民经济总量中减除，本质上反映的是国民经济增长净效应。绿色 GDP 占 GDP 的比重越大，说明国家发展的效率和质量越高。目前，绿色 GDP 统计核算方式的建立已成为世界各国发展的共识。2004 年，我国启动了绿色 GDP 核算工程，开始逐步构建系统、健全的绿色

GDP 核算制度。煤炭资源型城市需要有针对性的、符合实际情况的绿色 GDP 核算制度来应对其绿色转型问题，设立环境成本支出核算、森林资源清查核算、能源核算等拥有具体项目的统计核算制度，各类核算应以资源情况为依据，如生态环境可用价值量核算法、煤炭资源实物量核算法。因此，快速构建绿色 GDP 核算制度，是煤炭资源枯竭型城市实现绿色转型的重要手段。

绿色会计不同于绿色 GDP 核算制度，它是在企业的会计核算工作中使用，采用货币的形式体现生态环境的持续补偿和不断损失的方法，同时也是对资源型企业及其相关生产活动进行会计核算和监督的一种方式。部分煤炭资源型企业仍在煤炭资源枯竭型城市中进行日常生产经营活动，获取经济利益，采用绿色会计的财务报告，能够核算企业对环境的损失和补偿，可以构建绿色会计制度，推动企业进行绿色转型。此外，采用绿色审计制度也可以推进煤炭资源型企业进行绿色转型，审计部门通过定期对企业与环境的业务管理、业务经营等方面进行审计，实现企业对环境影响的管控，从而保护生态环境。绿色审计是从保护和发展绿色经济的角度出发，通过依法对相关企业的会计信息进行独立核查，实现对企业的监督。绿色会计制度是从企业内部促进企业绿色转型，而绿色审计制度则是从企业外部监督企业，二者的目标是共同促进企业实现绿色转型，这对煤炭资源型城市长远发展和绿色转型具有十分重大的意义。

6.3.4 进一步修订与城市绿色转型的法律制度

保障经济活动高效进行的重要条件是制定良好且适宜的制度，煤炭资源型城市的绿色转型需要完善的政策法规支持，这也是保障城市能够成功转型的关键。回顾我国强化资源保护的一系列政策法规，规范了煤炭资源的开采，也在一定程度上实现了生态环境的保护，例如 1984 年颁布的《中华人民共和国资源税条例(草案)》，1986 年颁布的《中华人民共和国矿产资源法》，1996 年颁布的《中华人民共和国煤炭法》，2000 年印发的《矿业权出让转让管理暂行规定》和一些地方政府颁布的政策法规，尤其是 2013 年颁布的《全国资源型城市可持续发展规划(2013—2020 年)》，是我国首个资源型城市可持续发展规划，在保障煤炭资源型城市可持续发展方面，发挥了至关重要的作用。随着时代的变迁，开始出现一系列新情况、新问题，部分法律法规和政策已经不能满足当前社会经济发展的需要，给煤炭资源型城市转型带来很大的困难。因此，需要从立法的角度促进煤炭资源枯竭型城市转型，修订、完善和补充相关政策法规，为新时代煤炭城市绿色转型发展提供完善的制度保障。

第一，要从国家的角度针对煤炭资源型城市绿色转型制定相关法律法规，确保该类城市能够有序且顺利地转型。我国 1989 年制定、2014 年修订的《中华人民共和国环境保护法》中提到，要加强资源的污染防治和保护措施，从资源的整体性考虑，构建预警机制，实时监测环境资源承载能力。通过立法解决开发资源造成的生态问题，约束和规范资源型企业的开发行为，引导资源型企业在资源开采过程中更加重视生态环境保护问题，最大限度地减少对环境的破坏。目前而言，我国大部分资源型城市正处在转型的关键阶段，都面对着不同的城市发展难题，如生态环境破坏、经济发展变缓、大规模人口外流、失业人数上升等众多问题，都给资源型城市发展笼罩上一层阴霾。要解决这些问题，不仅仅要求城市内部积极配合转型，还需要国家政策层面的支持，包括失业人员再培训、基础设施建设等多方面需要援助。一般来说，外界的援助可以称为“输血”，自身的内在发展称为“造血”，“造血”比“输血”的意义更大，但在资源型城市努力转型的过程中陷入困境无法自拔时，“输血”的价值尤为重要。因此，从国家层面制定配套政策、法规，能帮助煤炭资源型城市解决转型发展中的一些问题，从而使得煤炭资源型城市比较顺利地走上可持续的绿色转型发展之路。

第二，地方政府需要制定与核心制度相一致的配套政策。在资源型城市转型过程中，地方政府会采取一系列配套政策来推动转型。具体来说，地方政府需要根据自身发展状况，在环境、社会及经济等方面制定相关配套政策法规。在环境方面，根据环境保护政策法规，结合区域资源开发情况，建立更加严厉的环境保护制度，以减少资源型产业的发展和资源开发对城市环境的损害；在社会方面，制定增加失业人员再就业、增强产业创新能力、提高社会保障水平等相关政策，确保人民生活水平不会因城市转型而下降，保持获得感和幸福感不断增强；在经济方面，要根据城市实际情况，制定完善的金融、税收、财政等配套政策，为城市转型提供坚实的物质基础。简言之，地方政府在推进煤炭资源型城市转型过程中，要紧密契合该类城市发展的状态，出台符合核心制度的相关政策，消除制约城市转型发展的各种体制机制障碍。

第三，建立健全融资体制机制。煤炭资源型城市绿色转型能否成功需要来自地方和中央政府的支持，在加大支持力度的同时，资金缺口仍然较大，相较于煤炭资源型城市转型的实际需求还有一定的差距，短期内也难以解决。因此，需要从经济角度拓宽融资渠道，解决资金瓶颈问题。近年来，部分煤炭资源枯竭型城市面临着投资环境较差、外部投资较少、经济持续低迷等问题，加上资本市场发展缓慢、不规范，直接导致融资渠道堵塞，无法为煤炭资源枯竭型城市提供更多的资金支持。因此，在推进煤炭资源型城市转型的过程中，应当构建良好的融资体制机制，引导融资主体多元化，保证融资渠道畅通。首先，政府应当强化对金融机构的扶持力度，组建一批服务于煤炭资源型城市转型发展的金融机构。其次，营造良好的金融生态环境，建立与煤炭资源型城市转型发展相适应的信用秩序。金融环境是一个城市发展潜力的外在表现，良好的金融生态是资本有效流动的重要前提，是城市成功转型的关键环节。因此，政府应与金融机构合作共创和谐有效的金融生态环境。最后，引入适当的民间资本，打通煤炭资源型城市的融资渠道。民间资本主要包括居民家庭资金储备和民营企业资本两部分，这两部分民间资本逐渐成为我国经济发展的重要推手之一。在煤炭资源型城市转型发展过程中，政府应当通过政策正确引导民间资本，积极吸纳民间资本，丰富金融组织形式。由于在民间资本管理方面没有相应的政策规定，因此，在引导民间资本进入煤炭资源型城市转型发展过程中，应时刻坚持适度原则，并规范民间资本的发展，这样才能有效提升投资效率，为煤炭资源型城市绿色转型发展提供资金动力。

6.4 深挖煤炭资源枯竭型城市绿色转型发展内生动力

内生动力弱是煤炭资源枯竭型城市在长时间内处于缓慢发展状态的源头，严重阻碍了城市的绿色转型。为此，要以构建绿色多元化产业体系、加强煤炭资源型企业的现代治理、用信息化推动城市绿色转型以及推进科技创新人才队伍建设四个方面为根本，有效激发以绿色转型为核心的内生动力，为煤炭资源枯竭型城市的健康可持续发展提供持续性动力。

6.4.1 构建绿色多元化产业体系

解决产业结构单一问题是推动煤炭资源枯竭型城市转型的重要方式，既要延伸主导产业链，又要促进产业更新，发展绿色经济、低碳经济和循环经济，通过产业延伸与新兴产业联动的发展模式，培育绿色多元化产业体系，增强煤炭资源枯竭型城市经济增长的内生动力。

第一，加强主导产业的产业链延伸。利用高新技术对传统产业进行优化，并促进资金、人才和政策等因素的集聚来培育高新技术企业，实现产业结构内部的优化升级，提高传统产业产品的附加值。对于煤炭资源枯竭型城市来说，仍具备资源开采和深层次提炼的优势，有效利用这一优势并将其与新兴产业相关联，可以达到延伸产业链的目的。同时，要充分利用高科技手段对资源和生态环境进行合理开发和保护，改变曾经粗放、低端化的生产方式，推动传统产业适应变化的市场环境，不断提高产业增长值。以阜新为例，在转型之初形成了煤-电-粉煤灰-新兴建材等与资源产业相关的产业链，加强对产业链的延伸，可惜经济效益不高，转型并未取得预期效果。由此，就需要发挥高新技术的作用，利用现有资源优势，加大对资源深加工的研究，发展资源再生利用产业、高端装备制造产业等，通过高新技术来提高产业效益，促进地区经济的稳定可持续增长。

第二，加强产业振兴的关键在于发展新兴产业。目前一些煤炭资源枯竭型城市转型的目光都集中在发展第三产业上，重点发展旅游业、现代物流业、信息咨询等服务产业，并取得了较为突出的成绩，为推动城市的绿色转型发展发挥了一定作用。但是目前存在的问题在于服务业整体质量不高，以旅游业为例，部分煤炭资源枯竭型城市在旅游开发和服务内容上出现相互模仿的现象，严重影响游客体验，特别是在一些商业气息浓厚的旅游区，游客会不由自主地产生“逛商店”的感觉。长此以往，对旅游景区的宣传和推广产生负面影响，对地区的旅游产业造成不利影响。除此以外，由于受到地理位置偏僻、经济发展水平低等因素的影响，一些煤炭资源枯竭型城市的服务业发展水平还很低端，在新兴行业的发展上存在短板。针对这种情况，要推动第三产业的创新发展，就必须结合地区独有的区位和空间等优势，主打特色服务、特色产品，开辟出一条有地方特色的转型发展之路。另外，促进主导产业的产业链延伸和发展新兴产业，是一个相辅相成的过程，二者之间在产业发展中存在紧密联系。一方面，主导产业的产业链延伸是对煤炭资源枯竭型城市资源优势的进一步发展，因为已经具备产业优势，所以在一定程度上能够为新兴产业的发展提供助力，营造推动新兴产业发展的环境和氛围；另一方面，新兴产业是推动煤炭资源枯竭型城市经济效益提高的重点和关键，它在电子、信息、新材料、新能源等方面的技术应用，为传统产业的改进提升起到强力的推动作用。总之，这种产业链延伸与新兴产业的复合发展方式，能够突破以往产业结构简单的束缚，构建全面化产品体系，这是新时代煤炭资源枯竭型城市绿色转型发展的重要途径之一。

第三，引入先进主体参与到特色产业发展中，将发展创新型特色产业定为重要目标。目前，我国煤炭资源枯竭型城市在转型发展中强调推动新兴产业的发展，加大力度发展以现代物流业和信息咨询等为核心的服务产业，取得了一定成绩，但是相互模仿的现象十分明显，这意味着转型效果远低于产业转型的预期，限制了城市转型。近年来，随着煤炭资源枯竭型城市转型的推进，资源型城市加大了对本地区特色产业的推动力度，如鄂尔多斯以少数民族地区和草原沙漠景观为依托推动旅游业的发展，阜新通过技术和环境因素促进了现代农业的发展，让城市产业结构得到了优化。但是从特色产业的长远发展来看，科技含量和文化内涵没有优势，无法完成特色产业的深度发展。由此可见，引进先进主体，带动特色产业的发展，为特色产业发展提供技术和资金上的支持是十分必要的。煤炭资源型城市的产业特色可分为两种：一种是以城市自身条件为依托而形成的产业，如鄂尔多斯的旅游业；另一种是以引进适合资源型地区发展的产品而形成的产业，如阜新的现代农业。这两种特色产业要想高速可持续发展，在资金和技术上的需求更高，而通过引进先进主体可以有效地解决这个问题。如果先进主体参与到资源型城市的特色产业发展中，就可以推动城市的经济转型，让特色创新产业得以高效发展。

第四，有针对性地打造文化创意城市、创新型城市等一系列品牌。加强城市文化产业多样性和地方特色的培育是一项长期而艰巨的任务。实际上，煤炭资源枯竭型城市在推动绿色多元化产业发展上可以从两个方面着手：一是打造文化创意城市。审视现在中国城市和城市文化发展的情况，每一个城市都应当超越传统的城市，运用创新、创意的手段实现城市的可持续发展。最近几年，很多城市运用文化产业推进地区发展，以创意产业的集中来实现现代服务业的优化。同样，以鄂尔多斯为例，其保留了蒙古族宫廷文化、游牧文化、民俗文化等传统文化，围绕着蒙古族语言、风俗与民俗等文化，发展了一系列的文化创意产品，组成创意产业。这种结合方式不仅融合地方特色，还符合市场发展形势，是煤炭资源型城市转型的亮点，应该大力推广。二是打造创新型城市。研究煤炭资源型城市的创新，是加快转变经济发展方式、实现煤炭资源型城市可持续发展的必要条件，也是加快推进国家创新驱动发展的关键所在。对于煤炭资源枯竭型城市而言，要从多个创新角度来实现创新，为城市绿色发展转型提供智力支撑、动力支撑、经济支撑、制度保证和环境支撑，即“五大支撑”。例如陕西省榆林市，就是充分利用自然风能和太阳能等资源，实现了产业工艺、技术和产业链的升级，促进了其作为能源基地向综合基地的跨越，通过创新转型实现绿色转型发展。

第五，大力发展循环经济。发展循环经济可以有效转变经济增长方式，是煤炭资源枯竭型城市可持续发展的关键性因素。通过发展循环经济，提高资源的有效利用，减少产能消耗，实现经济发展系统与自然生态系统的共处。例如，鄂尔多斯作为内蒙古自治区唯一的循环经济试点城市，颁布了《鄂尔多斯市“十三五”工业循环经济发展规划》，组建了多个循环经济发展园区，通过不间断地提升资源回收利用率，推进产业良性循环发展，促进资源型产业的循环优化。可惜目前从我国煤炭资源的利用情况来看，回收利用的前景并不乐观，相比较小型煤矿，规模较大的煤炭企业的资源回收率相对较高，但回收率也仅仅维持在 40%～50%，小型企业的回收率仅为 10%～15%。

6.4.2　加强煤炭资源型企业的现代治理

随着煤炭资源型企业现代化治理水平的不断提高，对煤炭资源型地区产业结构的优化越来越有利，对于推进煤炭资源枯竭型城市的绿色转型更是具有促进作用。从长时间看，在历史因素的影响下，煤炭资源枯竭型城市一般具有国有经济占比较大、所有制结构单一的特点，而国有股份的“一股独大”也造成了在管理机制上容易出现弊病。缺乏管理监督机制易于产生经营者的道德风险，严重损害其他中小股东的权益。虽然我国煤炭资源型城市的企业大多是由董事会、股东大会、监事会组成，是一个独立的法人管理模式，但仍然没有将权利和责任明确，职工很难有效参与到企业的经营管理中，不利于煤炭资源型企业自身的长远发展。由此，建立有效的企业现代治理模式对于煤炭资源型企业的转型发展具有深远意义。总之，提高煤炭资源型企业的现代治理可以从以下两个方面开展：

第一，建立科学的现代企业制度。结合煤炭资源型企业的特点，充分发挥董事会的决策作用、监事会的监督作用，保证企业的正常运行。在推进现代企业治理模式的过程中，要充分运用股票市场的治理作用，规范股份制改造，确保产权清晰、权责明确，为优化企业管理打好基础。另外，不同类型的企业在治理模式的选择上存在明显的差异化，大中型企业要运用经营者持股和员工持股的共存方式进行治理，这种方式不但有利于调动员工的积极性，也有利于推行全体人员监督机制；对于小型企业来说，需要摆脱家族化管理模式，转变成职业经理人治理的管理模式。综合来讲，我国煤炭资源型地区的企业受地区资源因素、历史因素以及社会因素等影响，在市场竞争中的实力略有不足，因此急需运用现代企业管理模式来提高管理水平，达到增强企业竞争力、促进地区经济发展的目的。

第二，推动中小型企业创新发展。大型企业在推动资源型城市转型过程中具有重要作用，相比较而言，中小型企业一般在资金、技术以及人才等方面存在劣势，然而中小型企业的作用也是不容小觑的，它们体制机制灵活，不仅可以高效面对市场变化，还能提供大量的就业岗位，其在解决就业和促进社会公平方面起到不可替代的作用。促进中小型企业发展是国内外典型煤炭资源型城市激励地方经济增长的重要手段，对城市转型的意义重大。例如，法国洛林设立了一个特别的“园圃”，为中小型企业提供各种无偿服务及优惠政策，从而提高该类企业对抗市场风险的能力。结合我国煤炭资源型城市的基本情况，要充分发挥中小型企业的作用，使中小型企业的发展成为推动煤炭资源型城市经济转型发展的根本动力。例如，政府应加大对中小企业的政策支持力度，落实技术支持政策、资金支持政策等。在资金支持政策方面，一是要建立专项资金，中央和地方政府财政要将中小企业扶持资金纳入财政预算，为中小企业发展提供资金支持；二是鼓励项目融资、股权融资等多种融资方式，竭力打通中小企业融资渠道；三是构建完善的信用担保体系，建立专门的信用担保机构。在技术支持政策方面，要加大对科技创新企业的资金支持力度，为中小企业提供技术咨询服务和优质信息，帮助企业使用和引进高科技，提高产品竞争力，强化对技术创新型企业的扶持力度，提高企业产业集中度。现代产业组织理论认为，批量生产的经济性活动是推动企业组织发展的有利因素，产业集中度越高，整个产业的经济效益就越好。提升产业集中度，就是要形成产业群，即同一区域内从事同一特定产业领域工作的机构和企业之间相互联系，是通过专业化分工和协作建立的一种非正式的组织形式。在我国煤炭资源型城市中，大企业主要在与煤炭资源有关的传统产业领域从事生产经营，企业与企业间尚未形成产业集聚，产业集中度较低。此外，企业分散生产的一个原因是市场混乱、缺乏监管，导致整个行业的发展处于不利的状态。因此，在发展过程中，我国煤炭资源型城市的企业应把提高产业集中度作为重要任务，这对促进产业结构优化升级、改造和更新传统产业具有重大意义。

随着产业集中度的提高，全行业的技术创新能力、煤炭资源利用率、安全生产水平、经济效益等也将得到提升，推动了各企业的转型发展。以中小企业发展为核心的产业集群应通过合作建立中小企业之间的稳定、长期的关系链，并通过市场交易保持企业的独立性，避免因过度集群而丧失灵活性。产业集群强调各个环节的衔接，充分发挥企业各自的特色，形成比中小企业总和更有效益的集群效应。产业集群提供的是一种深层次、专业化的供应基地。中小企业在产业集群中可以获得一些有效的生产要素，如技术、信息资源等，实现生产成本的降低，提高对抗市场风险的能力。煤炭资源枯竭型城市产业集群应与区域煤炭资源优势相结合，相应地，中小企业要着力建设具有区域特色的经济模式。例如，部分煤炭资源型城市为实现转型大力发展农业，因此，中小企业要时刻抓住机遇，以农业发展为核心，大力发展生态农业、出口农业、高科技农业等相关农产品加工业，同时形成农产品销售和运输的产业链，构成农业发展的产业集群，推动煤炭资源型地区经济转型。然而，应当指出，产业集群不仅仅是企业聚集，而且还是向各个中小企业提供良好的信息和技术咨询并推动其增长的非正式组织。该组织需要政府给予一定的政策扶持，才能更好地促进中小企业的发展，为煤炭资源枯竭型城市的绿色转型发展提供新的动能。

6.4.3　用信息化推动煤炭资源型城市绿色转型

随着科学技术的进步，人类已进入信息化时代，城市发展模式和产业结构受到信息化发展水平的影响，信息化对城市的长远发展起着举足轻重的作用。我国的部分煤炭资源型城市已开始探寻利用信息化手段促进煤炭资源型城市转型，例如唐山市通过信息化手段促进传统产业升级，推动新兴产业蓬勃发展；白银市运用信息化促进产业结构升级，实现资源优化配置，形成数字城市等，均不同程度地推动了全市的社会和经济转型。因此，煤炭资源型城市也应充分利用信息化技术引导城市的绿色转型发展。

首先，采用信息化优化产业结构并实现升级。产业结构单一化是煤炭资源型城市经济结构中的突出特点，而伴随着煤炭资源的急剧减少以至枯竭，单一性产业无法支撑城市经济，经济逐渐走向衰退，城市发展面临困境。因此，克服这个严峻问题的关键是要建立多元化、全方位的绿色产业结构，发展新兴产业和替代产业，同时，在发展这两种产业的过程中加快工业化和信息化融合，推动现代服务业和高新技术产业的发展，逐步形成绿色多元的产业体系。

其次，信息化是使煤炭资源型城市管理模式创新的重要方式。在煤炭资源型城市转型过程中，应注重提高城市发展质量，竭力满足人们对美好生活的追求。针对城市水环境、道路交通、社会综合治理、空气环境等煤炭资源型城市发展中存在的问题，可以采用信息化的方式提高城市管理水平，推动城市管理的精细化、智能化。

最后，信息化带动煤炭资源型城市的产业转型。大部分煤炭资源型城市会在发展中面临如何实现转型的问题，同时煤炭资源型城市转型也是摆脱资源依赖、实现可持续发展的必由之路，但转型的过程是一个复杂的系统性工程，是传统的方法和技术难以解决的。

在这样的背景下，利用信息化技术改造传统产业、发展新兴产业、加强城市规划、实现可持续发展就显得十分重要。采用信息化手段推动绿色经济发展，为煤炭资源型城市的可持续发展提供了一定的技术支撑，也为城市绿色转型提供了一系列的方法。

6.4.4 大力推进科技创新人才队伍建设

人才是城市发展的重要推动力，煤炭资源型城市也是如此，其发展无法离开科技人才。科技人才是城市发展中最有价值、最宝贵的资源。城市转型是一项艰难且复杂的系统工程，覆盖了人类社会发展的方方面面，包括文化繁荣、生态环境、经济转型、创新科技等，每一个板块都需要人才推动发展。目前，我国大部分煤炭资源型城市受到地区发展的制约，在吸引人才方面存在不足，导致城市转型进程缓慢。要克服这个困难，改变当前人才短缺的局面，必须加强高科技人才队伍建设，巩固城市发展软实力，为城市绿色转型提供强有力的人才保障。

第一，要完善创新发展环境，强化对各种高科技人才的培养，这对于打碎体制机制的束缚具有十分重大的意义。在创新环境的营造中，要加强知识产权的宣传和保护力度，这不仅有利于将知识产权保护落到实处，也有利于提升技术创新者的积极性。政府及相关部门需要制定培养科技人才的政策，定期或不定期地开展专业技术人员研讨会，提升他们的综合素质和专业技能，使高科技人才成为推动城市绿色转型发展的中流砥柱，使科技成为引领煤炭资源型城市转型的源动力。

第二，打造高素质、结构合理的人才队伍，积极引进高科技人才。煤炭资源型城市与发达地区相比，在引进高科技人才方面处于非常不利的地位，这个问题是大多数煤炭资源型城市必须要面对的，但并不是无解。煤炭资源型城市需要贴紧自身发展规划，制定完善的人才引进策略，重点引进具有突破关键技术和创新能力的技术人才，在提高待遇的基础上，帮助他们解决生活困难，解除他们的后顾之忧。同时，强化与研究型高校、科研机构的合作，反复聘请优秀学者及专家开展实地调研，为解决企业发展中、城市转型中的问题提供切实可行的解决办法。

第三，构建科技服务平台，促进科技成果向现实生产力转化。只有这样才能使科技创新成果更好地应用于社会生产中，实现量化生产，创造经济效益。因此，要建设以企业为中心的市场化科技服务平台，构建以高新技术产业园为核心、科技企业为支撑的组织架构，推动形成“研发-成果转化-科技服务”产业链条。此外，政府应加大对社会基础设施、教育、卫生、文化的投入，在国家宏观政策指导下，促进新业态、新产业的发展，构建与城市新经济发展相适应的制度体系，在各产业中提升科技含量，推动煤炭资源型城市绿色、健康发展。

6.5 营造良好社会氛围助力煤炭资源型城市绿色转型发展

营造良好的社会氛围是推动煤炭资源型城市绿色转型发展的重要保障。把改善民生作为煤炭资源型城市绿色转型发展的落脚点和出发点，是转型能否成功的关键，其评判标准为城市绿色转型发展能否惠及人民群众。因此，在煤炭资源型城市绿色转型的过程中，对社会氛围的要求提高了，要加强社会宣传和生态文明教育，加强对生态环境保护和修复，提高城市的民生保障水平，使得绿色转型成果惠及所有人，为城市绿色转型营造良好的社会氛围。

6.5.1 加强社会宣传和生态文明教育

在煤炭资源型城市发展成熟阶段后期，城市衰落逐渐体现出来，其根本原因是在城市发展的成长和成熟阶段没有提前预知城市的发展轨迹，没有及时认识到城市转型的必要性。因此，在深入推进煤炭资源枯竭型城市转型的过程中，首先要建立全局意识，充分发挥宣传的作用，在我国当前全方位、高质量发展的社会背景下，加强社会宣传和生态文明教育，探索适合的、健康的、科学的城市绿色转型发展道路。

党的十九大报告提出，要加快生态文明体制改革，建设美丽中国。推行生态文明建设的关键是转变思想，构建生态文明理念，将推动生态环境保护落到实处，使得人类与大自然和谐共同发展。生态文明意识的强弱是衡量一个地区生态文明建设水平高低的重要标尺，当一个地区的人民主动参与生态环境文明建设工作，捍卫生态文明建设成果时，就充分体现该地区生态文明建设水平之高，较高的生态文明建设水平有利于该地区的持续健康发展。长期以来，我国经济的快速发展对生态环境造成极大的破坏，以煤炭开采及相关资源型产业发展为主的煤炭资源型城市对环境的损害大于非资源型城市，因此煤炭资源型城市的生态问题更加严重，这是城市绿色转型过程中首先要解决的问题。

党的十九大报告指出，新时代我国社会主要矛盾是人民日益增长的美好生活需要和不平衡、不充分的发展之间的矛盾。因此，要时刻坚守以人民为中心的发展思想，促进人的全面发展和社会全面进步。全面提高人民的生活质量是煤炭资源型城市绿色转型发展的根本目标，要让人民群众在舒适的城市生活环境中感受到获得感、幸福感、安全感。在推进煤炭资源型城市绿色转型过程中，转型是否成功的关键标准是能否满足人民群众的根本要求，时刻坚持以人民为中心的发展思想，是新时代煤炭资源型城市绿色转型的基本准则。只有经过长期的熏陶和教育才能形成生态文明观念，这是一种涉及生活方式、生产方式、思维方式、地区发展等多方面的综合性理念变革。生态文明观念成为新时代生态理念的重要组成部分，如何使得生态文明观念深入人心，尤其是得到煤炭资源型城市民众的认可，这成为在新时代背景下加强生态文明建设的一项重要工作。

第一，在现代教育系统中加入生态教育。教育系统是一个十分巨大的体系，生态教育融入这一基础教育体系的目的是让不同职业、不同年龄的人都能够接受生态教育，提高全社会的环境保护意识，使得所有人都有机会参与到保护生态的实践活动中去。在煤炭资源枯竭型城市实施生态教育过程中，要将环境生态教育与地区特征相结合，尤其是要在基础和高等教育中对学生开展系统性的生态教育，将城市资源储备现状、生态景观内容融入教学中，充分发挥教育的作用，引导学生形成良好生态观。

第二，培育新能源观念。资源总量不断减少、部分资源逐渐稀缺已成为当今社会面临的重大问题，开发和利用新能源已成为解决当前问题的主要手段，也是构建环境友好型和资源节约型国家的重要路径。长期以来，人们对传统资源的依赖程度越来越高，听到新能源就害怕引起核爆炸、核泄漏等，这种错误认知需要通过加大对新能源的宣传力度来改变，让人民群众建立正确、良好的新能源意识。

第三，建立完善的生态文明建设机制。在生态文明建设中，法律和制度是推动其高效运行的重要支持，具有十分重大的意义。在全力推进生态文明建设的同时，应当逐步制定和修订生态环境法律法规，特别是对煤炭资源型城市，结合城市环境的实际状况，制定具有针对性的环境保护条例，加大对违法行为的治理力度，确保现有的良好生态环境得到持续、有效的保护。

6.5.2 加强对城市生态环境保护和修复

在煤炭资源型城市发展过程中，资源型产业大部分会产生污染，尤其是煤炭开采等对周围城市的水资源、大气、土地环境均造成了一定程度的影响。在经济粗放式发展的背景下，对城市空间的低效、无序开发给生态环境造成了不可逆的破坏，也使人们陷入严重的环境灾难。具体的生态环境问题包括：地表沉陷和崩塌，土壤沙化和退化，地表土层和植被剥离，“三废”排放，土壤盐渍化，酸雨的土壤侵蚀，尾矿堆积等。这些生态环境问题直接影响人们的生产生活和身体健康，使得煤炭资源型城市的绿色转型受到了阻碍。因此，加强生态环境保护和修复是促进煤炭资源型城市可持续发展的首要任务与重要目标。针对煤炭资源型城市存在的生态环境问题，重点做好三个方面的工作：快速推进城市生态系统建设、强化环境保护的制度约束、加大环境保护宣传力度。

第一，加快城市生态系统建设，推动城市生态平衡发展。城市发展是一个动态的过程，它与生活空间、生态空间、生产空间存在一定程度的内在联系。城市发展的目标是实现生活空间宜居适度、生态空间山清水秀、生产空间高效集约。与此同时，城市的生态系统包括很多方面，仅通过一些简单的措施无法实现生态平衡，而是需要考虑城市基础设施建设、区域环境综合治理、城市绿地系统建设、城市环境综合治理、城市绿地建设等，都是完善城市生态功能的关键性措施，在很大程度上提升了城市的生态自净能力。

第二，强化环境保护的制度约束力度，切实推动生态环境综合治理和保护。作为以营利为目的的主体，企业在生产过程中很难控制自己的排污行为，更不用说净化污染。因此，政府应当采用强硬措施制定相关政策来约束企业。一是对排污收费制度进行改革。一方面，鼓励和引导企业采用环保技术绿色生产产品，减少企业总排污量；另一方面，用综合收费标准取代原来"一刀切"收费标准，将污染物进行分类，并通过排放污染物的种类和数量确定排污收费标准，鼓励企业自主减排。二是对生产过程中破坏环境的企业征收生态环境保护税，并将收取的环保税资金用于治理和修复已经被破坏的环境。此外，采用其他手段控制企业排污，例如建立排污权交易制度等，通过强制性措施缓解环境污染，使得煤炭资源型城市实现绿色、可持续发展。

第三，加大环境保护宣传力度，运用先进技术修复受损生态环境。在城市发展的进程中，我国大部分煤炭资源型城市走的是"先破坏、后治理"的道路，将经济发展作为唯一目标，完全忽视对生态环境的维护，带来了众多的生态环境问题。目前，树立全民生态保护意识成为推动煤炭资源型城市转型的重要环节，通过扩大环境保护宣传范围、加大宣传力度，使得每个人都认识到城市可持续发展的重要性，自觉形成生态环保理念，以践行者的姿态保护生态环境。为了对已经破坏的生态环境进行综合治理，需要采用先进的生态技术，例如采用充填采空区的方式处理煤炭矿区的大量矸石和粉煤灰，既不污染土壤，又对废物进行再利用。总体来看，生态环境的修复不是短期的过程，是一个持久、持续的攻坚战，需要全社会积极主动地投入到生态环境保护的具体行动中，共同建设更加美好的家园。

6.5.3 提高煤炭资源型城市社会保障水平

面对和解决煤炭资源型城市在转型中的困难，首先要以民生作为重点，以改善民生、提高人民生活质量为目标，健全煤炭资源型城市居民社会保障体系，为煤炭资源型城市稳定发展和顺利转型奠定基础。在推动产业转型的过程中，煤炭资源型城市经常会因为产业结构调整而导致大量从事资源产业和资源开采的工作人员转岗甚至下岗，这部分人员中大多数没有其他工作技能，文化水平偏低，丢失工作会导致其正常生活受到影响，生活质量下降，而且随着时间的推移，甚至会导致社会发展的不稳定。2003 年，民政部将非资源型及资源型城市的贫困率进行对比，研究发现非资源型城市的贫困率是 4.5%，而资源型城市的贫困率是 8.2%。从这个意义上说，强化煤炭资源型城市的社会保障制度十分重要，需要采取大量的措施推进社会创新治理，确保城市的社会保障体系健全，提高社会保障水平。

第一，构建以社会救济、社会保险为主体的社会保障体系。一方面，要丰富社会保险品种，扩大社会保险覆盖面，尤其是对在煤炭开采等生产中患重大疾病、身体健康受损的人员，更要制定专门的保险政策，完善煤炭资源型城市的养老保险制度，减少劳动者因病返贫、因病致贫的情况；另一方面，强化相应资金支持力度，大力推动对煤炭资源型城市和乡村人口的帮扶力度，加大对社会困难群体的救助力度。健全社会保障体系建设，必须坚持“保基本、广覆盖、可持续和多层次”的基本原则，建立包括最低生活保障、最低工资和失业保险等在内的社会保障体系。同时，要及时督促和提醒从业人员缴纳社会保险，确保煤炭资源型城市人民建档立卡、全民参保，从而享受社会保障。

第二，大力推动煤炭资源型城市的社会创新治理，维持社会稳定。社会经济越是处于转型期，越需要完善的治理手段作为保障，而社会治理水平的高低直接影响到人民生活水平的提高及煤炭资源型城市转型的成败。对于煤炭资源型城市在转型中面临的困难，要有针对性地创新社会治理方式，保障社会和谐稳定。一是根据煤炭资源型城市的发展特点，采取不同的治理措施，经济条件好的城市，应采取发展后续产业、对矿区进行合理布局等措施，强化对区域经济的综合性治理；而处于煤炭资源严重枯竭的城市，需要考虑改造老厂区、搬迁等做法，切实解决矿区、城区居民住房问题，快速推进老城区、棚户区改造，改善居民生活质量和居住环境。二要竭力解决和防范各种经济风险。在煤炭产业逐步向现代服务业转型的过程中，资金需求必然会越来越大，但随着民间借贷、私人金融等兴起，各类投资风险逐渐上升，政府应引导地方保险机构、银行积极主动参与城市转型，通过扩大发展资金、打通资金渠道等方式，推动传统企业转型，从而提高城市抵抗金融风险的能力。

第三，完善城市就业创业环境，鼓励和扶持创业。在煤炭资源型城市转型过程中，一定存在着产业结构不合理、新旧产业结构不匹配等现象，可能导致结构性失业等问题。因此，煤炭资源型城市居民的就业问题要得到特别重视，这关系到民生及社会的和谐稳定。就业是民生之本，绿色就业是煤炭资源型城市的就业发展趋势，应该结合自身发展特征，不断促进绿色产业发展，激励绿色就业，使得人民生活与煤炭资源型城市转型密切相连。因此，能否有效解决绿色就业问题，是衡量煤炭资源型城市绿色转型成败的重要标准之一。推动“大众创业、万众创新”，为初创企业和个人提供税收优惠、政策信息服务等，对劳动力和技术密集型、吸纳就业作用强的产业给予政策扶持，维护良好的创业环境，切实帮助因产业结构调整而失业的群体，解决其就业问题。同时，灵活多样的创业方式为区域经济发展提供了新的活力，如发展高新技术产业、现代服务产业，从而促进区域产业结构的多元化，激励资源型城市的转型发展。强化已失业人员的职业教育培训，提升劳动力的职业素养。要结合煤炭资源型城市的自身发展状况，以市场为导向，对失业劳动力进行技能培训，提高失业人员的职业技能，更好地适应市场的需要，促进煤炭资源型城市转型与劳动力自身素质、技能掌握协调发展。同时，煤炭资源型城市应构建完善的就业援助制度，确保失业人员基本生活。政府应当主导就业援助工作，但当前就业援助机制还不完善。因此，构建多元化的就业援助机制十分重要，不断提高就业援助人员的服务标准，积极为失业人员提供就业资讯，通过建立专门的就业援助职能部门，帮助失业人员再就业。加大力度构建就业援助信息平台，建立以家庭所在地为单位的就业援助对象信息库并向社会发布，利用有效的就业援助信息平台提高对失业人员援助的精准性。加强地方就业立法，大力宣传失业人员劳动法，使失业人员懂法、知法、守法，更好地用法律保护失业人员权益。

6.5.4　以绿色文化推动发展转型

在煤炭资源型城市绿色转型中，绿色文化发挥着灵魂性作用。长期以来，经济转型逐渐成为煤炭资源枯竭型城市转型的焦点，无论是地方政府还是资源型企业，都在采取行动调整产业结构，促进区域经济发展。但是随着人们对精神文化需求的提升，煤炭资源型城市的基本功能已无法满足人们的需求，对城市的人文环境、文化水平提出更高的要求，因此，煤炭资源型城市应增强城市自身软实力，为绿色转型营造良好的社会氛围，提升煤炭资源型城市的核心竞争力。虽然我国存在不同类型的煤炭资源型城市，但在提升城市文化软实力、推进绿色转型文化方面的做法是一致的。具体来说，推进城市绿色转型文化可以从以下三个方面入手：

第一，加大对煤炭资源型城市的科研与教育投入，重点开展绿色转型文化研究。一般而言，某地区的科研和教育投入是体现该城市人才储备的重要方式，投入越多，就越能体现该城市的发展潜能和综合实力。目前，我国大部分煤炭资源型城市虽然加大了对科研、教育等方面的投入，但与实际需求仍有较大差距。因此，政府部门需要想办法强化科研、教育等方面的投入，有针对性地开展煤炭资源型城市绿色转型发展研究，推动绿色转型文化知识普及，既是社会民生保障工作的一部分，也是为城市绿色转型提供稳定人才储备的重要措施，有助于全社会形成绿色转型文化。

第二，在煤炭资源型城市中推进文化创新产业。具有悠久历史的城市有着深厚的历史积淀和文化底蕴。煤炭资源型城市形成时间短，无法与古城相比，但这并不能成为煤炭资源型城市“文化沙漠”的借口。煤炭资源型城市要积极推进文化创新，结合城市的自身特点和文化特征，吸收借鉴其他地区优秀文化，加强城市创新意识培养，创造符合城市特征的“煤炭资源文化”。与此同时，要大力发展文化产业，打造煤炭资源型城市的新形象、新品牌。深入挖掘煤炭资源型城市的内部文化，结合城市自身特色，强化文化产业与工业遗产融合，将原有的单一生产方式转化为公共文化资源，将第二产业转化为第三产业，打造新文化品牌，充分体现城市精神。

第三，推进环保意识、绿色文化深入人心，推动绿色生产方式、绿色消费文化落到实处。从根本上说，要求煤炭资源型城市居民不断提高综合素养和文化层次，培养绿色健康行为习惯，以实际行动参与城市绿色转型发展全过程，提高建设城市和促进经济发展的能力和水平，为推进煤炭资源型城市可持续发展贡献力量。正所谓“文化兴则经济兴”，利用文化转型推动城市转型发展，通过创造绿色转型文化氛围进一步提升城市文化软实力，更好地推动新时代煤炭资源型城市绿色转型发展。

第 7 章　绿色转型发展“互联网＋”平台分析与设计

伴随着现代科学技术的快速发展，现代化的新理念、新工艺和新技术不断渗透到煤炭工业生产中，有力地促进了煤炭科学技术的迅猛发展。在中国工业化和城镇化进程不断加速的背景下，能源消费将保持稳定增长，煤炭工业将呈现旺盛的发展趋势。近年来，各行各业都受到了来自互联网的巨大冲击，煤炭行业也深受影响，作为传统行业，如何与互联网“联姻”，将是一个大课题。“互联网＋”时代已经到来，这是对传统的颠覆，同时也是一种新的发展契机。随着煤炭市场的逐渐回暖，利用互联网资源和技术，整合生产、市场、物流、产品等信息，精准把握市场动态，实现线上线下的充分对接、相互补充、融合并重，打造“互联网＋煤炭”新商业模式。在“互联网＋”大形势下，煤炭行业转型升级的突破口将助力行业的可持续发展。国家“互联网＋”战略已逐渐向各个行业渗透和融合，且步伐在不断加快，给煤炭资源枯竭型城市绿色转型带来了新的机遇。本章和第 8 章、第 9 章将根据煤炭资源枯竭型城市绿色转型的特点和需要，对煤炭资源枯竭型城市绿色转型“互联网＋”平台进行系统分析、设计、实施与运营管理设计等，探讨基于“互联网＋”平台的绿色转型多方利益协调与跨区域协调绿色转型实施等问题，并提出煤炭资源枯竭型城市绿色转型“互联网＋”平台运作相关建议和对策等。

7.1　“互联网＋”时代煤炭资源枯竭型城市生存与发展环境

以数字化信息网络为存在形态的信息时代的来临，对传统煤炭资源枯竭型城市的影响是深刻的。从经济形态上看，信息已经成为重要的生产要素，提供了全新生产力；从产业发展层面上看，以信息为表征的网络经济中企业网际互联并通过网络进行经营活动，已经形成整体经济范畴；从个人消费和企业经营管理的微观层面上看，“互联网＋”平台巨大的可选择性使商品的推出更趋向个性化和差异化。人类社会在进入 21 世纪后，社会形态的最大表征是随着网络技术的成熟和推广，在人们的日常生活中信息量成倍甚至成千万倍地增长，有人形象地称之为“信息爆炸”。席卷全球的以互联网技术为核心的信息技术,使得世界经济和社会生活正在发生深刻的变化。正是这些变化,使得信息系统的应用范围从传统的只能处理管理问题扩展到了能够处理经营问题,也使得现代企业面临的内外部环境发生了很大的变化。

7.1.1 外部环境的变化

(1) 社会形态的演进

人类社会的经济从原始社会到现在总共经历了好几个阶段,从最原始的刀耕火种到后来的传统农业经济,直到近现代商业的发展直接推动了工业经济的繁荣昌盛,随着科技的不断发展,人类社会进入了知识经济时代。从这些变化中我们能够清楚地知道,每一次的经济阶段变化都是因为人类生产力积累到一定程度,为了适应生产力的需要,生产关系才会迎来一次大型的经济形态转变。20 世纪后期,一种完全不同以往的新经济出现了,这就是信息经济。它以高新技术产业为第一产业支柱,以智力资源为首要依托,是可持续发展的经济。信息时代的煤炭资源枯竭型城市处于信息化环境之中,信息成为重要的企业资源,信息技术创造出新的工作方式,知识管理和人力资源管理成为煤炭资源枯竭型城市管理的重点。与外部网络化环境相适应,城市内企业的组织结构具有网络化和虚拟性特征。在生产方面,信息技术使煤炭资源枯竭型城市内各类企业可能对客户的要求做出实时反映,并按客户要求生产出满足个性化需求的定制产品;产品可以在交货地点生产,生产中的库存、间接费用、流动资本等大大减少;信息交流的便利使得企业内部的信息和知识得以共享。

(2) 资源环境的变化

人类社会始终面对着一对尖锐的矛盾:一方面可供利用的各种资源都是稀缺的;另一方面人类的欲望是无限的。因此,经济的本质就是作出选择来恰当配置和充分利用各种资源。煤炭资源的日益匮乏,运营成本日趋提高,环境污染日益严重,政府对保护环境的干预,这些都对煤炭资源枯竭型城市形成了巨大压力,迫使煤炭资源枯竭型城市内企业进行技术和管理的创新,以适应严峻的形势。提到资源,首先令人想到的是自然资源。然而信息技术及其产业的迅速崛起,已大大减少经济发展对自然资源的依赖程度,代之以有限的能源、材料支持更大的经济增长。因此,人力资源的占有已成为信息时代推动企业发展的决定性力量。在信息时代,知识创造了社会的主要财富,从事知识的创新、传播和运用的劳动者才是社会财富的主要创造者。然而,千军易得,一将难求。虽然煤炭资源枯竭型城市的发展受到人才不足的制约,但是技术型人才并不真正缺乏,真正制约煤炭资源枯竭型城市腾飞的是高层次管理型人才，尤其是熟知国际贸易规则及程序的高级经济管理人才。煤炭企业的发展对企业家的要求远高于其他人员，尤其对企业的科学管理决策、职业经理人及管理团队都提出了更强烈的要求。

（3）技术环境的变化

技术的影响是全球性的，以网络为基础的技术环境对煤炭资源枯竭型城市的影响越来越深刻。20世纪60年代开始的信息技术革命，引起了技术进步，改变了传统经济的交易方式，节省了劳动力，也节省了资本；引导了新产业，带来了新产品，推动了信息社会的发展。一方面，科技的进步对企业形成了强有力的挑战：大部分产品的生命周期明显缩短；技术与信息的贸易比重增大；劳动密集型产业面临更大的压力；我国劳动力费用低廉的优势正逐步减弱；流通方式更加迅捷、专门化。另一方面，为煤炭资源枯竭型城市开辟了更新、更广阔的天地：虚拟企业、电子商务、网上经营等手段已成为现实，谁的信息迅捷，谁就抢占市场的先机。知识经济时代已经来临，当以信息处理为产品的微软公司的产值已超过美国三大汽车公司产值的总和，当凭借全球采购、出色协调管理来提供优质服务的连锁零售商沃尔玛跃居世界500强第一位，当依靠新技术“白手”起家的IT新贵们包揽了福布斯的前几名时，世界经济已经从工业型经济转变成基于知识和信息的服务型经济，即一个以知识为基础的经济时代已经来临，煤炭资源枯竭型城市内企业的生产经营也将进入知识经济时代。知识经济直接依赖于知识和信息的生产、扩散和应用。软件的发展、网络的产生、虚拟技术的应用，正在使企业资产中无形资产的比例不断增加。知识经济的来临将对人类的生产方式、生活方式、思维方式、管理决策产生重大影响，企业管理将由生产向创新转变，其经济效益将越来越依赖于知识和创新。一个企业要生存和发展，就必须依靠信息系统的支持，用动态的观点来研究面临的新问题。这就是为什么在经济发达国家的许多服务行业(金融、保险和房地产等)甚至将70％以上的投资用于发展信息技术。

（4）经济环境的变化

当今世界，全球化贸易正在成为世界经济增长的主要动力。头号经济强国美国的经济增长率的提高主要依靠进出口，欧洲和亚洲发达国家的工业经济增长也是如此。对外贸易占美国提供商品和服务的25％之多，像日本和德国等国家这个比例还要更高，而且将继续增长。美国波音公司在全球有上万个供应商，最远的零件供应甚至要跨越太平洋。跨国公司进行全球贸易当然不是为了体验如今运输的发展给人们带来的便利，而是通过这种世界范围内的采购和销售，利用各地的相对优势得到最低的成本和最大的收益。而这种经济全球化的大环境极大地增加了信息对企业的价值，并为煤炭资源枯竭型城市中各类企业提供了生产经营的新机遇。煤炭企业可以快速地捕捉到瞬息万变的有利信息，利用各地煤炭价格和成本的差异获得惊人的收益。为了维持现有的生存地位并且做大做强，煤炭资源枯竭型城市中企业就要努力走向全球化，实行全球战略，成为世界产业链中的一个环节。此时，煤炭企业不得不开发全球信息系统来跟踪订单、发货和付款，与分销商和供货商联络，一天24 h在不同的环境中经营。简而言之，管理和协调不同环境中的经营活动是煤炭企业面临的主要挑战，处在当前经济全球化的环境中，企业信息化的建设已成为煤炭资源枯竭型城市中企业生存和发展的必经之路。随着全球经济一体化进程的加快，我国加入世界贸易组织(WTO)后，经济环境发生了重大变化，主要表现在以下几方面：

① 加入 WTO 意味着我国国民经济向市场经济迈进的步伐加快了，遵守国际贸易规则将成为中国的义务，因此政府管理经济的方式、方法将发生重大转变，主要表现在中国经济受世界经济波动的影响进一步加大，政府管理经济和宏观调控的难度也将加大。

② 加入 WTO 后，市场准入的承诺将促使国内市场竞争国际化，这有利于打破国内某些行业的垄断行为，激发国有企业的竞争意识。随着市场开放和投资政策的变化，煤炭企业两极分化的趋势将更加严重，这对煤炭企业造成不同程度的影响：既为煤炭企业发展提供了新机会，也对煤炭企业生存造成了威胁。要趋利避害，就要充分认识环境、研究环境。

③ 我国已逐步放开外资金融机构的准入范围和区域限制，这必将使煤炭企业的融资环境发生变化。金融市场的扩大、资金供给的增加和金融工具的创新，使企业的筹资渠道更加宽松。随着竞争的加剧，还会降低煤炭企业的筹资成本。

④ 社会保障环境发生变化。处于信息时代的煤炭企业，无论是企业本身还是劳动者个人，对政策信息的了解变得更加清晰，涉及社会保障的相关数据更加透明化，煤炭企业受到来自各方面的监督也增强了。

⑤ 风险环境发生变化。加入 WTO 后，我国煤炭企业不可避免地需要面对国际违约风险、世界金融市场上的汇率变动和通货膨胀风险、来自各国的政治风险以及经济目标和外汇政策调整带来的风险。这些风险因素的存在对煤炭企业提出了更高的要求，会增加煤炭企业在投融资决策上的风险和难度。

(5) 企业互联网基础应用稳步推进、“互联网＋”相关应用有待进一步提升据中国互联网络信息中心（CNNIC）2021 年 8 月 27 日在京发布的第 48 次《中国互联网络发展状况统计报告》（以下简称《报告》）显示，截至 2021 年 6 月，我国网民规模达 10.11 亿，较 2020 年 12 月增长 2 175 万，互联网普及率达 71.6%。10 亿用户接入互联网，形成了全球最为庞大、生机勃勃的数字社会。

我国规模超过 10 亿的庞大网民规模为推动我国经济高质量发展提供强大内生动力，促进我国数字新基建加速建设、打通国内大循环、促进数字政府服务水平提升。一是数字新基建加速建设，为网民增长夯实基础。2021 年上半年，我国 5G 网络建设及应用持续有序推进，主要城市 5G 覆盖不断加快。截至 2021 年 6 月，我国已建成全球规模最大 5G 独立组网网络，累计开通 5G 基站 96.1 万个，覆盖全国所有地级以上城市，5G 终端连接数达 3.65 亿户。二是数字消费有效稳定疫情冲击，推动国民经济持续稳定增长。一方面，以电商为代表的数字化服务向四五线城市及乡村下沉，带来城乡双向消费交流互动，在提升下沉市场数字化便利的同时，带来经济增长新引擎；另一方面，随着低龄及高龄网民群体规模不断增长、消费能力不断提升，拉动如医疗健康、二次元、电竞等特定领域消费需求，构成新消费格局。三是数字政府建设有力提升政务服务水平，不断增进人民福祉。政务服务“好差评”制度体系全面建设，进一步提升企业和群众办事的便利度和获得感，落实以人民为中心的服务理念。一方面，全国一体化政务服务平台在疫情期间推出返岗就业、在线招聘、网上办税等高频办事服务 700 余项，加大政务信息化建设统筹力度；另一方面，各省市推动政务服务向移动端延伸，不断加强地方政务信息化建设，提升地方政务信息系统的快速部署和弹性扩展能力。在新冠疫情期间，我国互联网产业展现出巨大的发展活力和韧性，不仅为精准有效防控疫情发挥了关键作用，还在数字基建、数字经济、数字惠民和数字治理等方面取得了显著进展，成为我国应对新挑战、建设新经济的重要力量。

① 网络零售有力推动消费“双循环”。自 2013 年起，我国已连续 9 年成为全球最大的网络零售市场。2021 年上半年，全国网上零售额 61 133 亿元，同比增长 23.2%。其中，实物商品网上零售额 50 263 亿元，增长 18.7%。网络零售城乡流通体系逐步打通，农村市场消费潜力得到有效释放。扩大内需是国内大循环的战略基点，农村市场成为扩大内需的重要增长点。在供给侧，政府、企业等多方参与下沉市场数字化基础设施建设，优化传统的农产品供应链模式，助力农产品向外地销售。在需求侧，通过不断改善农村的消费环境带动农村消费，促进工业品下行。

② 网络支付使用率近九成，数字货币试点进程全球领先。截至2021年6月，我国网络支付用户规模达8.72亿，较2020年12月增长1 787万，占网民整体的86.3%。与此同时，国家有关部门进一步加强在网络支付、个人信息保护、互联网消费贷款等领域的监管力度，压实主体责任，切实维护人民群众合法权益，网络支付交易金额再创新高。这是因为，一是消费扩容推动网络支付广泛应用；二是数字人民币试点工作陆续在多个城市深入开展。

③ 短视频用户规模激增，节日质量飞跃提升。截至2021年6月，我国网络视频（含短视频）用户规模达9.44亿，较2020年12月增长1 707万，占网民整体的93.4%。其中短视频用户规模为8.88亿，较2020年12月增长1 440万，占网民整体的87.8%。2021年上半年，短视频作为基础的用户表达和内容消费形式，贡献了移动互联网的主要时长和流量增量，成为互联网的基础应用。同时，短视频侵权问题引发社会关注，推进版权内容合规管理成业界共识。

④ 高新技术不断突破，释放行业发展动能。2021年，我国在量子科技、区块链、人工智能等前沿技术领域不断取得突破，应用成果丰硕。在量子科技领域，量子科技政策布局和配套扶持力度不断加强，技术标准化研究快速发展，研发与应用逐渐深入。在区块链领域，政策支撑不断强化，技术研发不断创新，产业规模与企业数量快速增长，实践应用取得实际进展。在人工智能领域，多样化应用推动技术层产业步入快速增长期，产业智能化升级带动应用层产业发展势头强劲。

⑤ 数字乡村建设初具规模，发展前景良好。2021年上半年，我国数字乡村建设工作不断推进，带动农村互联网普及率进一步提升。一是农村互联网基础设施建设不断完善。二是农村数字经济新业态不断形成。三是农村数字化治理效能不断提升，促进农业农村信息化建设。为落实《乡村振兴战略规划（2018—2022年）》，各地区不断把“互联网＋政务服务”平台加快延伸至乡镇，部分地区已建立较为完善的“电子村务”平台，方便村民随时随地关注和监督村务情况。

⑥ 数字政府建设扎实推进，在线服务水平全球领先。2021年，党中央、国务院大力推进数字政府建设，切实提升群众与企业的满意度、幸福感和获得感，为扎实做好“六稳”工作，全面落实“六保”任务提供服务支撑。

2021年4月30日，中共中央政治局召开会议，强调要引领产业优化升级，强化国家战略科技力量，积极发展工业互联网，加快产业数字化进程。通过对人、机、物、系统等的全面连接，工业互联网构建起覆盖全产业链、全价值链的全新制造和服务体系，为工业乃至产业数字化、网络化、智能化发展提供了实现途径，成为第四次工业革命的重要基石。同时，"5G+工业互联网"正在发挥聚合性作用，与人工智能、大数据、云计算等有机结合并带动相关技术创新和产业发展，满足细分行业的数字化场景。5G 与工业互联网的融合将加速数字中国、智慧社会建设，加速中国新型工业化进程，为中国经济发展注入新动能。

我国工业互联网发展初具规模，助力制造业升级，取得较大进展。一是网络体系不断成熟。高质量外网连接超过 18 万家工业企业，部分省份已实现工业互联网外网所有地市全覆盖以及工业园区广覆盖。我国工业互联网标识解析体系架构已实现从 0 到 1 的突破，建成北京、上海、广州、武汉、重庆五大国家顶级节点，加速建设南京、贵阳两个灾备节点，形成"东南西北中"布局，并与 Handle、OID 体系实现对接，面向全球范围提供解析服务。二是平台体系发展壮大。当前，我国工业互联网"综合性+特色性+专业性"的平台体系基本形成，具有一定行业和区域影响力的工业互联网平台超过 100 家，连接设备数超过 7 000 万台(套)，工业 APP 超过 59 万个。企业通过连接大量工业设备上云、实现产业链各环节智能协同，对产业的赋能效应正在显现。三是数据体系持续完善。数据成为实现数字化、网络化、智能化的基础，其重要性日益凸显。数据结合行业知识和工业机理，满足制造业千行百业的需求，其专业性不断显现。工业互联网运用的数据来源于"研产供销服"各环节、"人机料法环"各要素，数据规模不断增长，其复杂性正在形成。工业互联网通过对数据的采集、流通、汇聚、计算、分析，促进数字化转型，打造数字化、网络化、智能化的基础。四是安全体系发挥作用。全国工业互联网安全态势感知平台全面建成，通过监测预警、应急响应、检测评估、功能测试等手段解决设备、控制、网络、平台、工业 APP、数据等多方面网络安全问题，确保工业互联网健康有序发展。发布工业互联网行动和工作计划，奠定未来发展基础。

总体来看，我国企业信息化状况较好，但微型企业需重点加强；东、西部地区企业的互联网基础应用水平差距有所缩小，但中部地区与其他地区间存在的差距较大。我国使用网络营销推广的企业比例仍然不高，利用即时聊天工具、搜索引擎、电子商务平台推广保持在前三位。即时聊天工具庞大的用户基数、较强的用户黏性和丰富的管理工具，已成为企业营销的重要工具；从消费者行为模式来看，搜索行为直接指向购买，电子商务平台正是购买行为的发生场所，并且营销推广成本有限，因此中小型企业更倾向于选择这种投入可控、性价比较高的方式。

7.1.2 内部环境的变化

现代企业面临的外部环境正在发生巨大的改变，这种改变促使煤炭企业内部环境发生着显著的变化，具体表现在以下几个方面。

(1) 企业决策和监控所依赖的信息空前丰富

煤炭企业决策和监控所依赖的信息不仅仅是指企业内部的信息，而且包含大量的企业外部信息。在这个经济全球一体化的时代，这些外部信息包括国内和国际的信息，既包括政策法规、市场行情、客户信息、竞争对手信息、行业信息等企业外部信息，也包括企业生产信息、采购信息、库存信息、销售信息、成本信息、资金信息、人力资源信息等。就市场行情而言，在成千上万的竞争者中，新产品、新价格、新服务、新技术、新热点层出不穷，千变万化。煤炭企业能获得的信息空前丰富，用海量来形容一点不为过。面对瞬息万变的国内外环境信息，煤炭企业决策和监控所需信息空前丰富。在这种状态下，煤炭企业单靠传统手工方式收集和处理信息是行不通的，传统的通信方式也经常难以奏效，只能通过采用先进的通信技术，建立高速的、大容量的信息采集、加工、传输、处理和展示系统才能满足需求。

(2) 企业内部业务流程信息化已成为时代要求

在传统经济环境中，煤炭企业是围绕物流和资金流来组织生产，以必要的库存支持标准化的批量产品来提高生产效率的。而在信息经济环境中，煤炭企业的生产以消费者的需求为导向，只有能快速获取市场需求信息、及时组织生产，并迅速将产品投向市场的企业才能存活下去。煤炭企业为了驾驭市场，适应市场的需求，就必须借助电子信息技术建立企业内部快速反应机制，对采集的大量信息进行存储、加工、分析和预测，并及时做出正确反应，以指导企业的行为；根据需求订单及现有库存信息，合理组织采购，降低采购与库存成本；缩短产品设计、生产和流通的周期，灵活地进行生产任务和产品结构的调整，不断开发新产品，以适应小批量、多品种的市场需要；充分利用销售信息反馈，改善产品设计，强化信息传播在售后服务中的作用；优化管理，采用新工艺、新方法、新技术，加大技术改造力度，有效地利用生产资源，减少物耗，降低生产成本，建立有效的产品质量控制和工艺流程控制体系。这一切都离不开煤炭企业内部业务流程的信息化改造，使企业的信息流能有效、不间断、畅通、迅速地在企业经营活动中发挥作用。

(3) 企业工作模式由手工向计算机化转变

据统计，在 20 世纪 90 年代，美国的财务会计工作 90% 由计算机完成，物资管理中 80％～100％的信息处理由计算机完成，计划管理中 80％～90％的信息由计算机处理，计算机在很多领域正逐步代替手工劳动。我国虽然起步较晚，但近几年发展较快，特别是微型计算机与网络的普及，使计算机的应用更加广泛地渗透到企业生产经营的各个环节。煤炭企业在计划、生产、供应、销售、财务各环节的业务工作中，广泛使用相应的业务信息处理系统，企业已逐渐习惯了由计算机代替手工劳动的局面，对信息系统功能的认识也越来越明确。

(4) 企业职工计算机网络文化素质不断提高

随着计算机和网络的普及，加之各种操作系统非常友好的图形用户界面，使得计算机和网络的操作已不再高深莫测，企业职工大都能掌握它们的使用技术。从 20 世纪 90 年代以来，国家运用各种政策推广计算机和网络知识，提高人们对现代信息技术的应用能力。煤炭企业职工计算机网络文化素质不断提高，也逐渐感受到现代信息技术给人们生活和工作带来的便捷，对信息系统开发和运行也持较为欢迎的态度，但总体技术熟练和专业化程度仍有待提高。

另外，信息经济的出现使得煤炭企业在生产方式、生产经营、组织结构和信息处理方面也发生了显著变化。

(1) 生产方式方面

现代信息技术的高度发展及在煤炭企业生产中的广泛应用引发了企业内部生产运作模式的一系列变革，许多新的生产方式应运而生，从而实现了对煤炭企业生产、设计、制造、销售和管理的全方位优化，使煤炭企业的生产经营具有并行、敏捷、智能和虚拟等特征，并增强了生产的柔性、敏捷性、适应性，实现了精简、灵活、高效，大大提高了煤炭企业对市场变化的应变能力。

(2) 生产经营方面

煤炭企业的更多精力投放在人员培训、研究和开发、市场调查、计划等信息活动上，几乎所有的产品从劳动或资本密集型向信息技术密集型转变。注重对企业信息技术等无形资产(如人力资源、企业创新能力、品牌等)的管理，信息技术等无形资产既可以成为有形资产增值的杠杆，提高生产效率，节约资源，加大或放大有形资产的作用，又可以通过技术创新等手段将无形资产转化为直接生产力，起到有形资产所起不到的作用。因此，信息经济时代的煤炭企业特别注重对其自身无形资产的管理。

(3) 企业组织结构方面

煤炭企业的组织结构正经历着一场“横向网状革命”：中层监督和控制部门的大量职能为信息系统的功能所取代，管理层次大大减少，企业的组织结构向着扁平化发展；企业各部门的功能趋于融合、交叉（如制造部门兼有销售、会计、财务等的功能），企业各部门的边界趋于模糊，呈现出纵横交错的网状结构。

（4）信息处理方面

计算机、网络、数据库等信息技术的高度发展为实现信息管理打下了坚实的基础。建立在此基础上的企业信息管理系统不但使企业内部各部门之间以及企业与外部之间的信息交流变得十分便捷，而且还有利于企业从战略的高度对其自身的资源进行重新整合，以提高煤炭企业的效益并保持长久竞争力。

7.2 需求分析

7.2.1 总体需求

结合煤炭资源枯竭型城市绿色转型战略目标与定位，“互联网＋”平台建设的切入点应在如何提高绿色转型管理效率、促进管理创效、强化服务水平和实现多方利益协调上。具体说就是：如何优化跟踪煤炭资源枯竭型城市绿色转型过程，并开展实时评估与监控；如何提升转型与发展的管控力，减少资源损耗，优化绿色转型管控流程，实现资源配置高效化；如何改善现有资源开发与城市运营能力，提高运维响应速度；如何加快技术创新，促进管理创新的发展。建成区域统一协调发展、标准化的辅助分析决策系统，为政府和企业决策层提供决策性应用和信息的综合展示，并实现与相关信息系统的有效集成，提高数据共享水平，提升监控与管理水平，提高转型发展的效率和质量。通过运营过程的可视化，以运行维护管理为核心，辅助各方决策，提高转型发展的精细化水平。通过流程模拟和各类优化技术的应用，优化资源，优化运营方案，优化备品备件管理，降低转型发展成本，提高资源利用率。大力推进节能降耗信息技术的应用，推进节约型城市和企业的建设进程。

在过程控制层全面实施实时数据库系统建设，加快先进控制技术的推广应用，强化能耗、物耗的计量与监控，开发软测量系统和在线绩效评估系统，对重点区域、重点企业和重点人群提高服务水平，全面优化转型流程，确保绿色转型与可持续发展目标的实现。

在信息基础设施层面必须为地方政府和企业提供有效支撑。从基础网络、计算机硬件、基础软件、存储系统、安全系统、标准化等多方面进行合理规划和安排，建立良好的 IT 环境。评估现有的结构化布线系统的容量、网络设备、广域网数据链路带宽是否满足未来可持续发展需求，建立全面的安全防护体系，规范信息系统标准化，让各种业务解决方案、应用系统和数据都能不受约束地在其上实现有效配合。

7.2.2　利益相关各方具体需求

（1）地方政府主管部门

地方政府主管部门肩负着城市转型和地方经济发展的双重责任，需要通过“互联网＋”平台实现对转型过程和经济发展相关数据的实时监控，具备对海量数据的分析与处理能力，并能获得足够的决策支持。另外，地方政府主管部门还能够通过对平台的使用，实现对可控资源、设备和技术的协调利用，化解各方利益冲突等。“互联网＋”平台有利于地方政府主管部门完善监管机制，落实监管责任，用可持续发展的理念提高经济水平等。

（2）煤炭企业

煤炭企业是资源开发与利用的直接获利者，需要及时获得最新的绿色转型政策、指令和市场动态等。企业利益至上的发展理念使其在绿色转型中需要通过“互联网＋”平台实时关注市场环境，并可以借助平台实现对市场行情的预测等。

（3）社会资本方

社会资本方的资金投入是推动煤炭资源枯竭型城市绿色转型的有效动力和保障。由于社会资本方在投资的同时要求获得相应的利润，所以“互联网＋”平台需要让社会资本方能够及时获知利润损益情况，并能提供必要的预测和分析功能。

（4）矿区居民

矿区居民作为煤炭资源开发与利用、城市转型发展的直接受益者或受害者，需要及时了解各项政府决策、各类相关企业信息等，并可以通过“互联网＋”平台及时获知转型对自己生活环境或收益的影响情况。另外，为了更加深入地掌握百姓呼声，“互联网＋”平台应该打通居民与政府和企业的信息交互瓶颈，并加强对相关舆情的分析。

7.2.3　性能需求分析

为满足不同角色用户需求，系统在平稳运行的同时，还须具备较强的数据防护能力，需要满足如下要求：

首先，系统采用全局性权限控制机制，防止非授权用户登录系统或越权进行业务操作。

其次，系统有全面的日志记录功能，准确记录用户的操作过程及细节。

最后，系统具有强大的数据恢复能力，能够对篡改进行补救。

7.2.4 其他需求分析

由于系统用户角色多样且年龄、文化程度和语言等可能存在显著差异，所以为提高系统使用的便捷性和界面友好性等，系统还需满足如下要求：

(1) 操作方便

系统采用模板化设计模式，将功能和表现形式相分离。将Web页面作为容器，通过主题CSS实现样式的统一。在操作性上，向电子表格靠拢，提倡简洁、直观、智能。针对每一种有特殊需求的业务，都可以为其自定义操作界面。

(2) 自定义能力

系统拥有各个级别的自定义能力，包括表结构、视图、表单、界面等。通过强大的自定义能力，能够快速制作出满足特定使用场景的界面和用法。

(3) 多语言支持

系统内部为中立语言，通过内建的翻译机制翻译为任意语种。通过这种多语言能力，只需少量学习即可掌握。系统能够实现业务术语的本地化，通过语言级的微调，可以让用户在特定术语环境内使用系统。配合专用的可配置的界面，系统能够简便、快捷地实现简单、大方的界面，特别有利于各级政府人员、企业员工及矿区居民使用，方便年龄较大人员操作。

7.3 可行性分析

对于运作“互联网+”平台的各级政府而言，在具体开发与应用之前必须进行项目可行性研究。只有经过可行性研究论证切实可行的项目才能开工建设。大型信息系统的开发通常是一项耗资多、周期长、风险大的工程，在项目开发之前进行可行性研究对于提高系统运作效率和有效规避风险十分必要。

7.3.1 可行性研究的主要内容

煤炭资源枯竭型城市绿色转型“互联网+”平台的可行性研究涉及多学科的知识，是使待开发的信息系统达到最佳经济效果的综合研究方法。可行性研究的任务可以概括为在作出决策之前对一个拟开发的信息系统进行项目开发的必要性、可能性、有效性和合理性的全面论证。其内容是通过调查研究，全面分析与信息系统项目有关的因素，组合设计出多个可能方案，并对各个方案的经济效果进行分析，最后评选出最优方案和最佳时机，为决策者提供决策依据。可行性研究的作用在于保证决策者在追求其目标过程中，能够有效地利用现有的人力、物力和财力等资源，从而达到预期的效果。

可行性研究的内容可概括为环境、经济、技术和管理四个方面。环境上的可行性研究是可行性研究的前提；技术上的可行是可行性研究的基础；经济上的可行则是可行性研究评价和决策的主要依据。因此，凡是影响费用和收益的因素，都是可行性研究的内容。例如，对一个信息系统开发项目来说，要回答：为什么要开发该项目？资源情况如何？市场条件如何？开发项目规模有多大？技术条件怎样？需要哪些基础条件？何时实施最佳？投资效果和成功的可能性怎样？此外，还要考虑国家的有关政策及该项目对社会的影响等。可行性研究的内容十分广泛，涉及社会、政治、经济、法律和多方面的专业技术知识，具有较强的综合性，需要各方面专家分工合作。下面分别介绍可行性研究四个方面的内容。

（1）运行环境的可行性研究

大型信息系统的开发是一项复杂工程，需要投入大量的人力、物力、财力以及时间。开发的新系统在现有条件下是否可行是需要认真考虑的问题。系统能否在现场的环境中顺利地运行并达到预定的目标是衡量方案是否成功的重要标志。

（2）技术可行性研究

在开发一个信息系统时，应当分析目前有关技术能否支持所开发的新系统以及能否实现新系统的目标，并对新系统将要采用的技术是否成熟、能否有效地支持新系统的运行进行分析。

（3）经济可行性研究

首先需要考虑的问题是开发一个信息系统带来的经济效益是否会超过其研制和维护所需的费用。判断这个项目是否应该实施应从费用估计和经济效益估计两个方面去分析。

① 费用估计。费用估计是对系统开发、运行整个过程总的费用进行估计，一般投资费用中包括：计算机机房费用；计算机及其外围设备和计算机网络的购置费用；系统和程序开发费用；系统调试和安装费用；系统相关人员的培训费用；雇佣人员的人力资源成本；一般消耗品费用；技术服务性费用。

② 经济效益估计。若信息系统设计合理，除去经营的因素外，在系统投

入运行以后就会取得一定的经济效益和社会效益。在可行性研究阶段，系统尚未建成，主要凭系统分析人员的经验，根据已建成的类似系统所取得的经济效益和社会效益，或间接经济效益，推测出系统方案实施后可能取得的经济效益。经济效益可分为直接经济效益和间接经济效益两种。直接经济效益可以用数字直接表达出来，如节省的人力、财力、时间以及增加的生产量、提高的生产效率等都可以直接用数字描述。间接经济效益难以用数字直接表达出来，也称社会效益。

下面介绍一种成本-效益分析法，可以通过计算对系统的成本和预期效益进行量化分析。成本-效益分析的目的是从经济角度评价开发一个新系统是否可行。首先要估算待开发系统的开发成本，然后与可能取得的效益进行比较和权衡。但是投资是现在进行的，而效益是将来获得的，不能简单地比较成本和效益，应该将未来得到的效益折合成今天的价值，即货币的时间价值。

通常用利率表示货币的时间价值。设年利率为 i，现在存入银行 P 元，则 n 年后可得到的金额为 $F=P(1+i)^n$，即 P 元钱在 n 年后的价值为 F；反之，若 n 年后能收入 F 元，则这些金额折合成现在的价值是 $P=F/(1+i)^n$。例如，某企业开发了一个信息系统，每年可节省 9 万元，系统生命周期为 5 年，则 5 年后可节省 45 万元。若开发这个系统投入了 20 万元，则不能简单地比较 20 万元和 45 万元。因为 20 万元是现在投入的钱，而 45 万元是 5 年后节省的钱，必须将节省的钱折合成现在价值才能比较。设年利率是 3.36%，利用上面计算货币现在价值的公式可以计算出该信息系统每年预计节省的钱现在的价值，如表 7-1 所示。

表 7-1　将来节省值折算成现在值

年	节省值/万元	$(1+i)^n$	现在值/万元	累计的现在值/万元
1	9	1.033 6	8.71	8.71
2	9	1.068 3	8.42	17.13
3	9	1.104 2	8.15	25.28
4	9	1.141 3	7.89	33.17
5	9	1.179 7	7.63	40.80

在表 7-1 中，第一年节省的 9 万元，折合到现在的价值只有 8.71 万元。第二年节省的 9 万元，折合到现在的价值只有 8.42 万元。此时，累计的现在

价值，即第一年的现在值 8.71 万元加上第二年的现在值 8.42 万元，为 17.13 万元。以此类推，到第五年，累计节省的钱现在的价值为 40.80 万元。

接下来计算投资回收期。投资回收期就是使累计的经济效益等于最初投资所需要的时间。投资回收期越短，就能越快获得利润，就越值得投资这项工程。

例如，上述信息系统投入使用 2 年后，可以节省 17.13 万元，比最初的投资还少 2.87 万元。第三年节省 8.15 万元，3 年累计可以节省 25.28 万元。若要计算在第三年中需要多长时间节省 2.87 万元，则 2.87/8.15＝0.35，即第三年中需要 0.35 年收回投资的 2.87 万元。因此，投资回收期是 2.35 年。

纯收入是衡量工程价值的另一项经济指标。纯收入就是在系统整个生命周期内的累计经济效益（折合成现在值）与投资之差。

例如，上述信息系统投入使用后，5 年内的纯收入为 40.80 万元－20 万元＝20.80 万元。如果纯收入为零，则从经济观点看这项工程可能是不值得投资的；如果纯收入小于零，则这项工程显然是不值得投资的。

通过上述实例可以看出，使用量化计算的方法估算项目的成本与收益可以对项目的经济可行性进行更为准确的分析，为后续的方案决策提供科学依据。

(4) 管理可行性研究

由于系统的应用必将对组织架构及业务处理流程产生影响，所以对现有人员和机构、设施、环境等对系统的适应性和人员培训、补充计划的可行性进行分析是必须的。管理可行性分析可以重点从两个方面进行，其一是对现行管理制度完善程度进行分析，其二是对操作或使用人员的基本能力和素质水平进行分析，检视是否能够满足系统应用需要，如果不能满足，则需要进行相应的制度完善或对人员能力素质进行有针对性的培训。

7.3.2　可行性研究的主要步骤

不同类型的信息系统开发项目，可行性研究所涉及的基本问题是大致相同的。按照系统分析原理，要做好可行性研究，必须按一定的工作步骤进行。

(1) 确定目标

在可行性研究中，目标是指在一定的环境和条件下，希望达到的某种结果。项目目标可以分为基本目标和期望目标。基本目标就是必须实现的目标；期望目标则是力争达到的目标。确定目标的同时，还要提出达到预期目标的考核指标。指标往往不止一个，而是一个指标系统，其中包括技术指标、经济指标、社会指标和环境指标等。目标的确定是可行性研究中的关键问题之一，但目标不是现成的，目标的确定涉及许多因素，是一个复杂过程。目标确定得不恰当，将会直接影响整个可行性研究的质量。

（2）进行系统调查

对现行系统和市场做全面、细致和充分的调查研究与分析。

（3）列出可能的技术方案

在系统调查的基础上，列出各种可供选择的技术方案。

（4）技术先进性分析

技术的先进性，既有系统功能的先进性，又有所用计算机设备的先进性，还有标准化等组织技术的先进性等，这些都是必须考虑的。

（5）经济效益分析

对方案经济效益的分析是指按现行财务制度的各种规定和数据、现行价格、税收和利息等进行的财务收支计算，并用可能发生的资金流量对技术方案的经济效益进行评价。

（6）综合评价

通过对技术方案经济效果的评价，可优选出经济上的最好方案。但经济上的最好方案不一定是最优方案，必须进行综合评价。综合评价是指在经济评价的基础上，同时考虑其他非经济方面的效果，如政治、社会、环境效果等，从而对技术方案进行评价。这种评价往往采用多目标决策的方法。

（7）优选可取方案并写出可行性研究报告

通过以上诸项分析和评价，根据项目目标优选最合适方案，并按照总体纲要写出可行性研究报告。

7.3.3 可行性研究的评价原则

（1）效益性原则

效益就是收益减去费用后的余额。贯穿经济评价过程始终的一项基本活动是通过收益与费用对比来分析经济效益，要求以尽可能少的费用，取得尽可能多的有用成果。体现效益性原则的经济评价方法主要有净现值法等。

（2）经济性原则

在一定的效益条件下，费用小的可行方案其价值就高。当事先给定的收益目标达到时，应从可以达到目标的可行方案中选取费用最小的方案。体现经济性原则的评价方法主要有最小费用法、投资回收期法等。

（3）可靠性原则

可行性研究的对象绝大部分是拟将采用的可行方案，可行性研究的基础数据大都来自预测和估算，具有不确定性，这会带来实际技术经济效果的变动，使可行方案具有较大的潜在风险。提高经济效果评价的可靠性和经营决策的科学性，需要对经过初步评价的可行方案做不确定性分析。这对投资较大的、寿命较长的大系统来说尤为重要。提高技术经济评价可靠性的不确定性分析方法主要有盈亏平衡分析法和灵敏度分析法等。

（4）可比性原则

可行性研究的实质，就是对实现某一预定目标的多个方案进行比较，从中选出最优方案。要比较就必须建立共同的比较基础和条件，具体包括以下几项。

① 满足需要可比。任何一个可行方案都要满足一定的需要。当对能满足相同需要、具有替代性的不同可行方案进行比较时，要求不同方案的评价指标具有可比性。

② 消耗费用可比。为了正确进行经济效果比较，必须按照前述的费用概念，对所有可行方案不仅要计量其货币费用、实际费用、内部费用和一次投资费用，而且要考察它们的非货币费用、机会费用、外部费用和日常经营费用。在计算消耗费用时，必须用统一的费用种类、计算原则和方法。

③ 价格可比。可行性研究评价中，对不同可行方案应采用相同的价格标准。如果实际价格与价值相差较大，应对实际价格进行修正。

④ 时间可比。首先，不同可行方案必须采用相同的计算期作为比较基础。其次，必须考虑各方案费用和收益发生的时间先后和期限。对于不具备时间因素可比的方案，可通过适当的方式折算成同一时间因素的量再进行比较。

综上，不论采用哪种评价方法，都应当符合以上各种可比性的要求。

7.4　绿色转型发展“互联网＋”平台系统分析 UML 建模

7.4.1　系统静态结构分析

（1）系统用例图

用例图（Use case diagram）是指由参与者（Actor）、用例（Use case）、边界以及它们之间的关系构成的用于描述系统功能的视图。用例图是外部用户

(被称为参与者)所能观察到的系统功能的模型图。用例图呈现了一些参与者、一些用例以及它们之间的关系，主要用于对系统、子系统或类的功能行为进行建模。用例图的主要作用包括：获取需求，指导测试，在整个过程中对其他工作流起到指导作用。

用例间的关系包括包含、泛化和扩展关系。

① 包含关系。包含关系是指基本用例的行为包含了另一个用例的行为。基本用例描述在多个用例中都有的公共行为。包含关系本质上是比较特殊的依赖关系，它比一般的依赖关系多了一些语义。在包含关系中箭头的方向是从基本用例到包含用例。

② 泛化关系。泛化关系代表一般与特殊的关系，它的意思和面向对象程序设计中的继承的概念是类似的，不同的是继承使用在实施阶段，泛化使用在分析、设计阶段。在泛化关系中，子用例继承了父用例的行为和含义，子用例也可以增加新行为和含义或者覆盖父用例中的行为和含义。

③ 扩展关系。扩展关系的基本含义和泛化关系类似，但在扩展关系中，对于扩展用例有更多的规则限制，基本用例必须声明扩展点，而扩展用例只能在扩展点上增加新的行为和含义。与包含关系一样，扩展关系也是依赖关系的版型。在扩展关系中，箭头的方向是从扩展用例到基本用例，这与包含关系是不同的。

一般来说，可以使用“is a”和“has a”判断使用哪种关系。泛化关系和扩展关系表示用例之间是“is a”关系，包含关系表示用例之间是“has a”关系。扩展与泛化相比多了扩展点，扩展用例只能在基本用例的扩展点上进行扩展。在扩展关系中，基本用例是独立存在的。在包含关系中，在执行基本用例的时候一定会执行包含用例。当需要重复处理两个或多个用例时，可以考虑使用包含关系，实现一个基本用例对另一个的引用。当处理正常行为的变形是偶尔描述时，可以考虑只用泛化关系。当描述正常行为的变形希望采用更多的控制方式时，可以在基本用例中设置扩展点，使用扩展关系。扩展关系比较难理解，如果把扩展关系看作带有更多规则限制的泛化关系，可以帮助理解。通常先获得基本用例，针对这个用例中的每一个行为提问：该步骤会出什么差错？该步骤有不同情况时工作怎样以不同的方式进行？等等，把所有的变化情况都标识为扩展。通常基本用例很容易构造，而扩展用例需要反复分析、验证。当已经存在的两个用例间具有某种相似性时，可以把相似的部分从两个用例中抽象出来单独作为一个用例，被这两个用例同时使用，这个抽象出的用例和另外两个用例形成包含关系。根据煤炭资源枯竭型城市绿色转型“互联网＋”平台的实际情况和前面的需求分析，系统用例图如图7-1、图7-2所示。

图7-1　用例图符号说明

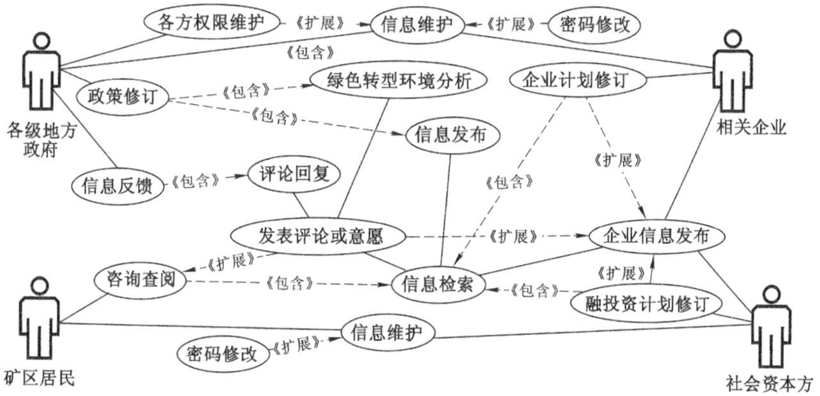

图7-2　煤炭资源枯竭型城市绿色转型“互联网＋”平台系统用例图

(2) 系统类图

类图(Class diagram)是显示了模型的静态结构，特别是模型中存在的类、类的内部结构以及它们与其他类关系等的图。类图不显示暂时性的信息。类图是面向对象建模的主要组成部分。它既用于应用程序的系统分类的一般概念建模，也用于详细建模，将模型转换成编程代码，还可用于数据建模。类图由许多(静态)说明性的模型元素(例如类、包和它们之间的关系，这些元素和它们的内容互相连接)组成。类图可以组织在(并且属于)包中，仅显示特定包中的相关内容。类图是最常用的UML图，显示出类、接口以及它们之间的静态结构和关系，用于描述系统的结构化设计。类图最基本的元素是类或者接口。

类图主要用在面向对象软件开发的分析和设计阶段，描述系统的静态结构。类图图示了所构建系统的所有实体、实体的内部结构以及实体之间的关系，即类图中包含从用户的客观世界模型中抽象出来的类、类的内部结构和类与类之间的关系。类图是构建其他设计模型的基础，没有类图，就没有对象图、状态图、协作图等其他UML动态模型图，也就无法表示系统的动态行为。类图也是面向对象编程的起点和依据。类图用于描述系统中所包含的类以及它们之间的相互关系，帮助人们简化对系统的理解，它是系统分析和设计阶段的重要产物，也是系统编码和测试的重要模型依据。

类图中常见的关系有：继承，关联关系，聚合关系、复合关系，依赖关系，实现关系。其中，聚合关系、复合关系属于关联关系。一般关系表现为继承或实现关系，关联关系表现为变量，依赖关系表现为函数中的参数。一般化关系：表示类与类之间的继承，接口与接口之间的继承，类对接口的实现关系，表示方法是用空心箭头＋实线，箭头指向父类；如果父类是接口，则表示方法是用空心箭头＋虚线。关联关系：表示类与类之间的连接，它使一个类知道另一个类的属性和方法，表示方法是用实线＋箭头，箭头指向被使用的类。聚合关系：关联关系的一种，是强的关联关系，它表示整体和个体的关系。关联关系的两个类处于同一层次上，而聚合关系的两个类处于不同的层次，一个是整体，一个是部分，表示方法是空心菱形＋实线＋箭头，箭头指向整体。复合关系：关联关系的一种，是比聚合关系强的关联关系，它要求普通的聚合关系中代表整体的对象负责代表部分的对象的生命周期。复合关系不能共享，表示方法是实心菱形＋实线＋箭头。依赖关系：是类与类之间的连接，表示一个类依赖于另一个类的定义。根据煤炭资源枯竭型城市绿色转型“互联网＋”平台的实际情况和用例分析结果，系统类图如图7-3所示。

7.4.2 系统动态结构分析

（1）系统时序图

时序图（Sequence diagram）又名序列图、循序图，是一种UML交互图。系统时序图通过描述对象之间发送消息的时间顺序显示多个对象之间的动态协作。它可以表示用例的行为顺序，当执行一个用例行为时，其中的每条消息对应一个类操作或状态机中引起转换的触发事件。根据煤炭资源枯竭型城市绿色转型“互联网＋”平台的实际情况，不同角色的系统时序图如图7-4～图7-7所示。

（2）系统活动图

活动图（Activity diagram）是阐明业务用例实现的工作流程图。业务工

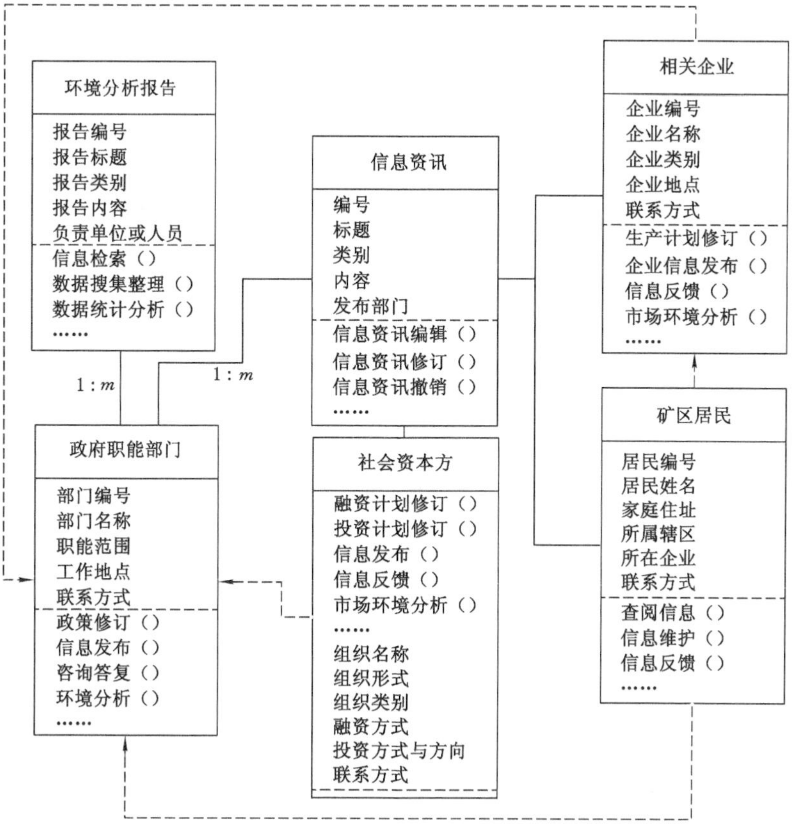

图 7-3　煤炭资源枯竭型城市绿色转型“互联网＋”平台系统类图

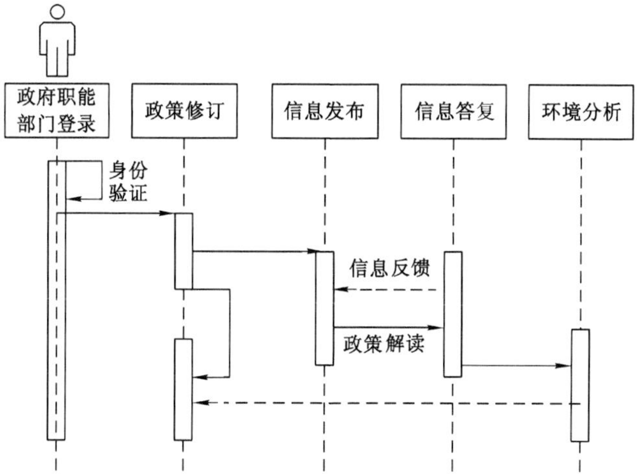

图 7-4　政府职能部门业务处理时序图

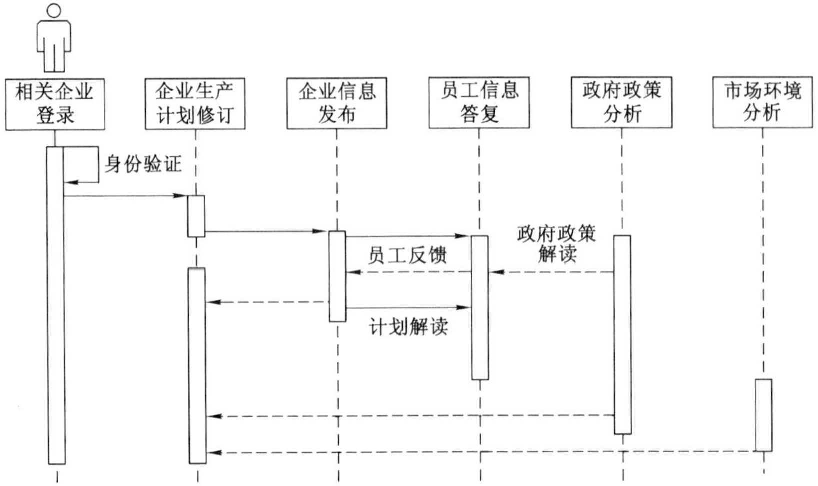

图 7-5　相关企业业务处理时序图

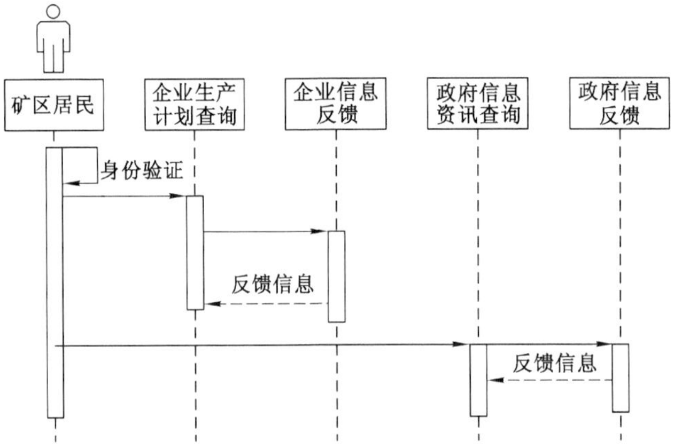

图 7-6　矿区居民业务处理时序图

作流程说明了业务是向所服务的业务主角提供其所需的价值而必须完成的工作。业务用例由一系列活动组成，它们共同为业务主角生成某些工件。工作流程通常包括一个基本工作流程和一个或多个备选工作流程。工作流程的结构用系统活动图进行说明。根据煤炭资源枯竭型城市绿色转型“互联网＋”平台的实际情况，系统活动图如图 7-8 所示。

(3) 系统状态图

状态图(Statechart diagram)是描述一个实体基于事件反应的动态行为，

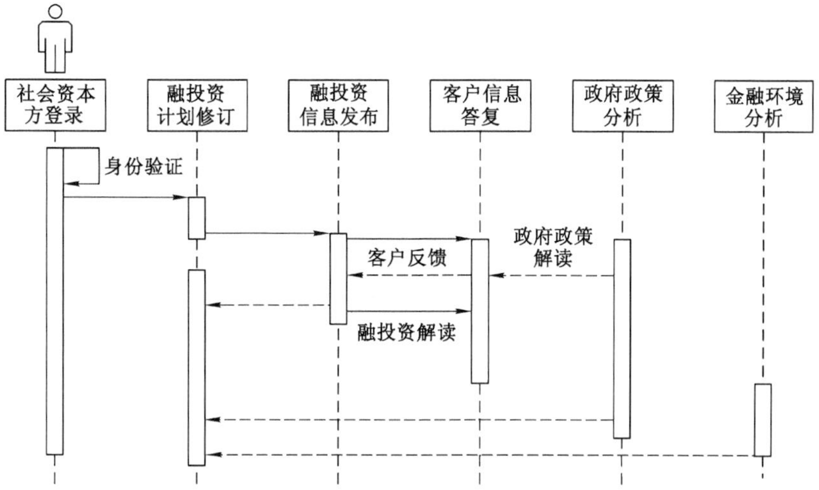

图 7-7 社会资本方业务处理时序图

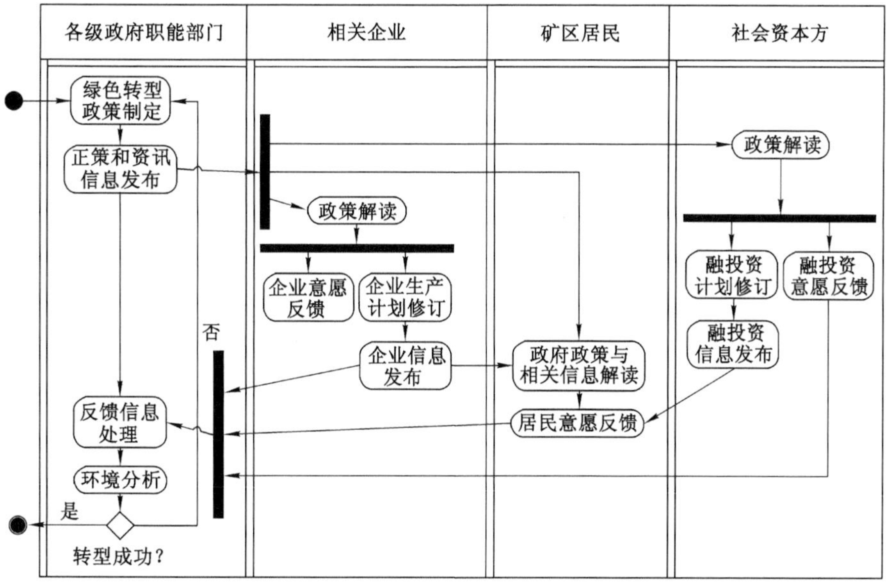

图 7-8 煤炭资源枯竭型城市绿色转型“互联网＋”平台系统活动图

显示了该实体如何根据当前所处的状态对不同的事件作出反应。通常创建一个 UML 状态图的目的是研究类、角色、子系统或组件的复杂行为。根据煤炭资源枯竭型城市绿色转型"互联网+"平台的实际情况，系统状态图如图 7-9 所示。

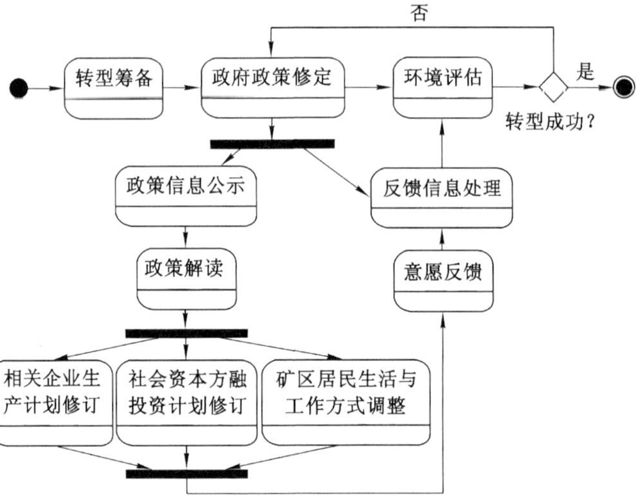

图 7-9　煤炭资源枯竭型城市绿色转型"互联网+"平台系统状态图

7.5　绿色转型发展"互联网+"平台系统设计

7.5.1　功能结构设计

一般情况下产品或系统的总功能可分解为若干分功能，各分功能又可进一步分解为若干二级分功能，如此继续，直至各分功能被分解为功能单元为止。这种由分功能或功能单元按照其逻辑关系连成的结构称为功能结构。分功能或功能单元的相互关系可以用图来描述，表达分功能或功能单元相互关系或从属关系的图称为功能结构图。

(1) 系统功能结构图设计步骤

首先，从新系统数据流程图出发导出初始结构图。即先把整个系统看作一个模块，然后对其逐层分解。分解时，要遵守划分模块的基本原则和完成数据流程图所规定的各项任务及其处理顺序。每分解出一层模块，都要标明信息传递情况并考虑每一模块的实现方法，同时还要考虑系统结构的层数。

其次，对系统结构图进行改进。即从提高模块的独立性目标出发，检查每一个模块是否还可以降低关联度、提高聚合度，如果可以，就要对其改进，直到理想为止。

（2）模块划分原则

把一个系统设计成若干模块的方法称为模块化。划分模块的目的是把一个系统分解为一些规模较小的、功能较简单的、更易于建立和分解的部分。各个模块都有自己的独立性，模块之间的相互关系（如信息交换关系、调用关系）则通过一定的方式予以规定和说明。划分模块在总体结构设计中十分重要，模块划分是否合理将直接影响系统设计的质量、开发时间和开发费用，以及系统实施维护的方便程度。划分模块并没有严格和绝对的标准，一个好的模块划分方案也不是唯一的。通常划分模块的原则有如下几点：

第一，模块之间低耦合（Low coupling），模块内部高聚合（High cohesion）。好的模块设计应做到：模块之间低耦合，模块内部高聚合。模块之间低耦合是指尽量减少模块之间的联系程度，其中任一模块运行时，与其他模块尽量无关。因为模块之间的联系越多，则其相互间的关系也越复杂。模块内部高聚合是指功能上高聚合，并且具有大的独立性，即要求系统中的每一个模块都具有较强的聚合，其各个组成部分都是彼此密切相关的。

第二，恰当的模块大小。如果模块划分得过大，将会造成程序阅读、测试和维护困难；如果模块划分过小，就会增加模块个数，增加模块接口的复杂性以及调试工作，增加花在调用和返回上的时间开销，降低工作效率。

第三，尽可能把与硬件相关的部分集中在一起，放在一个或几个模块内。

第四，尽可能把变动的部分集中在一起，以便在变动时能方便地处理，减少影响的范围。

第五，尽可能消除重复的工作，建立公用模块，减少冗余，也减少不必要的重复劳动。

第六，每一模块只有一个入口和出口，每一模块只归其上级模块调用。

第七，保持合理的模块扇入数和扇出数。

7.5.2　数据库设计

数据库设计（Database design）是指对于一个给定的应用环境，构造最优的数据库模式，建立数据库及其应用系统，使之能够有效地存储数据，满足各种用户的应用需求（信息要求和处理要求）。在数据库领域内，常常把使用数据库的各类系统统称为数据库应用系统。而由于煤炭资源枯竭型城市绿色转型“互联网+”平台实际运营会产生纷繁复杂的海量数据，因此数据库设计需要在满足基本功能实现需求的基础上，为了便于后期对数据的深入分析和挖掘要求，减少不必要的数据冗余和不一致问题，数据库设计需要至少达到第三范式标准，具体设计细节如下。

(1) 设计内容

① 需求分析。调查和分析用户的业务活动和数据的使用情况，弄清所用数据的种类、范围、数量以及它们在业务活动中交流的情况，确定用户对数据库系统的使用要求和各种约束条件等，形成用户需求规约。需求分析是在用户调查的基础上，通过分析逐步明确不同用户(如各级政府、不同企业、社会资本方和矿区居民等)对系统的需求，包括数据需求和围绕这些数据的业务处理需求。在需求分析中，通过自顶向下逐步分解的方法分析系统，分析的结果采用数据流程图(DFD)进行图形化的描述。

② 概念结构设计。对于用户要求描述的现实世界(可能是一个工厂、一个商场或者一个学校等)，通过对其中各处的分类、聚集和概括，建立抽象的概念数据模型。这个模型应反映现实世界各部门的信息结构、信息流动情况、信息间的互相制约关系以及各部门对信息储存、查询和加工的要求等。所建立的模型应避开数据库在计算机上的具体实现细节，用一种抽象的形式表示出来。以扩充的实体-联系模型(E-R 模型)方法为例，第一步先明确现实世界各部门所含的各种实体及其属性、实体间的联系以及对信息的制约条件等，从而给出各部门内所用信息的局部描述(在数据库中称为用户的局部视图)；第二步再将前面得到的多个用户的局部视图集成为一个全局视图，即用户要描述的现实世界的概念数据模型。煤炭资源枯竭型城市绿色转型“互联网+”平台数据概念结构设计中的关键实体包括：各级政府、相关企业、社会资本方、矿区居民和转型政策等。

③ 逻辑结构设计。主要工作是将概念数据模型设计成数据库的一种逻辑模式，即适应某种特定数据库管理系统所支持的逻辑数据模式，一般选用关系数据模型，即用二维数据表表示。通常，概念结构中的每个实体会对应一个二维表，而多对多的关系也需要形成一个二维表。与此同时，可能还需要为各种数据处理应用领域产生相应的逻辑子模式。这一步设计的结果就是所谓“逻辑数据库”。

④ 物理结构设计。根据特定数据库管理系统所提供的多种存储结构和存取方法等，依赖于具体计算机结构的各项物理设计措施，对具体的应用任务选定最合适的物理存储结构(包括文件类型、索引结构和数据的存放次序与位

逻辑等)、存取方法和存取路径等。这一步设计的结果就是所谓“物理数据库”。

⑤ 数据库的实施、运行和维护。在上述设计的基础上,收集数据并具体建立一个数据库,运行一些典型的应用任务来验证数据库设计的正确性和合理性。一般情况下,一个大型数据库的设计过程往往需要经过多次循环反复。当设计的某一步发现问题时,可能就需要返回到前面步骤进行修改。因此,在设计上述数据库时就应考虑到今后修改设计的可能性和方便性。在数据库系统正式投入运行的过程中,必须不断地对其进行调整与修改。数据库设计的很多工作仍需要人工来做,除了关系型数据库已有一套较完整的数据范式理论可用来部分地指导数据库设计之外,尚缺乏一套完善的数据库设计理论、方法和工具,以实现数据库的自动化设计或交互式的半自动化设计。

(2) 设计原则

① 一对一设计原则。在软件开发过程中,需要遵循一对一设计原则开展数据维护工作。利用此原则能够尽量减少维护问题的出现,保证数据维护工作顺利开展,同时降低维护工作难度。在此过程中,尽量避免数据大且数据杂的现象出现,否则既会影响到软件开发进度,又会增加工作难度,给软件产品质量带来影响。所以,数据库设计工作人员必须重视这一问题,同时充分了解实体间存在的必然联系,进而实现信息数据分散的目标,并在此基础上提高整体工作人员的工作效率,提高软件应用程序的可靠性、科学性、安全性以及自身性能。

② 独特命名原则。独特命名原则的应用是为了减少在数据库设计过程中出现重复命名和规范命名现象出现。通过应用此原则能够减少数据冗杂,维护数据一致性,保持各关键词之间存在必然对应联系。此原则能够锻炼工作人员对大小写字母熟练操作能力,有利于后台代码工作规范化开展。

③ 双向使用原则。双向使用原则包括事务使用原则和索引功能原则。事务使用原则是在逻辑工作单元模式基础上实现其表现形式的,不仅给非事务性单元操作工作提供基础保障,也保证数据库能够及时更新、获取数据资源。索引功能原则的有效运用,使数据库获取更多属性列数据信息,并且对数据做到灵活排序。目前,软件市场常见的索引模式有多行检索聚簇索引和单行检索非聚簇索引。

第8章 绿色转型发展“互联网＋”平台实施与运营管理

8.1 绿色转型发展“互联网＋”平台系统实施

8.1.1 系统运行环境

为了满足“互联网＋”平台中相关功能的顺利实现，系统基本运行环境为：服务器为联想 SR650 2U，操作系统为 Windows Server 2016 Standard，数据库为 SQL Server 2012，内存 64 GB，硬盘 1.2 TB＋R5；客户端操作系统为 Windows 7 及以上，CPU 主频 4 核，内存 8 GB，硬盘 500 GB 以上。

8.1.2 系统程序设计基本原则和规范

程序设计是给出解决特定问题程序的过程，是软件构造活动中的重要组成部分。程序设计往往以某种程序设计语言为工具(考虑到煤炭资源枯竭型城市绿色转型“互联网＋”平台应用的分布式和跨平台等特点，适合选用 Java 语言和相应技术进行开发)，并给出这种语言下的程序实现。程序设计过程应当包括分析、设计、编码、测试、排错等不同阶段。任何设计活动都是在各种约束条件和相互矛盾的需求之间寻求一种平衡，程序设计也不例外。在计算机技术发展的早期，由于机器资源比较昂贵，程序的时间和空间代价往往是设计关心的主要因素；随着硬件技术的飞速发展和软件规模的日益庞大，程序的结构、可维护性、复用性、可扩展性等因素日益重要。

按照结构性质，程序设计有结构化程序设计与非结构化程序设计之分。前者是指程序设计具有结构性的程序设计方法与过程，它具有由基本结构构成复杂结构的层次性；后者反之。按照用户的要求，程序设计有过程式程序设计与非过程式程序设计之分。前者是指使用过程式程序设计语言的程序设计；后者指使用非过程式程序设计语言的程序设计。按照程序设计的成分性质，有顺序程序设计、并发程序设计、并行程序设计、分布式程序设计之分。按照程序设计的风格，有逻辑式程序设计、函数式程序设计、对象式程序设计之分。煤炭资源枯竭型城市绿色转型“互联网＋”平台适合选用面向对象的非结构化程序设计，具体步骤如下。

(1) 分析问题

对煤炭资源枯竭型城市绿色转型“互联网＋”平台相应功能和技术特点要进行认真的分析，研究所给定的条件，分析最后应达到的目标，找出解决问题的规律，选择解题的方法，解决实际问题。

(2) 设计算法

设计算法即设计出解题的方法和具体步骤，侧重对数据分析和决策支持算法的设计。

(3) 编写程序

将算法翻译成计算机程序设计语言，对源程序进行编辑、编译和连接。

(4) 运行程序，分析结果

运行可执行程序，得到运行结果。能得到运行结果并不意味着程序正确，要对结果进行分析，看它是否合理；如果不合理，就要对程序进行调试，即通过上机发现和排除程序中的故障过程。

(5) 编写程序文档

许多程序是提供给别人使用的，如同正式的产品应当提供产品说明书一样，正式提供给用户使用的程序，必须向用户提供程序说明书。程序文档的内容应包括：程序名称，程序功能，运行环境，程序的装入和启动，需要输入的数据，以及使用注意事项等。

8.1.3　系统测试

对程序设计的一项基本的质量要求是程序的正确性，即在给定环境下计算机能识别和正确运行所编程序，要满足平台运作的功能要求。然而程序的正确性并不是对编程质量的唯一要求。写出的源程序除了可以被计算机系统识别、编译和运行之外，还必须能够容易被人看懂。也就是说，即使一个软件在源程序的其他方面正确无误，只是不容易被人看懂，那么它依然不是一个好的程序。从煤炭资源枯竭型城市绿色转型“互联网＋”平台的生命周期中可以看到，系统投入运行后，就要进入使用和维护阶段，软件的测试和维护工作既可能是纠正程序中遗留的问题或错误，也可能是根据用户的要求进行功能的扩充或性能的改善，这些工作不可避免地需要对源程序进行修改。所以从软件测试和维护的角度出发，编程人员在保证程序正确性的同时，还必须保证源程序的可读性，以便于其他人可以读懂和维护软件。因此，源程序的可读性是编程的重要质量要求。

系统测试是将经过集成测试的软件作为计算机系统的一个部分，与系统中其他部分结合起来，在实际运行环境下对计算机系统进行的一系列严格有效的测试，以发现软件潜在的问题，保证系统的正常运行。这里的系统测试的目的是验证所开发的煤炭资源枯竭型城市绿色转型"互联网＋"平台是否满足用户规定的需求，主要内容包括：功能测试，即测试软件系统的功能是否正确，其依据是需求文档，由于正确性是软件最重要的质量因素，所以功能测试必不可少；健壮性测试，即测试软件系统在异常情况下能否正常运行的能力，健壮性有两层含义：一是容错能力，二是恢复能力。

对煤炭资源枯竭型城市绿色转型"互联网＋"平台进行测试的主要方法为：源程序通过编译后，要先经过人工测试，然后再进行机器测试。人工测试是采用人工方式进行测试，目的在于检查程序的静态结构，找出编译不能发现的错误。经验表明，组织良好的人工测试可以发现程序中30％～70％的编码和逻辑设计错误，从而可以减少机器测试的负担，提高整个测试工作的效率。机器测试是运用事先设计好的测试用例，执行被测程序，对比运行结果与预期结果的差别以发现错误。对某些类型的错误，机器测试比人工测试有效，但对另一些类型的错误，人工寻找的效率往往比机器测试更高；而且机器测试只能发现错误的症状，不能进行问题定位，而人工测试一旦发现错误，同时就确定了错误位置、类型和性质。

（1）人工测试

人工测试环节不可忽视，不是为了节约时间的权宜之计，而是机器测试的准备，是测试中必不可少的环节。人工测试又称代码评审，主要有下列三种方法：

① 个人复查。指煤炭资源枯竭型城市绿色转型"互联网＋"平台源程序编完以后，直接由程序员自己进行检查。由于心理上对自己编写的程序存在偏爱，因此程序员不易发现一些习惯性的错误，如果对功能理解有误，程序员也不易纠正。所以这是针对小规模程序常用的方法，效率不是很高。

② 走查。一般由3～5人组成测试小组，测试小组成员应是从未介入过该软件设计工作的有经验的程序设计人员。走查在预先阅读过该软件资料和源程序的前提下，由测试人员扮演计算机的角色，用人工方法将测试数据输入被测程序，并在纸上跟踪和监视程序的执行情况，让人代替机器沿着程序的逻辑走一遍，发现程序中的错误。由于人工运行很慢，因此走查只能使用少量简

单的测试用例,实际上走查只是一个手段,随着“走”的进程不断从程序中发现错误。

③ 会审。测试小组的构成与走查相似,要求测试人员在会审前仔细阅读软件有关资料,根据错误类型清单(从以往经验看一般容易发生的错误)填写检测表,列出根据错误类型要提问的问题。会审时,由程序编写者逐个阅读和讲解程序,测试人员逐个审查、提问、讨论可能产生的错误。会审对程序的功能、结构及风格等都要进行审定。

(2) 机器测试

机器测试主要通过在计算机上直接运行被测程序来发现程序中的错误。机器测试有黑盒测试和白盒测试两种方法。

① 黑盒测试。也称功能测试,是将煤炭资源枯竭型城市绿色转型“互联网+”平台看作黑盒子,在完全不考虑程序的内部结构和特性的情况下,研究平台的外部特性。根据平台的需求规格说明书设计测试用例,从平台的输入和输出特性上测试是否满足设定的功能。

② 白盒测试。也称结构测试,是将煤炭资源枯竭型城市绿色转型“互联网+”平台看作一个透明的白盒子,按照程序的内部结构和处理逻辑选定测试用例,对平台的逻辑路径及过程进行测试,检查与设计是否相符。

(3) 测试步骤

对煤炭资源枯竭型城市绿色转型“互联网+”平台进行测试的工作一般有四个步骤:单元测试、组装测试、确认测试以及系统测试。每一步都是在前一步的基础之上进行的。

① 单元测试。单元是指煤炭资源枯竭型城市绿色转型“互联网+”平台中的一个模块或一个子程序,是平台设计的最小单元,也是最小的独立编译单位,因此单元测试也称为模块测试。由于每个模块完成一个明确定义而又相对独立的子功能,因此可以把它作为一个单独实体来测试,而且通常比较容易设计测试用例。模块测试的目的是保证每个模块作为一个单元能够独立运行。在单元测试中发现的往往是编程和详细设计的错误。

② 组装测试。在每个模块完成单元测试以后,需要按照设计时制作的模块层次图把它们连接起来,进行组装测试,也称为组合测试或综合测试。

③ 确认测试。经过组装测试,煤炭资源枯竭型城市绿色转型“互联网+”平台已装配完毕,接下来进行的确认测试和系统测试将以整个软件作为测试对象,且采用黑盒测试方法。确认测试是要进一步检查平台是否符合软件需求规格说明书的全部要求,因此又称为合格性测试或验收测试。

④ 系统测试。经过确认测试后，煤炭资源枯竭型城市绿色转型“互联网＋”平台已测试完毕，然而平台各功能模块只是信息系统的一个组成部分，还要与平台中的其他部分配套运行。系统测试是将煤炭资源枯竭型城市绿色转型“互联网＋”平台的所有组成部分(包括软件、硬件、用户以及环境等)综合在一起进行测试，以保证各组成部分协调运行。系统测试要在煤炭资源枯竭型城市绿色转型“互联网＋”平台的实际运行环境现场，在用户的直接参与下进行。

8.1.4 系统评价

煤炭资源枯竭型城市绿色转型“互联网＋”平台投入使用后，随着系统应用的不断深入，系统所处的具体环境不断发展变化，管理水平与信息技术水平不断提高。因此，煤炭资源枯竭型城市绿色转型“互联网＋”平台投入运行一段时间后，应该对它的运行情况进行客观的评价，即对新系统各方面的性能指标进行测试、检查、分析和评审，做出系统评价报告，作为系统维护、更新升级以及二次开发的技术依据。系统评价的目的，一方面是为了对煤炭资源枯竭型城市绿色转型“互联网＋”平台当前状态有一个明确的认识，另一方面是为煤炭资源枯竭型城市绿色转型“互联网＋”平台今后的改进和提高做好准备。由于煤炭资源枯竭型城市绿色转型“互联网＋”平台运行与维护过程是不断发展变化的，因此评价工作不是一项一次性的工作。煤炭资源枯竭型城市绿色转型“互联网＋”平台评价应定期地进行，并且在每次对系统做出较大改进后也应进行此项工作。煤炭资源枯竭型城市绿色转型“互联网＋”平台的第一次评价一般安排在系统开发完成并投运一段时间，系统进入相对稳定状态后进行。第一次评价的结论通常作为系统验收最主要的依据。煤炭资源枯竭型城市绿色转型“互联网＋”平台的评价工作由系统开发人员、系统管理与维护人员、系统用户、用户单位领导及系统外专家等共同参与，评价方式可以是鉴定或评审等，评价结论以书面的评价报告或评价意见等形式提出。评价结论是系统的重要文档，应予以收存归档，统一保管。目前大多数评价有重计算机轻信息的倾向，计算机、通信网络等固然重要，但它们毕竟是工具，是煤炭资源枯竭型城市绿色转型“互联网＋”平台的硬件构件。煤炭资源枯竭型城市绿色转型“互联网＋”平台好坏的评价依据主要是信息开发与利用的深度，是对企业的生存与发展所起的作用。

(1) 绿色转型发展“互联网＋”平台系统评价的主要目的

第一，测试新系统的目标、功能和各项技术指标是否达到了设计要求。

第二，检查新系统中各种信息资源的利用情况是否达到了设计要求。

第三，分析新系统开发所花费的成本和运行后所带来的经济效益的投入产出比。

第四，综合分析得到评价结果，指出新系统存在的比较薄弱环节，提出进一步改进意见。

（2）绿色转型发展“互联网＋”平台系统评价的主要内容

如何对煤炭资源枯竭型城市绿色转型“互联网＋”平台投入运行以后的工作质量进行评价？如何对其所带来的效益和所花费成本的投入产出比进行评价？如何评价其对信息资源的充分利用程度？如何评价其对绿色转型策略实施的影响？这是评价体系所要解决的问题。对煤炭资源枯竭型城市绿色转型“互联网＋”平台的评价主要从技术、经济和综合性三个方面进行。

第一，技术方面的评价内容。技术上的评价主要针对煤炭资源枯竭型城市绿色转型“互联网＋”平台的系统性能，其主要评价内容包括以下几个方面：

① 绿色转型“互联网＋”平台的总体水平，如系统的总体结构、地域与网络的规模、所采用技术的先进性等。

② 绿色转型“互联网＋”平台功能的范围与层次，如功能的多少与难易程度以及对应管理层次的高低等。

③ 信息资源开发与利用的范围与深度，如煤炭资源枯竭型城市内部与外部信息的比例、内外信息的利用率等。

④ 绿色转型“互联网＋”平台的质量，如系统的可使用性、正确性、可扩展性、可维护性和通用性等。

⑤ 绿色转型“互联网＋”平台的安全性与保密性。

⑥ 绿色转型“互联网＋”平台文档的完备性。

第二，经济方面的评价内容。经济上的评价主要针对煤炭资源枯竭型城市绿色转型“互联网＋”平台运行后产生的效果和效益，评价内容包括直接的与间接的两个方面。

直接经济效益的评价内容主要包括：投资额；平台运行费用；平台运行所带来的新增效益；投资回收期（侧重对转型成本的结余分析）。

间接经济效益的评价内容主要包括：对组织形象的改观、员工素质的提高所起的作用；对组织的体制与组织机构的改革、管理流程的优化所起的作用；对组织各部门工作效率、工作质量的提高所起的作用；对组织各部门间、人员间协作精神的加强所起的作用。

第三，综合性方面的评价内容。综合性方面的评价内容包括：运行的稳定性、可靠性、安全性及可维护性、可扩展性、可移植性；用户对煤炭资源枯竭型城市绿色转型“互联网＋”平台运行状况的满意程度；煤炭资源枯竭型城市绿色转型“互联网＋”平台的安全和保密性能；煤炭资源枯竭型城市绿色转型“互联网＋”平台的误操作保护性能以及故障恢复性能；煤炭资源枯竭型城市绿色转型“互联网＋”平台各功能的实用性和有效性；煤炭资源枯竭型城市绿色转型“互联网＋”平台运行的结果对企业各部门的生产、经营、管理、决策及提高效率等方面的支持程度；煤炭资源枯竭型城市绿色转型“互联网＋”平台运行给出的分析、预测和控制的建议，这些建议有多少被采纳，以及这些被采纳的建议执行的实际效果；煤炭资源枯竭型城市绿色转型“互联网＋”平台运行的科学性和实用性。

（3）绿色转型发展“互联网＋”平台系统评价的指标体系

煤炭资源枯竭型城市绿色转型“互联网＋”平台投入运行后，要从目标完成情况、系统运行质量和系统运行效率等方面不断地对其运行状况进行分析评价，并以此作为系统维护、更新以及进一步开发的依据。具体包含如下评价指标。

① 经济类指标。平台开发费用，包括硬件费用、软件费用、网络费用和人工费用；平台运行费用；成本的节约；增加的效益。

② 运行性能类指标。平台运行的稳定可靠性、可维护性；平台运行结果的科学性和实用性；平台实用性和有效性；平台可扩展性、可移植性；平台安全保密性；设备的运行效率；数据传送、输入、输出及其加工处理的速度；各类设备资源负荷的平衡程度；各类设备资源的利用率；平台误操作保护性能和故障恢复性能。

③ 用户满意程度类指标。用户对平台操作、管理、运行状况的满意程度；平台运行结果对组织生产、经营、管理、决策等工作的效率提高的支持程度；平台的分析、预测和控制的建议被有效采纳的情况；平台使用的便捷程度。

（4）绿色转型发展“互联网＋”平台系统评价的方法

通过系统评价内容可以看出，煤炭资源枯竭型城市绿色转型“互联网＋”平台的有利与不利之处体现在定性与定量两个方面，因此系统评价工作难度较大。目前大多采用多指标评价体系的方法，其具体步骤如下：

第一，根据煤炭资源枯竭型城市绿色转型“互联网＋”平台的目标与功能要求提出若干评价指标，形成信息系统评价的多指标评价体系。

第二，组织专家对整个评价指标体系作出分析与评审，确定单项指标的权重。权重的确定要能反映出系统目标和功能的要求。

第三，进行单项评价，确定煤炭资源枯竭型城市绿色转型“互联网＋”平台在各个评价指标上的优劣程度，得出单项评价值。对于定性指标的效果，可以利用效果表来估算。

第四，进行单项评价指标的综合，得出某一大类指标的评价值。

第五，依次进行大类指标的综合，直到得出系统的综合评价值。

由此可以看出，多指标评价体系的方法是一种综合评价方法，即将评价对象在系统各项指标上的特征进行综合处理，从整体优化的观点出发，全面衡量一个煤炭资源枯竭型城市绿色转型“互联网＋”平台的利弊得失。计算综合评价值的基本方法有以下两种。

① 按加法规则进行计算。其基本公式为：

$$综合评价值 = \sum a_i\omega_i$$

式中，a_i 为评价对象在第 i 项指标上的评分值；ω_i 为第 i 项指标的权重。

在应用加法规则时，要注意对评价指标考虑周全，避免有重大的遗漏。另外，对各项评价指标分配的权重要恰当。

② 按乘法规则进行计算。其基本公式为：

$$综合评价值 = \prod a_i\omega_i$$

使用乘法规则，要求各项评价指标尽可能取得较好的水平，才能使综合评价值较高。

系统评价的结果通常要形成正式的书面文件，即煤炭资源枯竭型城市绿色转型“互联网＋”平台评价报告。其内容应包括：系统分析时所提出的新系统目标、结构和功能以及新系统在这些方面的实现程度；经济类指标的评价，包括费用-效益分析、预期效益与实际效益对比；性能类指标的评价，包括平台工作效率、适应性、维护性，以及安全、可靠性、稳定性、可扩展性、可移植性；设备指标的评价，包括设备运行稳定性、可靠性、速度、负载平衡性、兼容性、可扩展性、可移植性等；管理指标评价，包括用户、领导和管理人员的反映与评价，操作规章制度、岗位责任制度、维修保养制度等管理制度的完善性；综合性评价，包括对各类指标的综合考虑和分析以及平台的不足与待改进之处。

8.2　绿色转型发展“互联网＋”平台运营管理

在煤炭资源枯竭型城市绿色转型“互联网＋”平台运行阶段，与系统开发活动有关的内容主要有两个方面：一是对平台的运行状态进行评价，即对平台在长期运行过程中的基本状态进行评价，也是对平台开发活动的进一步评价；二是对平台运行过程进行管理与维护。对煤炭资源枯竭型城市绿色转型“互联网＋”平台的运行进行管理与维护应由专业管理维护人员和系统使用者共同参与。为确保平台有效、正常地运行，要求所有人员共同遵守一套科学、合理的系统运行组织与管理制度是极其必要的。

8.2.1 绿色转型发展“互联网＋”平台运行组织与管理制度

煤炭资源枯竭型城市绿色转型“互联网＋”平台运行的组织与管理制度主要是指一个绿色转型多方协作系统研制工作基本完成后应该做的工作。运行的组织与管理制度主要包括如下几个方面。

(1) 运行管理的组织机构

运行管理组织机构包括各类人员的构成，各自的职责、主要任务，以及其内部组织结构。

(2) 基础数据的管理

基础数据管理包括对数据收集和统计渠道的管理、计量手段和计量方法的管理、原始数据的管理以及平台内部各种运行文件、历史文件(包括数据库文件等)的归档管理等。

(3) 运行管理制度

运行管理制度包括平台操作规程、安全保密制度、修改规程、定期维护制度以及运行状况记录和日志归档等。

(4) 绿色转型发展“互联网＋”平台运行结果分析

运行结果分析就是要得出某种能反映组织经营生产方面发展趋势的信息，以提高管理部门指导企业经营生产的能力。如果平台已设计有市场预测功能，运行此功能可得到未来市场变化的趋势。这个结果是否对实际经营管理具有指导意义呢？必须考察预测和实际的拟合情况。如果很吻合，则可以采用这个结果；如果不是很吻合，则必须考察原始数据是否能反映市场变化规律或者有无输入错误等。只有综合分析了上述情况，写出分析报告，才可以充分发挥人机结合辅助管理的优势。

8.2.2 绿色转型发展“互联网＋”平台运行安全管理

随着信息技术的发展，煤炭资源枯竭型城市绿色转型“互联网＋”平台在城市转型发展中的应用范围将不断扩大，无论是在运行操作、管理控制，还是在经营管理计划、战略决策等社会经济活动的各个方面，都将发挥着越来越大的作用。平台中处理和存储的信息，既有日常业务处理信息、技术经济信息，也有涉及企业或政府高层的计划、决策信息，其中可能有相当部分信息是极为重要并有保密要求的。社会信息化的大趋势导致了社会的各个方面对信息系统的依赖性越来越强，一旦煤炭资源枯竭型城市绿色转型“互联网＋”平台被破坏或发生故障，都将对用户以至整个城市产生重大的影响。特别是近年来世界范围内的计算机犯罪、计算机病毒泛滥等问题，使平台运行安全的脆弱性表现得越来越明显。在这种情况下，煤炭资源枯竭型城市绿色转型“互联网＋”平台的安全性越来越重要，系统安全管理是运行管理的重要内容之一。

(1) 绿色转型发展“互联网＋”平台安全性的概念

安全性是指煤炭资源枯竭型城市绿色转型“互联网＋”平台能够防范意外或人为破坏、防止非法使用信息资源等的能力。与安全性相关的因素有很多，主要可以划分为以下几类：

① 不可抗拒因素。如地震、火灾、水灾、风暴以及社会暴力或战争等。这些因素将直接危害信息系统实体的安全。

② 物理设备因素。这是指煤炭资源枯竭型城市绿色转型“互联网＋”平台硬件及环境的安全可靠，包括机房设施、计算机主体、存储系统、辅助设备、数据通信设施以及信息存储介质的安全性。

③ 电磁波因素。一方面，计算机系统及其控制信息和数据传输通道在工作过程中都会产生电磁波，在一定地理范围内用无线接收机很容易检测并接收到，这就有可能造成信息通过电磁波而泄漏。另一方面，空间的电磁波也有可能对系统产生电磁干扰，影响系统的正常运行。

④ 软件因素。软件的非法删改、复制与窃取将使系统的软件受到损失，并可能造成泄密。另外，危害极大的计算机病毒也是以软件为手段侵入系统进行破坏的。

⑤ 数据因素。这是指数据信息在存储和传递过程中的安全性。这是计算机犯罪的主攻核心，是施以安全和保密的重点。

⑥ 人为及管理因素。系统工作人员应提高素质、责任心，建立严密的行政管理制度和规章，以防范人为因素直接对系统安全产生威胁。

除了上述几个因素外，一个安全可靠的信息系统还要保证一旦系统安全出现问题，能将损失降到最小，把产生的影响限制在一定范围内，并迅速有效地使煤炭资源枯竭型城市绿色转型“互联网＋”平台得到恢复。

煤炭资源枯竭型城市绿色转型“互联网＋”平台的安全保护措施可分为技术性和非技术性两类。技术性安全措施是指通过与煤炭资源枯竭型城市绿色转型“互联网＋”平台直接相关的技术手段防止安全事故的发生；非技术性安全措施主要是指行政管理、法律制度保证和其他物理措施等，它们不受煤炭资源枯竭型城市绿色转型“互联网＋”平台的控制，是施加于信息系统之上的。一般来讲，在系统的安全保护措施中，技术性安全措施所占的比例很小，而更多的是非技术性安全措施。煤炭资源枯竭型城市绿色转型“互联网＋”平台的安全性不仅需要技术手段的保障，严格管理和法规制度更是提高系统安全性的有力武器，两者是互相弥补、彼此促进的。

(2) 绿色转型发展“互联网＋”平台的实体安全性

煤炭资源枯竭型城市绿色转型“互联网＋”平台的实体安全是指平台的各种设备及环境设施的安全，其主要包括以下内容：

① 场地环境安全。煤炭资源枯竭型城市绿色转型“互联网＋”平台的主场地是机房等中心区域，选择场地时应注意：不在现代交通工具繁忙的交通路旁；不在人群拥挤的闹市附近；远离有害的气体源及存放易腐蚀、易燃、易爆物品的地方；远离强的动力设备和机械设备，避开高压线、雷达站、无线电发射台和微波中继线路；远离强振动源和噪声源；有较好的防风、防火、防水、防地震及防雷击的条件等。

② 设备安全。煤炭资源枯竭型城市绿色转型“互联网＋”平台应根据实际需要选择设备，并考虑设备本身是否稳定可靠。设备对环境条件的要求应尽可能低，能防振防潮；设备本身电磁辐射小，抗电磁辐射干扰和抗静电能力强；有抵抗过压、欠压、过流等电冲击的自动防护能力；有良好的安全接地等。

③ 供电安全。煤炭资源枯竭型城市绿色转型“互联网＋”平台的主机机房应采用双路供电或一级供电；应配有不间断电源，其容量最好能维持主机设备在短暂跳闸或断电后能持续工作 30 min 以上；为确保设备和人身安全，采用三相五线或单相三线供电制；系统电源不应与其他电器设备，特别是强力和冲击电力设备共用，以避免过电压波动和瞬时尖峰；电器系统应接地良好，并尽量将安全接地与信号接地分开。

④ 空气调节与净化。随着大规模集成电路技术的发展和计算机系统质量的提高，信息系统对环境的要求逐渐降低，但为了使系统中各要素能够在良好的状态下工作，系统（至少是主机系统）机房的空气调节温度应保持在 21℃左右，相对湿度大约为 20％～80％。另外，各种尘埃、腐蚀性化学气体、烟雾、油雾、霉菌、杂质、尘土等都可导致电路板、插接件电器性能降低，或腐蚀、磨损零部件，导致系统工作不稳定。因此，煤炭资源枯竭型城市绿色转型“互联网＋”平台运行环境应有良好的防尘措施和一定的空气净化措施。

⑤ 电磁屏蔽。试验结果表明，一般的计算机系统及外部设备可以承受场强为 126 dB 的恶劣电磁干扰环境，超过这一限度，应设置屏蔽。当然，建立信息系统应尽量避开强的电磁干扰环境。为了防止因电磁辐射而产生的信息泄漏，信息传输电缆应采用屏蔽电缆，并埋地铺设。对保密性要求很高的系统，为严格控制电磁辐射，可采用全室或局部的不同程度和级别的电磁屏蔽，也可在关键设备内采用局部电磁屏蔽措施。另外，机房静电也会给系统的正常运行带来很多问题，应采取必要的防护措施，如防止由于湿度太低引起静电荷的集聚。机房不宜使用地毯，因其聚积灰尘，产生静电，也不利于静电泄放；活动地板要采用表面导电率较高的材料，最好采用导电性塑料面；活动地板的支架、设备的支撑脚下不应垫橡皮垫，以便于静电泄放；在换气口和打印机输纸处，应采取针状接地物等消静电措施；工作人员一般不要穿尼龙或化纤织品的工作服等。

⑥ 信息存储介质的安全。煤炭资源枯竭型城市绿色转型“互联网＋”平台中的信息都存储于存储介质中，存储介质的安全可靠是保证数据安全的重要一环，应引起足够的重视。目前的存储介质主要有纸质介质(如打印纸等)、磁性介质(如磁盘、磁带)和光盘等，应分门别类，以一套严密的科学管理制度和方法进行管理。首先，存储介质作为数据和文件的后备及档案，应在邻近机房(或应用地点)和远离机房的安全地点分别存放相同的备份，以防存储介质的场所发生事故，造成数据全部丢失。存储介质的主要防护要求有防火、防高温、防潮、防霉、防水、防振、防电磁场和防盗等，不同的介质对于存储的温度、湿度和清洁度要求不同，并且要定期进行检查和清理。所有存储的介质都应建立详尽的档案，主要内容包括文件所有者、卷系列号、文件名及其描述、作业或项目编号、建立日期以及保留期限等。要严格介质的入、出库制度，建立详细的介质使用及存储跟踪台账，以及完善的入、出库手续。存储介质上的数据清除以及存储介质销毁一定要严格、谨慎，不仅要做到文件目录项清除，而且一定要做到数据彻底清除，以防采用其他技术手段恢复已删除的数据文件。

(3) 绿色转型发展“互联网＋”平台的技术安全性

所谓技术安全性，指在煤炭资源枯竭型城市绿色转型“互联网＋”平台内部采用技术手段防止对其非法使用和对信息资源的非法存取操作。防止对煤炭资源枯竭型城市绿色转型“互联网＋”平台非法使用的主要途径是用户身份的确认检验。信息资源的安全性分为动态安全性和静态安全性，动态安全性是指对数据信息进行存取操作过程中的控制措施，静态安全性是指对信息的传输、存储过程中的加密措施。

① 用户身份检验。保证煤炭资源枯竭型城市绿色转型“互联网＋”平台的安全，首先要防止非法用户使用平台资源或合法用户超范围使用资源。这需要通过用户身份检验来实现，其基本方法是：先由平台管理员根据用户的申请和约定，在平台内的用户注册表上登记合法用户的标识符（一般是用户名）、注册账号、保密字以及系统内各种资源的使用权限和优先级等信息，经加密存入系统。当用户要求注册进入系统时，由用户以不回显的方式输入有关信息，如标识符、保密字等，平台将注册表调入内存，与用户的输入信息进行比较、检验，只有全部符合才能确认为合法用户。对于用户注册表，除平台管理员有权更改外，用户也有权随时改变自己的保密字。为了提高非法用户侵入系统的难度，可以采用多级组合保密字，只有当上层保密字正确输入以后，才有权输入下层保密字。当有三层以上的保密字时，企图以试探的方法进入系统的成功率已相当低。当保密字为双重保密字时，入侵系统将更加困难。所谓双重保密字，就是由两个人各自掌握一个保密字，并且可以随时自行变更自己的保密字，只有当两个人相继键入自己的保密字后，系统才确认为合法用户。为了防止非法用户的多次试凑保密字，可对更正输入保密字的次数予以限制，当超过限制次数后，系统将拒绝入侵者继续任何尝试。随着技术水平的提高，鉴别用户合法身份的方法除输入保密字等方式外，还可以借助用户所携带的特殊工具，如磁卡、射频卡、钥匙、密钥等，甚至可以使用用户自身特有的自然性标识，如指纹、签名、语音等进行检验。将这些方法组合运用，可以有效地防止绝大多数非法用户入侵煤炭资源枯竭型城市绿色转型“互联网＋”平台。

② 存取控制。即使合法用户进入煤炭资源枯竭型城市绿色转型“互联网＋”平台以后，其所使用的资源及使用程度也应受到一定的限制，以确保在共享资源的情况下信息的安全可靠。平台通过存取控制来确定什么用户能在什么条件下可以对什么范围的系统资源进行什么样的操作。通过存取控制，一方面可以给用户提供很多方便，既共享平台资源，又不会因误操作而对权限外的数据产生干扰；另一方面可以防范人为的非法越权行为。

存取控制的基本方法是对用户授权，即授以特定的用户一定的操作权限。对用户的授权要从两方面进行定义：一方面是用户可操作对象，即设备、程序、文件、数据等，用户的这些可操作对象可定义到各种资源的最小操作单元，如数据的记录、数据项等；另一方面是用户可进行的操作类型，即对系统资源的使用权、运行权、阅读权、修改权、进入权、清除权以及是否可以再授权（给其他用户授权）和再授权的范围等。将这些授权信息记录存储在系统中，当用户进行数据操作时，根据授权信息记录检查用户操作的合法性。用户只能在授权范围内存取和利用特定的系统资源，否则系统将予以拒绝。系统还可以通过动态监控程序建立操作日志，记录所有非法操作的企图，主要包括用户标识、进入系统的口令（保密字）、进行操作的终端物理地址以及对什么对象企图进行何种非法操作。

目前，绝大多数计算机系统（从硬件到系统软件和各种数据库管理系统）都提供了不同程度的用户合法身份确认和存取控制授权的基本功能。在煤炭资源枯竭型城市绿色转型“互联网＋”平台中，只要进行合理的运用和设置，就可以达到安全保护的目的。当然，对于安全性要求很高的系统，应单独开发更为严密、可靠的安全保护措施。

③ 数据加密。为了防止非法复制、存储介质被窃取以及信息传输线路被窃听而造成相关机密数据的泄密，应对这些数据采取加密存储和加密传输等安全保密技术措施。数据加密的基本方法是利用密码学的原理，把机密而敏感的明码信息和数据加以转换，使得信息窃取者无法认识或理解其原意。整个加密系统由编码和解码两部分组成，编码是把信息数据转换成无法认识和理解的形式，解码是把经过编码加密的信息、数据还原成原来的可读形式。在系统的存储介质上和通信信号中，信息是以密文形式存在的，这样即使存储或传递的信号有泄漏，也不会造成机要信息的失密。当然，数据存储的加密和数据传输的加密在技术方法上根据各自的特点有所不同，如文件存储加密出错率较低，而数据传输加密出错率却较高；某些字符在文件存储时可以使用，而在传输时就受到限制等。数据加密要注意密钥的保护，否则任何加密都是无意义的。加密技术的方法和算法很多，并且其发展与解密技术是相辅相成的。

煤炭资源枯竭型城市绿色转型“互联网＋”平台的安全性问题不仅是社会问题、技术问题，而且也是经济问题。要采取安全保护措施，必然要增加平台开销。要提高安全保密性，平台投资就会增加很多，甚至在特级保密条件下，增加的费用可能超过系统正常投资的数额。因此，加密应以适度为标准，在能满足用户对安全保密的要求下，尽可能使安全保密费用增加得较少。另外，平台的安全性与其使用的方便灵活是一对矛盾，要使平台有高度的安全可靠性，平台的响应时间会受到影响，对使用人员的限制也会增加，操作步骤会复杂麻烦一些，从而给用户带来很多的不便。因此，从煤炭资源枯竭型城市绿色转型“互联网＋”平台造价和使用方便角度来说，平台的安全性标准也要适度。

8.2.3　绿色转型发展“互联网＋”平台维护

（1）绿色转型发展“互联网＋”平台维护的重要性

如果说煤炭资源枯竭型城市绿色转型“互联网+”平台的安全管理是防患于未然，那么平台维护则是对平台在运行过程中显现出的设计不足和对环境变化的不适应采取相应的措施进行弥补与完善。煤炭资源枯竭型城市绿色转型“互联网+”平台维护是平台生命周期内的一个重要阶段，工作量大，需要人员和资金保证。在平台的整个生命周期中，维护是平台作为一个开放式、动态管理系统的重要保障。煤炭资源枯竭型城市绿色转型“互联网+”平台维护的重要性体现在以下几个方面：

首先，煤炭资源枯竭型城市绿色转型“互联网+”平台的自身特点决定了它不像其他产品那样，即最终产品可以“一劳永逸”，而是具有“产品就是样品，样品就是产品”的特点，其研制与开发具有鲜明的个性化特征。此外，它又是一个开放的、动态的、需要不断更新的系统，不可能像其他产品生产那样先研制一个样品，经过各方面的检验、调试和市场多次反馈信息，不断改进完善，定型后再进行大批量的生产。

其次，煤炭资源枯竭型城市绿色转型“互联网+”平台需要在实际使用中获得不断的自我完善。实践证明，不论经过多么精心规划、分析、设计、实施和调试的信息系统，都不可避免地存在令人不满意或错误之处。这些不足只有经过实际运行，在处理各种不同任务的过程中才能逐步暴露出来。不断发现问题和不断纠正错误就是煤炭资源枯竭型城市绿色转型“互联网+”平台维护的主要工作之一。另外，随着运行市场环境的变化，煤炭资源枯竭型城市绿色转型“互联网+”平台的管理环境和管理任务也会发生变化，要对平台的管理功能提出新的要求，才能在变化的市场环境中生存下去。

最后，只有做好煤炭资源枯竭型城市绿色转型“互联网+”平台维护工作，才能使平台高效、顺利地运行，实现平台开发的经济效益。根据目前的统计数据，从平台消耗的经费资源角度看，在平台的整个生命周期中，开发所用的经费仅占整体经费的1/3，而投入运行后的系统维护工作所用的经费则占2/3。另外，从平台消耗的人力资源角度看，在开发和使用领域，目前仅有10%的软件人员在从事新系统的开发工作，而有90%的软件人员在从事系统维护工作。

显然，煤炭资源枯竭型城市绿色转型“互联网+”平台维护工作是十分重要而艰巨的。那种认为一个新的信息系统一旦投入运行就万事大吉的错误观点，必然带来重开发、轻维护的后果，最终会导致系统在低水平上的重复开发，给企业造成经济损失。

(2) 绿色转型发展“互联网+”平台维护的组织

煤炭资源枯竭型城市绿色转型“互联网＋”平台维护工作并不仅仅是技术性工作，为了保证维护工作的质量，还需要做大量的管理工作。开展系统维护工作，首先必须建立一个维护组织，确定进行维护工作所应遵循的原则和规范化的过程，建立一套适用于具体系统维护过程的文档及管理措施，以满足复审的需要。平台投入运行后，应设系统维护管理员，专门负责整个系统维护的管理工作；针对每个子系统或功能模块，应配备系统管理人员，其任务是熟悉并仔细研究所负责部分系统的功能实现过程，甚至对程序细节都应清楚，以便于完成具体的维护工作。由于系统维护要对系统进行修改、变更，直接关系到业务功能，为了从全局上协调和审定维护工作的内容，每项维护都要求必须通过一个维护控制部门的审查批准后，才能予以实施。这个维护控制部门应该由业务管理部门和系统管理部门共同组成，以便于从业务功能和技术实现两个角度保证维护内容的合理性和可行性。

(3) 绿色转型发展“互联网＋”平台维护的工作流程

① 提交书面形式的维护申请报告。用户的每个维护请求都以书面形式的维护申请报告向维护管理员提出。对于纠错性维护，报告中必须完整描述导致出现错误的环境，包括输入数据、输出数据以及其他系统状态信息；对于适应性和完善性维护，应在报告中提出简要的需求规格说明书。

② 维护要求评价。维护管理员根据用户提交的申请，召集相关的系统管理员对维护申请报告的内容进行核实和评价。

③ 编制维护报告。对于情况属实且合理的维护要求，应根据维护的性质、内容、预计工作量、缓急程度或优先级等编制维护报告，提交维护控制部门审批。

④ 审查维护报告。维护控制部门从整个系统出发，从业务功能合理性和技术可行性两个方面对维护要求进行分析和审查，并对修改所产生的影响做充分的估计。对于不妥的维护要求，要在与用户协商的情况下予以修改或撤销。

⑤ 制订维护计划。维护报告通过审批后，由维护管理员根据具体情况制订维护计划。对于纠错性维护要求，估计其缓急程度，如果维护要求十分紧急，严重影响系统的运行，则应立即开始修改工作；如果需要维护的问题不是很严重，可与其他维护项目结合起来从维护开发资源上统筹安排。对于适应性或完善性维护要求，优先级高的，要安排在维护计划中；优先级不高的，可视为一个新的开发项目组织开发。

⑥ 进行维护。确定维护性质后，维护管理员将维护计划下达给系统管理

员，由系统管理员按计划进行具体的修改工作。

⑦ 测试。修改工作完成后应进行严格的测试，以验证维护工作的质量。测试通过后，再由用户和管理部门对其进行审核确认，不能完全满足维护要求的应返工修改。

⑧ 更新文档。只有维护经过确认后，才能对系统的相应文档进行更新，最后交付使用。

（4）绿色转型发展"互联网＋"平台维护应注意的事项

煤炭资源枯竭型城市绿色转型"互联网＋"平台维护之所以要按照严格的步骤进行，是为了防止未经允许擅自修改系统，引起系统运行混乱和错误。当然，维护审批过程的环节多也可能带来反应速度慢的问题。因此，当系统发生恶性或紧急故障时，也就是出现所谓"救火"的维护要求时，需立即动用资源解决问题，以保证业务工作的连续进行。系统维护过程中应注意的事项有以下几点：

① 注意对系统进行修改后的副作用。维护就意味着对系统进行修改，修改对于系统来讲是有副作用的。因修改而出现的错误或其他不合要求的行为主要来自三个方面：首先，对源代码的修改可能会引入新的错误，一般可以通过回归测试发现这类副作用。其次，对数据结构进行修改，如局部或全局变量的重新定义、文件格式的修改等，可能会带来数据的不匹配等错误。在修改时必须参照系统文档中关于数据结构的详细描述和模块间的数据交叉引用描述，以防局部的修改影响全局的整体性。最后，任何对源程序的修改，如果不能对相应的文档进行更新，造成源程序与文档的不一致，必将影响系统以后的应用和维护。

② 系统维护人员要职责明确。在安排系统维护人员工作时应注意，不仅要使每个人的维护职责明确，而且对每一个子系统或模块至少应安排两个人进行维护工作，这样可以避免系统维护工作对某个人的过分依赖，防止由于维护人员工作调动等影响维护工作。同时，尽量保持维护人员队伍的稳定性。在系统运行尚未暴露出问题时，维护人员应着重于熟悉和掌握系统的有关文档，了解各功能的程序实现过程，一旦维护要求提出后，才能快速、高质量地完成维护工作。

③ 注意系统维护的限度问题。系统维护是在原有系统的基础上进行修改、调整和完善，使系统能够不断适应新环境、新需要。但一个系统总有生命周期结束的时候，当对系统的修改已不再奏效，或修改的困难很多且工作量很大，以及改进、完善的内容远远超出原系统的设计要求时，就应提出研制新系

统的要求，从而开始一个新系统的生命周期。

（5）绿色转型发展“互联网＋”平台维护报告

为了评价煤炭资源枯竭型城市绿色转型“互联网＋”平台维护的有效性、确定平台的质量、记载平台所做过的维护，应将维护工作的全部内容以文档的形式记录下来。记录内容主要包括：维护对象、规模、语言，运行和错误发生的情况，维护所进行的修改情况，以及维护付出的代价等。煤炭资源枯竭型城市绿色转型“互联网＋”平台维护报告是系统开发文档的一部分，应形成历史资料，以便备查。

8.3　绿色转型发展“互联网＋”平台省域实施建议

“互联网＋”平台的建设和有效实施是实现煤炭资源枯竭型城市所在省域绿色转型高效实施的突破口，也将是新形势下推动省域煤炭资源枯竭型城市绿色转型发展的直接动力，是解决资源不均衡、提升多区域协同发展效能的有效途径，是推动区域经济发展、构建绿色经济发展框架的重要保障，省域内各资源型和资源枯竭型城市可根据自身特点实施。

8.3.1　要以省内统一全局认识为出发点

各级管理部门和实施单位要着力更新传统观念，实现“三个统一”，做到思想是行动先导。在信息化建设推进过程中，部分部门工作人员甚至个别领导必然会存在思想认识不到位的情况，也会由于畏难情绪和排斥心理影响“互联网＋”平台的实施效率和质量。省级党政部门要将转变全省范围内思想观念作为推进绿色转型“互联网＋”平台建设的关键环节，通过多种形式会议、培训、考察等途径，自上而下进行广泛的宣传动员，切实把绿色转型发展参与主体的思想认识统一到“互联网＋”平台的实施和运作要求上来。

（1）统一党政领导班子思想认识

省级领导班子要始终把信息化建设置于突出位置，经常在党政重大会议上专题讨论省域范围内煤炭资源枯竭型城市绿色转型发展“互联网＋”平台建设情况，开展了大量的理论调研活动，在思想上尽早达成共识，强力推进绿色转型发展“互联网＋”平台建设。

（2）统一资源型或资源枯竭型城市领导的思想认识

为了推动煤炭资源枯竭型城市绿色转型发展“互联网＋”平台建设迅速开展，各地市党政领导要带头学习信息化知识，带头应用信息系统，带头参与信息系统的优化完善。

(3) 统一广大企业和居民思想认识

尽量以集中培训、会议座谈等方式和手段,积极引导相关企业和居民充分认识煤炭资源枯竭型城市绿色转型发展"互联网+"平台适应现代社会发展进步的必然趋势,也是提高转型效率和质量的保障。

8.3.2 以"互联网+"平台建设为切入点夯实绿色转型基层基础

(1) 狠抓基础硬件建设

硬件建设是煤炭资源枯竭型城市绿色转型发展"互联网+"平台建设的基础和前提,缺少硬件,信息化只能是无米之炊、无本之源。因此,加强对基础硬件的建设,在资源紧张的情况下,应充分整合各地市资源,优先考虑升级和改造已有设备和服务器,通过应用分布式处理技术提高平台运作能力。

(2) 狠抓信息采集录入

信息质量是煤炭资源枯竭型城市绿色转型发展"互联网+"平台建设的生命力,也是提高转型效率和管理决策质量的根本。按照"准确采集,录入规范"原则,各参与单位应落实信息录入责任,确保做到全覆盖采集和动态更新,可以考虑应用物联网技术进行定点数据采集和更新。

(3) 狠抓系统软件研发

为了迅速构建煤炭资源枯竭型城市绿色转型发展"互联网+"平台,省级和各地市级政府应聘请科研院所或软件公司专门技术人员,结合工作实际,对平台运作的关键功能进行研发设计,提升平台数据处理效率和质量,并引入大数据分析技术,对采集到的海量数据进行分析和挖掘,突破原有转型效率低和管理决策缺少针对性的瓶颈,走出一条具有本省本地特色的煤炭资源枯竭型城市绿色转型发展新路子。

8.3.3 以开展全域培训为着力点提高应用能力

推进省域煤炭资源枯竭型城市绿色转型发展"互联网+"平台建设与实施,应用是灵魂,也是动力。为了提高全员参与和实际应用效果,应该丰富和扩大平台接入形式,推广使用目前比较流行的小程序,并主要做好如下"三个增强"。

(1) 因势利导,增强参与主体学习自觉性

对于省、地市级机关和管理部门,建议采取集中培训和日常实战应用考核、组织信息化应用竞赛等办法,将平台应用学习和培训融入日常实际工作

中去。

(2) 因地制宜，增强企业和居民学习便捷性

对于广大企业和居民，可以考虑采用短视频方式进行有针对性的指导，利用常见的抖音、快手等平台进行推介，增强学习内容的趣味性和可理解性。

(3) 因材施教，增强不同人群操作的熟练性

根据所在省、地市煤炭资源枯竭型城市绿色转型发展不同利益相关主体的具体情况，有针对性地进行指导，如为了增加普通居民参与度，可以考虑对积极参与的居民进行一定物质奖励等，鼓励其由被动参与转为主动完成，并通过示范效应提升周围人群的参与热情。

第9章 依托“互联网+”平台推进跨区域协调绿色转型发展

为了保障煤炭资源枯竭型城市绿色转型发展的效率和质量,实现经济健康有序发展,不但要对区域内众多利益相关者间的利益进行均衡和协调,在必要情况下还涉及多个相关区域间资源的协同开发与利用,有关业务会变得十分庞杂且会存在或多或少的相关性,决策难度激增。基于“互联网+”的信息化平台环境,通过应用多 Agent 自动协商技术和多目标协调优化方法等对多相关自动协商技术加以应用成为趋势,有利于提高矿产资源资产生态环境协调治理效率。

9.1 基于“互联网+”平台的绿色转型发展多方利益协调

在煤炭资源枯竭型城市绿色转型发展的复杂协商环境中,一个协商方基于不同目标可以同时与不同的对手开展多个协商,有时这些目标又不是独立的,并且这些协商在某种程度上是相关的。例如,在一个排序问题中,较早些工序最后完成期限协商的结果,将在一定程度上影响后续工序开始时间的协商。又如,一个打算通过向银行抵押财产获取贷款来实现企业绿色转型的抵押人,他与银行关于抵押所得款项的协商结果,将直接决定他与技术或设备提供商就设备升级改造价格的协商中的回旋余地。现有对协商问题的研究中,很少考虑到对多相关协商问题的处理。这些研究能够确定的是,如果相关协商没有被一起考虑,协商成果不可能最优,甚至可能会在某些程度上造成损失。例如,如果一个抵押人在与技术或设备提供商进行协商时,不考虑与银行就抵押贷款协商结果的可能性,他将可能因为没有贷到足够的钱而无法与技术或设备提供商合作,或者因贷到过多的钱而必须承担不必要的利息。

9.1.1 协调绿色转型发展多协商网络和多协商关系图

为了处理多相关协商问题,有学者提出了多协商网络(Multi-Negotiation Network,MNN)和多协商关系图(Multi-Negotiation influence Diagram,

MNID)理论。首先，通过多协商网络对多协商进行描述；然后，将多协商网络图扩展为一个多协商关系图，并在多协商关系图中全面考虑和计算多相关协商的联合成功率和联合效用；最后，对综合考虑了多相关协商联合成功率和联合效用的优化策略进行运算，进而优化在多协商关系图中的多相关协商的协商结果。

（1）协调绿色转型发展多协商网络

煤炭资源枯竭型城市协调绿色转型发展多协商网络主要基于贝叶斯网络理论，利用四元组$\langle G,R,P,\Phi\rangle$表示多相关协商。其中，$G=(V,E)$表示一个有向非循环图；$R$ 表示两个协商间的约束函数；P 为一个成功率集合；Φ 为效用函数集合；V 是一个有限非空的顶点集合，每个顶点对应多协商网络中的一个协商；E 是 V 中不同元素的序列对集合，E 中的每一个元素为一个表示两个协商间约束关系的有向约束边（如在多协商网络中用带箭头的直线连接两个顶点）。例如，$(V_i,V_j)\in E$ 表示有一个从 V_i 到 V_j 的边，换言之，即 V_j 依赖于 V_i，V_i 是 V_j 的一个父类。

煤炭资源枯竭型城市协调绿色转型发展多协商网络中，$r_{ij}:\Phi_i\rightarrow\Phi_j$（$r_{ij}\in R$，$\Phi_i,\Phi_j\in\Phi$）表示 V_i 和 V_j 间的约束关系，如果 V_i 和 V_j 间无约束，则 r_{ij} 为空（表示 V_i 和 V_j 相互独立，彼此间无影响）。p_i（$p_i\in P$，$p_i\in[0,1]$）表示协商 V_i 的成功率，$p_i=P(V_i|p_a(V_i))$，其中 $p_a(V_i)$ 是 V_i 的父类；Φ_i（$\Phi_i\in\Phi$）表示协商 V_i 的效用函数。图 9-1 给出了多协商网络的一个例子，其中多协商网络的顶点集合 $V=\{X,Y,A,B\}$，边的集合 $E=\{(X,Y),(Y,B),(A,B),(X,A),(Y,A)\}$，约束函数集合 $R=\{r_{XY},r_{XA},r_{YA},r_{YB},r_{AB}\}$，成功率集合 $P=\{P(X),P(Y|X),P(A|X,Y),P(B|A,Y)\}$，效用函数集合 $\Phi=\{\Phi_X,\Phi_Y,\Phi_A,\Phi_B\}$。

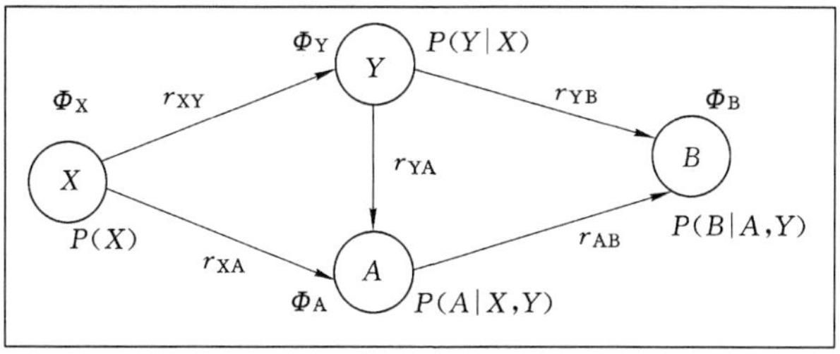

图 9-1　多协商网络图

由于煤炭资源枯竭型城市绿色转型发展的协商环境复杂多变，具有很高的动态性，Agents 可能需要对其多相关协商作出调整以适应协商环境变化，这些变化包括开始一个新的协商、推出一个正在进行的协商、调整效用函数、调整约束函数和改变协商对手等。一旦变化发生，Agents 必须马上作出响应，并更新多协商网络。

（2）协调绿色转型发展多协商关系图

由于煤炭资源枯竭型城市协调绿色转型发展多协商网络中可能包含多个同时进行的协商，是否接受或拒绝一个报价、是否推出一个正在进行的协商是需要在协商过程中作出的决策，一个 Agent 对某一个协商的决策会影响到其协商或整个多协商网络，因此需要通过综合考虑效用集合和成功率集合设计出一套有效的处理方法，辅助 Agent 对多协商网络中的每个协商作出合理的决策，进而优化多协商网络总体收益。

假设在煤炭资源枯竭型城市协调绿色转型发展多协商网络 MNN＝$\langle V\rangle$中有 I 个协商，MNN 中的决策问题就是如何为所有相关的协商制定一个明智的决策策略，以达到优化整个 MNN 总体收益的目的。一个决策策略是 Agent 对 MNN 中所有协商决策的集合，通常 Agent 对于正在进行的协商会有三种典型决策：

第一，接受对手的最佳报价；

第二，拒绝所有报价的同时，发出一个反报价；

第三，退出协商。

如果一个煤炭资源枯竭型城市协调绿色转型发展多协商网络中有 I 个协商，对于这个协商网络就会有 I^3 个决策策略。为了对决策策略和其对应的总体收益间的关系进行建模，可以通过构建多协商关系图进行处理。

一个煤炭资源枯竭型城市协调绿色转型发展多协商关系图 MNID 可以用一个 6 元组$<G,R,P,\Phi,D,U>$表示。其中，G,R,P,Φ 与多协商网络 MNN 中定义一样；D 表示每个协商的决策；U 表示考虑了所有相关协商的 MNID 中的联合效用。$D_i=\{a,r,q\}(D_i\in D)$表示对于协商 V_i 的三种可能决策，其中 a 代表接受对方报价，r 代表拒绝对方报价，q 代表退出协商。一个煤炭资源枯竭型城市协调绿色转型发展多协商网络 MNN 可以通过为每个协商 V_i 添加一个矩形节点 D_i 和一个对于整个 MNN 而言的菱形节点 U，将其扩展为一个多协商关系图 MNID，同时还需要为每个决策 D_i 和其对应的协商 V_i 添加一条边，效用函数 U_i 也要与决策 D_i 和协商 V_i 用相应的边联系起来，具体如图 9-2 所示。

9.1.2 多相关自动协商的四种典型情况及处理

在煤炭资源枯竭型城市协调绿色转型发展多相关自动协商中，对应不同

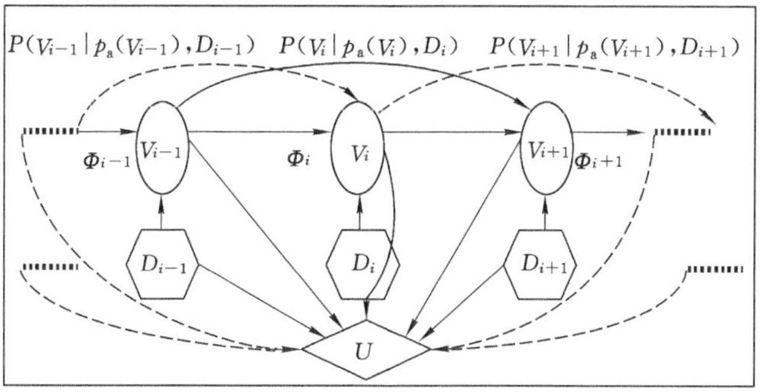

图 9-2　多协商关系图

决策 D_i的联合成功率和联合效用如表 9-1 所示。其中，$u_{i,b}$表示协商 V_i中从协商对手获得的最佳收益；ω_i 和 ω_j 分别表示协商 V_i 和 V_j 对应的权重系数。

表 9-1　多协商关系图中的联合概率和收益

D_i	$p(D)$	$u(D)$
a	$1\times\prod_{j=1,j\neq i}^{I}P(V_j\mid p_a(V_j),D_j)$	$u_{i,b}\times\omega_i+\sum_{j=1,j\neq i}^{I}u_j(D_j)\times\omega_j$
r	$p_i\times\prod_{j=1,j\neq i}^{I}P(V_j\mid p_a(V_j),D_j)$	$\Phi_i(t)\times\omega_i+\sum_{j=1,j\neq i}^{I}u_j(D_j)\times\omega_j$
q	$0\times\prod_{j=1,j\neq i}^{I}P(V_j\mid p_a(V_j),D_j)$	$0\times\omega_i+\sum_{j=1,j\neq i}^{I}(D_j)\times\omega_j$

（1）协调绿色转型发展 CASE 1：$D_1=\cdots=D_i=\cdots=D_I=a$

当某个 Agent 选择接受多协商网络 MNN 中所有协商对手的最佳报价，即，$D_1=\cdots=D_i=\cdots=D_I=a$，那么，期望效用可表示为：

$$\begin{aligned}&EU(a,\cdots,a,\cdots,a)\\&=\prod_{i=1}^{I}P(V_i\mid p_a(V_i),a)\times U(a,\cdots,a,\cdots,a)\\&=\sum_{i=1}^{I}u_{i,b}\times\omega\end{aligned}\tag{9-1}$$

等式(9-1)表示，如果某个 Agent 接受所有协商中协商对手的报价，多协商关系图的期望效用即为所有协商效用的加权和。

(2) 协调绿色转型发展 CASE 2：$D_1=\cdots=D_i=\cdots=D_I=r$

如果某个 Agent 选择拒绝多协商网络 MNN 中所有协商对手的全部报价，即 $D_1=\cdots=D_i=\cdots=D_I=r$，期望效用则需要表示为：

$$\begin{aligned}&EU(r,\cdots,r,\cdots,r)\\&=\prod_{i=1}^{I}P(V_i \mid p_a(V_i),r)\times U(r,\cdots,r,\cdots,r)\\&=\prod_{i=1}^{I}p_i\times\sum_{i=1}^{I}[\Phi_i(t)\times\omega_i]\\&=\prod_{i=1}^{I}\left\{1-\left[\frac{\prod_{S=1}^{S_i}(\Phi_i(t)-u_{i,S})}{(\Phi_i(t)-u_{i,\omega})^{S_i}}\right]^{\tau_i-t}\right\}\times\sum_{i=1}^{I}[\Phi_i(t)\times\omega_i]\end{aligned}\tag{9-2}$$

式中，τ_i是协商 V_i的最后期限；$\Phi_i(t)$是协商 V_i在 t 时刻的效用；$u_{i,\omega}$是协商 V_i的最坏可能效用。

等式(9-2)表示，如果某个 Agent 决定拒绝多协商网络 MNN 中所有协商对手的报价，并为每一个协商发出一个反报价，那么，期望效用就会受到协商数量(I)和每个协商中协商对手数量(S_i)的影响。在表 9-2 中列出了不同 I 和 S_i所导致的四种不同情况下的期望效用，第二列表示当某个 Agent 发出其最差反报价 $\Phi_i(t)=u_{i,S}$时的期望效用($u_{i,S}$是 Agent 收到来自协商 V_i中协商对手的最佳报价)；第三列表示某个 Agent 发出自己最佳反报价 $\Phi_i(t)=1$ 时的情况。通常，$\Phi_i(t)$会在两个极端值(即 $\Phi_i(t)\in[u_{i,S},1]$)之间进行取值，当且仅当 Agent 的反报价方案能带来比 $u_{i,S}$更多的期望效用(即 $\Phi_i(t)>u_{i,S}$)时，Agent 才会拒绝协商 V_i中协商对手的报价 $u_{i,S}$。

表 9-2　典型情况下的期望效用

Cases	$\Phi_i(t)=u_{i,S}$	$\Phi_i(t)=1$
$I=1,S_i=1$	$u_{1,1}$	$1-(1-u_{1,1})^{\tau_i-t}$
$I=1,S_i>1$	$U_{1,S}$	$1-\left[\prod_{S=1}^{S_1}(1-u_{1,S})^{\tau_i-t}\right]$
$I>1,S_i=1$	$\sum_{i=1}^{I}u_{i,1}\times\omega_j$	$\prod_{i=1}^{I}[1-(1-u_{i,1})^{\tau_i-t}]$
$I>1,S_i>1$	$\sum_{i=1}^{I}u_{i,S}\times\omega_j$	$\prod_{i=1}^{I}\left\{1-\left[\prod_{S=1}^{S_1}(1-u_{i,S})^{\tau_i-t}\right]\right\}$

(3) 协调绿色转型发展 CASE 3：介于 CASE 1 和 CASE 2 之间

除了 CASE 1 和 CASE 2 中列出的极端情况外，Agent 可以选择接受某些协商而拒绝其他协商。令 D^a 为 Agent 决定接受的那些协商，而 D^r 为决定拒绝的那些协商，且 $D^a \cup D^r = D, D^a \cap D^r = \varnothing$，期望效用可计算如下：

$$\begin{aligned}
&EU(D^a, D^r)\\
&= \prod_{D_j \in D^a} P(V_j \mid p_a(V_j), D_j) \times \prod_{D_i \in D^r} P(V_i \mid p_a(V_i), D_i) \times U(D^a, D^r)\\
&= \prod_{D_i \in D^r} \left\{1 - \left[\frac{\prod_{S=1}^{S_i} (\Phi_i(t) - u_{i,S})}{(\Phi_i(t) - u_{i,\omega})^{S_i}}\right]^{\tau_i - t}\right\} \times \left[\sum_{D_j \in D^a} u_{j,b} \times \omega_j + \sum_{D_j \in D^a} \Phi_i(t) \times \omega_j\right]
\end{aligned} \tag{9-3}$$

等式(9-3)表示，某个 Agent 决定接受某些协商而拒绝其他协商。为了计算期望效用，对于被接受的和被拒绝的协商的联合成功率和联合效用需要先分别计算，然后再合并到一起。

(4) 协调绿色转型发展 CASE 4：$D_1 = q$ 或 $D_i = q$ 或 $D_I = q$

如果某个 Agent 选择从某个协商(例如协商 V_i)中退出，那么，期望效用可计算如下：

$$\begin{aligned}
&EU(D_1, \cdots, q, \cdots, D_I)\\
&= 0 \times \prod_{j=1, j\neq i}^{I} P(V_j \mid p_a(V_j), D_j) \times U(D_1, \cdots, q, \cdots, D_I)
\end{aligned} \tag{9-4}$$

等式(9-4)表示，如果某个 Agent 决定从协商 V_i 中退出，那么多协商关系图 MNID 总体期望效用为 0，这主要是因为多协商网络 MNN 中的所有协商都是相关的，MNN 中任何协商的失败都将会导致所有协商总体目标的失败。例如，某个 Agent 有两个相关协商，其中一个是和多个银行 Agent 间开展的抵押贷款协商，另一个是和多个绿色转型技术或设备提供商 Agent 间进行的合作协商，如果这个 Agent 在任何一个协商中失败，这两个协商的总体目标(即"利用抵押贷款来采购技术或设备")将失败。所以，当 Agent 选择退出任一协商时，总体期望效用都会降至 0。

9.2 基于"互联网＋"平台的跨区域协调绿色转型发展对策

9.2.1 跨区域协调发展的政策导向

实现区域协调发展是中共十六届三中全会提出的"五个统筹"之一，具体内容为：积极推进西部大开发，振兴东北地区等老工业基地，促进中部地区崛起，鼓励东部地区率先发展，继续发挥各个地区的优势和积极性，通过健全市场机制、合作机制、互助机制、扶持机制，逐步扭转区域发展差距拉大的趋势，形成东中西相互促进、优势互补、共同发展的新格局。2020 年 5 月 22 日，国务院总理李克强在 2020 年政府工作报告中提出，加快落实区域发展战略。而在 2021 年政府工作报告中，李克强又对区域协调发展做出了明确阐释，如"推进煤电油气产供储销体系建设，提升能源安全保障能力。健全区域协调发展体制机制，在实施重大区域发展战略方面出台一批新举措"和"继续支持促进区域协调发展的重大工程，推进'两新一重'建设，实施一批交通、能源、水利等重大工程项目，建设信息网络等新型基础设施，发展现代物流体系"等，重点提出要"优化区域经济布局，促进区域协调发展"，并明确提出工作重点是要健全区域协调互动机制，健全市场机制，打破行政区划的局限，促进生产要素在区域间自由流动，引导产业转移。健全合作机制，鼓励和支持各地区开展多种形式的区域经济协作和技术、人才合作，形成以东带西、东中西共同发展的格局。健全互助机制，发达地区要采取对口支援、社会捐助等方式帮扶欠发达地区。健全扶持机制，按照公共服务均等化原则，加大国家对欠发达地区的支持力度。国家继续在经济政策、资金投入和产业发展等方面，加大对中西部地区的支持。根据国家发展战略，各级地方政府也结合自身资源型城市发展特征和需求，相应做出了积极的响应和战略部署。

(1) 山西省深入贯彻创新、协调、绿色、开放、共享的新发展理念

在 2021 年山西省政府工作报告中，回顾了"十三五"期间业绩，有力推进"三去一降一补"，退出煤炭过剩产能 1.57 亿 t，煤炭先进产能占比达到 68%。压减焦化、钢铁等落后过剩产能，关停煤电机组 425.6 万 kW，退出僵尸企业 238 家。实施工业提质增效、支持实体经济发展、促进服务业稳定增长等政策举措，扩大有效投资，促进消费升级，培育外贸主体，全省经济 2016 年下半年开始逐步走出困境，2017 年上半年追平全国增速、迈入合理区间，2017 至 2019 年，经济增速连续 12 个季度保持在 6%以上。2020 年全省地区生产总值 1.765 万亿元，年均增长 5.5%。同时，省政府工作报告中也进一步明确了"十四五"时期经济社会发展的指导思想和目标任务，要"坚定不移贯彻创新、协调、绿色、开放、共享的新发展理念"，"以推动高质量发展为主题，以深化供给侧结构性改革为主线，以国家资源型经济转型综合配套改革试验区建设为统领，以扩大内需为战略基点，以促进人的全面发展为根本目的，把创新驱动放在转型发展全局的核心位置，统筹发展和安全，努力实现高质量高速度发展"。

（2）辽宁省大力推进区域协调发展，引领形成“一圈一带两区”区域经济布局

辽宁省在“十四五”时期主要目标任务和2021年工作安排中，将经济社会发展的奋斗目标定位为：通过五年努力，在优化营商环境、创新驱动发展、经济结构调整、区域协调发展、高水平对外开放、提高人民生活品质、服务全国构建新发展格局等方面取得突破性进展，数字辽宁、智造强省建设取得显著成效，形成营商环境好、创新能力强、区域格局优、生态环境美、开放活力足、幸福指数高的振兴发展新局面，实现新时代辽宁全面振兴、全方位振兴新突破，为2035年基本实现社会主义现代化奠定坚实基础。2021年辽宁省政府工作报告中明确提出“推进区域协调发展，支持沈阳、大连率先发展，加强协调联动，引领形成‘一圈一带两区’区域经济布局”。具体工作包括：

① 加快发展沈阳现代化都市圈。牢牢把握时与势，支持沈阳按照国家中心城市功能定位，在打造数字辽宁、智造强省上作出示范。推进沈阳都市圈一体化发展，建设综合城际交通网和互联互通水网，打造新型工业化示范区和东北振兴增长极。

② 加快推进沿海经济带开发开放。支持大连建设东北亚国际航运中心，对标自由贸易港，推动规则、管理、标准等制度型开放，当好打造对外开放新前沿的排头兵。释放港口整合效能，推进太平湾“港产城创”融合发展。推动沿海六市协同开放，制定实施海洋经济发展规划，培育壮大临港产业集群，发展海洋产业，建设海上辽宁、海洋强省。

③ 建设辽西融入京津冀协同发展战略先导区。释放阜新、朝阳、葫芦岛等城市区位优势，加强通道、产业、平台、人才、市场对接，加快建设产业转移示范区，打造开放合作西门户和新增长极，积极融入京津冀协同发展。

④ 建设辽东绿色经济区。绿色是辽东地区最靓的底色。我们要健全生态补偿机制，大力支持辽东九县（市）建设重点生态功能区。着力发展生态经济，做强做大绿色农业和生物医药，建设大健康产业基地，创建全域旅游示范区。

（3）黑龙江省着力推进区域协调发展，努力健全区域协调发展体制机制

黑龙江省结合自身发展特点和需求，在2021年黑龙江省政府工作中明确提出了“着力推进区域协调发展。健全区域协调发展体制机制，促进各类要素资源合理流动和高效集聚，构建各具特色、协调促进的经济社会发展格局”，并重点开展如下工作。

① 优化区域空间发展格局。按照国家培育区域经济发展重要增长极要

求，推动哈长城市群发展。坚持规划引领，编制出台全省国土空间规划，实施强省会战略，发挥中心城市辐射带动作用，打造以哈尔滨为核心的一小时、两小时都市圈，全面推动哈大齐绥牡佳协同发展；编制哈大绥一体化发展规划，以经济总量迈上万亿级台阶为目标，加快重大项目推进，高质量做好文旅康养城先行区建设。深入实施兴边富民行动，彰显黑河等边境城市特色，担当起守边固边重要职责。

② 促进资源型城市转型发展。加快大庆古龙页岩油气勘探，尽快实现开采产业化、商业化。加大矿产资源勘探力度，优化资源配置，做好新建大型煤矿项目前期工作，推动在建煤矿投产达效和智能化煤矿建设，重点支持龙煤集团释放优质产能，提高黑龙江省煤炭自给能力。强化佳木斯东部区域中心城市功能，推动鸡西、鹤岗、双鸭山、七台河四煤城转型发展，打造东部城市群。支持大兴安岭、伊春发展生态经济，创造更多生态产品，焕发林区发展新活力。

③ 大力发展县域经济。县域兴则全省兴。坚持特色发展、错位发展，积极打造立县支柱产业，引建龙头骨干企业和特色产业项目，力争每个县(市)培育 1～2 个主导产业，形成更多经济总量超百亿县(市)。引导企业向县域产业园区集中，促进产业链延伸和集群发展。推进乡村产业发展壮大，大力发展休闲农业、健康养老、电子商务等新产业新业态，促进农村一二三产融合发展。推进以县城为重要载体的新型城镇化建设，加快县域内城乡融合发展，赋予县级更多资源整合使用自主权，提升县城综合服务能力，辐射带动乡村发展。强化县域经济考评，分类推动县域经济发展。

④ 加快推进基础设施建设。发挥投资对补足短板和优化供给结构的关键作用。争取"十一"实现牡佳客专通车，加快北黑铁路、铁伊客专、佳鹤铁路建设，力争开工建设哈尔滨至绥化至铁力客专，启动富裕至加格达奇铁路改造，规划建设哈尔滨市域(郊)铁路。启动公路质量提升三年行动，高速公路提质改造、普通国省道路面维修改造力争完成总任务的 70%，推动实施地级市间高速公路连接工程，加快沿边公路基础设施建设，加大普通国省道和农村公路建设力度。开工哈尔滨机场二期扩建、齐齐哈尔和佳木斯机场扩建工程，续建鸡西和漠河机场，建成绥芬河机场，建设呼玛等一批通用机场项目。加快关门嘴子水库等重大水利工程建设。继续推进城镇供热老旧管网和二次供水泵站管网改造。加大农村电网补短板力度。推进"气化龙江"工程，加大市县覆盖率。推动落实经济建设贯彻国防要求有关事项。

9.2.2　跨区域协调绿色转型发展机制保障

鉴于跨区域协调绿色转型发展的特殊性和复杂性，建设行政区之间跨区域协调绿色转型发展机制应该以政府为主导，加强各区域政府间的资源优势互补与合作开发，借助“互联网＋”平台提升企业、社会公众以及社会团体之间的交流协作水平，并借助平台信息共享优势，将区域间的环境、经济、产业等各个领域合作纳入绿色转型协调发展框架中。

(1) 拓展“互联网＋”平台效能，提升跨区域资源互补与利益共享水平

一套完善、合理的资源互补与利益共享平台是实现跨区域协调绿色转型发展的基础，但具体实施需要突破传统行政区域屏障。如何打通由于行政区域划分而导致的区域间资源协调与利益共享障碍显得尤为关键，需要各级政府以实现国家整体经济发展水平为目标，提升跨区域资源互补与利益共享水平。倡导通过协商合作、利益补偿和相互协调沟通来促进煤炭资源枯竭型城市顺利实现绿色转型，并获得持续健康发展能力。借助“互联网＋”平台，区域间可以将利益分配作为核心，以协调和弥补区域内劣势地区利益损失为指导思想，提升对优势和互补资源高效利用水平，优化合作利益的分配和协调，保证区域间的合作均衡，尝试规范合作制度，建立跨区域联合机构或互联网政府管理监督机构，保证弱势地区和政府的利益诉求能够得到实现。

(2) 依托“互联网＋”平台，建立跨区域协调绿色转型发展评价和反馈系统

煤炭资源枯竭型城市的绿色转型发展是一个不断变化的过程，而多区域间的合作也是错综复杂和动态变化的，资源互补与协调利用关系始终处在一个动态变化的过程，在不同的发展阶段，某种资源优势或利用能力可能会需要多个区域共同参与才能有效发挥。随着经济发展形势的变化和社会供需关系的不断发展，不同行政区域间的跨区域协调与合作关系也会发生变化，相关政策实施的效果会随之转变，因此，有必要建立动态评价、反馈系统，借助“互联网＋”平台随时监控，定期对跨区域协调绿色转型发展效果进行跟踪反馈。要建立动态的管理体制，充分发挥政府、市场、社会的作用，政府是跨区域协调的主导力量，市场和社会是推动和维系跨区域生态补偿协调的内生力量。通过建立动态评价机制，随时调整、保持绿色转型发展的连贯性和动态性。全力避免行政区域之间的恶性竞争，加强跨区域协调，形成有效、统一的促进绿色转型发展的政治、经济环境。建立政府与煤炭资源枯竭型城市间的市场管理体制，建立适当的奖惩、激励和约束机制，尝试引入第三方评估监管机构，客观、

公正地监督跨区域协调绿色转型中政府和市场行为，对跨区域协调绿色转型进行有效评估，从而推动人与自然之间、经济系统与环境系统之间的协作。

9.3 融合区块链技术的“互联网＋”平台跨区域协调绿色转型应用对策

9.3.1 区块链技术与煤炭资源枯竭型城市绿色转型机制融合

对煤炭资源枯竭型城市及其所在区域在其转型过程中形成的复杂网络构造进行具体分析，运用区块链中联盟链技术依托“互联网＋”跨区域协调绿色转型平台对煤炭资源枯竭型城市联盟平台进行构建。利用区块链中成熟的共识机制，保障不同节点上的相关数据结构存储的一致性和可靠性，进而为节点间交互活动提供便利，而对于外部参与主体，如管理者和金融机构等，在进行有效申请后可对相关信息资源进行访问。通过区块链技术的应用，各级政府部门可以在保证信息有效流通的同时，提高政府政策或措施的透明度和公信力，进而更加有利于吸引各类社会资本与金融机构参与到城市转型中来。同时，对于政府部门而言，可通过获得广泛、直接的一手数据，更加全面、客观地掌握和分析煤炭资源枯竭型城市绿色转型发展的现状，进而有利于高效地调整相应政策和发展战略，更好地增加政府部门管理工作弹性，并能有效地适应不断变化的外部环境。

9.3.2 借助区块链技术构建去中心化信任模式

为了保证煤炭资源枯竭型城市能够在一个开放、公平的竞争环境中有效推进转型，需要为“互联网＋”跨区域协调绿色转型平台设计出完善的信息共享平台和实现机制，并借助该平台保证各个参与机构实现对自身发展信息的有效共享与交流。与此同时，虽然煤炭资源枯竭型城市在转型过程中可以依靠“互联网＋”平台所提供的各类数据信息，根据各种环境变化情况及时进行有效调整，但受到传统观念影响、技术水平限制及机构或部门间存在的明显信息不对称和目标不明确等情况，致使多主体间缺乏必要信任，彼此间合作意愿达成困难，进而造成煤炭资源枯竭型城市转型中的政府、企业和各类组织等很难共同实现路径突破，转型举步维艰。区块链去中心化模式为相关问题解决提供了非常好的思路，通过实现参与主体间平等的权利、义务和自主权营造一个自由开放环境，突破以政府部门为核心的传统中心化管理模式，提高所有参与主体的参与积极性。依托区块链中分布式账本理念和技术，将所有参与主体关联起来，并由被动参与变为主动参与，加强转型过程中多方协作管理能力和水平，确保参与主体和管理者间信息互通。另外，区块链中成熟的消耗算法可以有效防止数据被随意篡改或伪造，提高了相关数据的真实可靠性。通过对业务身份、数据一致性和信任生态等的确认和维护，可以为煤炭资源枯竭型城市转型中各级机构组织提供一个可信和相对稳定、便捷的平台，关键节点间的互信性也能依靠相应机制的设计与实施得到有效保障，继而为优化煤炭资源枯竭型城市营商环境创造必要条件。

9.3.3　依托区块链技术打造高效投融资平台

为使煤炭资源枯竭型城市转型发展与基础设施建设具有良好的同步性，区块链中智能合约技术需要得到更好的应用，智能合约技术可以为高效融资平台构建提供全面技术和实现理念支持。需要明确的是，财政投融资仍然是煤炭资源枯竭型城市强化基础设施建设的主要手段和保障，但应充分融合政府主导和社会投资两种方式，实现城市经济协调发展，进而达到社会效益最大化目标。在该项工作具体推进和实施过程中，信息不对称造成相关管理活动成本高、实现难度大等问题凸显，也使得理想中的投融资工作很难如期开展。作为区块链技术核心的智能合约，其基本操作流程为：参与用户向智能合约发送交易请求，在收到相关请求后，区块链系统发出事先设定的自动判断规则，并进行对应执行，这样可以更加高效地为项目执行营造一个透明、可信的交易或合作环境，也极大地减少了第三方机构操作，管理成本与难度得到有效缓解。由此，完全可利用智能合约技术将煤炭资源枯竭型城市转型过程中有关基础设施建设项目的规则、约束和操作执行等进行相应的程序化处理，并在具体工作开展过程中由区块链网络进行自动规则判断和操作执行。这也规避了传统手段下合约式执行的重复性，有效减少了主观因素对相关决策的影响，执行效率得到提高的同时，屏蔽了来自外界的恶意干扰。在缺少权威第三方介入的情况下，仍能为项目执行营造一个可信环境。

第10章 煤炭资源枯竭型城市绿色转型发展绿色金融保障

半个世纪以来，资源型城市转型绩效与金融发展息息相关，同时也是国内外众多学术界和业界专家研究的重中之重。由于外部环境复杂多变，金融机构需要做出综合且迅速的决策，及时根据环境变化制定整体战略，有效对外部风险进行监控，在煤炭资源枯竭型城市绿色转型过程中，在带来投资机会的同时，也能带来多元化的发展机会，加强对“黑色”“棕色”经济行为的资金来源渠道的监管，将对煤炭资源枯竭型城市绿色转型发展中实体经济增长提供有力支撑。参阅李闻达(2017)对中国绿色金融发展中存在的问题和发展建议的论述，本章对煤炭资源枯竭型城市绿色转型的绿色金融保障进行阐释。

发展绿色金融主要依赖银行、基金以及证券等金融机构，并在其平台上开展绿色项目，例如绿色信贷、绿色基金等。通过这种方式，不断提高生产技术水平，破除环境污染壁垒，将资金引入传统产业、节能环保与新能源产业等，优化经济结构，实现产业绿色化，加快资源型城市转型，具体如图 10-1。

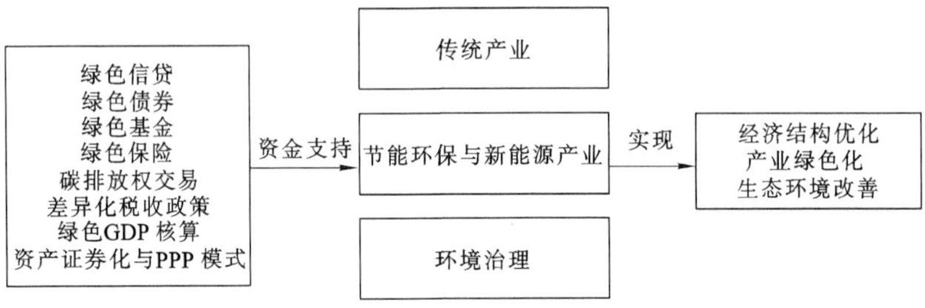

图 10-1　绿色金融推动资源型城市转型的主要路径

我国实现绿色发展是以具有鲜明特点的绿色财政制度为前提的。作为一种新型的发展方式，绿色发展要求以绿色金融为驱动，使其获得卓越的经济增速和有效的环境完善。中国的生态环境承载能力和脆弱的生态环境现状尚未从源头上改变，这既是我们所面对的特殊情况，又是建立具有鲜明特点的绿色财政制度的出发点。要将生态环境的危险因素融入日常治理，建立生态环境的全方位、多梯度的危险应急防控机制。通过建立多层级、多梯次的绿色融资机制,实现全国范围内的绿色发展。从本地区内部绿色产业,到外部园区的绿色产品,再到整个社会的绿色消费,加强对重点生态争议的关注。

在全国范围内,第一阶段的绿色发展资金将重点投入长江经济带的 11 个省份,并适度注入其他具有发展意义的地区。通过对重点生态功能区的行业准入进行限制,推进绿色信贷一体化建设,重点是流域共性和长期性的难点。在园区层次上,利用多元化的融资手段和融资环境的便利,吸引企业进行投资,鼓励行业进行绿色改造,对高污染、高能耗、高排放企业进行严格控制。在社区层次上,以“绿色”为核心,发展“绿色”的理财产品,创建良好的“绿色”社区生态环境,并完善相关治理机制,提供财政支持。

10.1　构建多方联动的绿色金融责任体系

形成以政府为主导、企业为主要参与者、社会组织和社会大众广泛参与的绿色财政责任组织,完善政府责任体系、企业责任体系和公民行为体系,并在此基础上进一步完善了各参与方在绿色金融组织中的职责。

政府以资金注入绿色融资中,充分反映了其公益性质。在这种情况下,政府可以利用财政的力量实现对资源的有效分配,从而发挥市场的流通角色。建立一个能够体现出资源和环保产品稀缺程度的定价制度,以实现绿色金融与市场机制的有机结合,保证市场上的绿色发展因子畅通流转。同时,要完善生态环境保障体系,强化环保监管和执行力度。保有生态环境最基本的界限,确保和健全绿色融资的投资与收益体系,使其内部的环境污染和生态损害外在代价得到有效的内部控制,坚决抵制造成环境污染的经济行为。

在遵循环保准则的前提下,企业要构建一个全发展周期的环保管理制度,以实现其社会职责。要进一步开放环境数据,将其投入区域流域的生态保护和治理建设,使其成为绿色金融的有机组成。政府的绿色发展基金项目采取了以公司制为主的经营模式,有利于以多元化、市场化的投资模式吸纳和发展环境保护行业。

积极扩展民间绿色融资来源,推动林业碳汇、流域水资源等生态环境治理方面的个人绿色融资通道,发展能效贷款、排污权抵押贷款等绿色信贷业务,扩大绿色消费者数量,推动绿色金融的社会组织进入。在理论和制度的搭建上,充分利用绿色金融知识库的资源,吸收国内外的新兴权威研究,构建一个绿色金融的科研环境。逐步以点带面推动形成一个规范机制和价格明确的统一体，以期为今后迅速发展的绿色融资提供一个有利的市场环境。此外，近年来，我国绿色金融产品发行规模逐渐扩大，2016—2019 年绿色债券规模逐步上升，如图 10-2 所示。

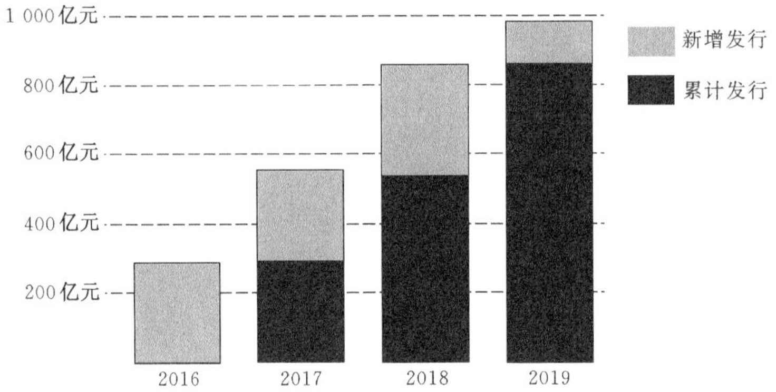

图 10-2　2016—2019 年中国国内绿色债券市场发行量

首先，我国要建立绿色金融标准体系，有效界定绿色项目和绿色产业，加快推进绿色信贷、绿色债券、环境权益、绿色保险等各类绿色金融产品的标准制定。其次，通过构建自然资源有偿使用制度等路径，通过帕累托改进处理绿色工程的“二重属性”，即对于自然资源而言，物品存在私人和公共两种属性。最后，要培育和扶持绿色金融评估机构和第三方认证机构，建立绿色投融资评价体系。

10.1.1　加大对能源转型的绿色财政支持

近些年，国家在节约能源与环境保护方面持续发力，其中多是以直接补偿形式弥补能源费用的消耗。我国可再生能源补贴财政预算呈上涨趋势，2020 年可再生能源补贴财政预算为 923.55 亿元，同比增长 7.5%。为此，国家应当构建健全的政府补助预算体制，有目标的财政预算体制能够对经济进行调整。要达到我国的经济体制改革目标，必须要有一个健全的、科学的财政预算体系。首先，对经济结构进行改进和优化，对政府的财政开支进行清查和整理；降低企业的生产成本，把过剩的资金用于节能减排和能源转换，从而达到高水平的经济发展。其次，在节能、能源转型、基建等领域加大投资力度，精简有关工程的批准程序，确保把最多的资金用于能源转型等领域；加大对新能源技术和其他领域的资金投入。最后，健全和改进我国的财政预算方案；制定节约能源的相关法律法规，确保充分的资金支撑；资金扶持强度比照当年的总预算，并以不小于经济发展速度为标准。

10.1.2　完善绿色财政贴息机制并鼓励绿色能源贷款

通过建立健全绿色融资担保体系，可以更好地为能源绿色融资提供资金。构建综合的绿色融资体系，一是加大对绿色能源贷款的支持，加大对能源、环境等领域的补助力度。二是建立银行、财政、环保等部门之间的信息交流与融通路径，建立健全政府间的绿色财政政策和绿色能源信用政策的协调与决策体系，并进一步深化政府间的责任。三是适度放宽政府的绿色信贷利率和信贷额度。到现在为止，国内的大多数银行都规定，利息不得超过央行的基准利率或银行贷款利率。四是健全相应的支持政策。通过设立第三方评级体系，利用绿色金融工具构建目标明确的担保体系，深化对绿色信贷的监管和评估，使银行业能够得到国家对绿色信贷方面的适当贴补。除了给予信贷机构一般的信贷优惠之外，同时适度提高对绿色能源信贷执行比较优秀的银行的财政激励。

10.2　以创新发展高效的绿色金融工具促进政府绿色金融服务体系健全

绿色金融手段包括绿色信贷、绿色债券、绿色股票指数和相关产品、绿色发展基金、绿色保险、碳金融等金融工具。其中，绿色发展基金是其他绿色金融工具的基础和载体。一方面，发挥各类绿色金融工具的优势，组合使用绿色金融工具；另一方面，通过地方性的创新实践对传统绿色金融工具加以优化和改进，储备更多的绿色金融工具。绿色金融工具的高效率体现在以更低的投入同时实现生态环境保护与经济发展目标，应当根据各地绿色发展推进状况有针对性地实施。首先，绿色金融工具效率与其投入的生态环境保护领域相关。公共物品特征强的基础设施建设，资金需求量大，投资回报期长，适用绿色债券或PPP模式解决。其次，与常规市场融资的难度相关。对于污染场地等高生态环境风险的治理和环境修复，往往存在成本高昂、效果的不确定性强、周期长、责任主体难以追溯等问题，需要设立专项的绿色基金，发挥财政资金的支持作用，同时引入环境污染责任保险机制。第三，与生态环境保护所涉及的层级相关。层级越高、区域流域范围越大，生态环境保护的外部性就越强，就越适合公益性更强的绿色金融工具，对企业而言则宜基于“污染者付费”

原则引入绿色金融工具。

为了健全政府绿色金融服务体系和提升绿色金融服务体系建设水平，需要做到以下三个方面：一是成立专门的绿色金融业务机构；二是健全绿色金融机构的建设标准和工作流程；三是健全绿色金融的监管制度。如图 10-3 所示。

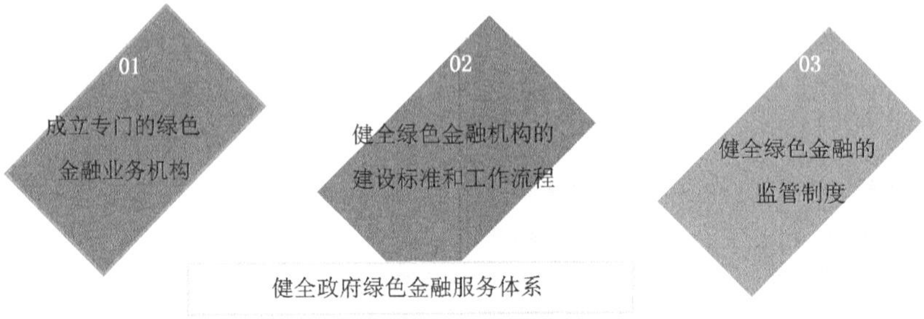

图 10-3　健全政府绿色金融服务体系示意图

10.2.1　成立专门的绿色金融业务机构

我国应建立一些全国性的政策性金融组织，比如中国国家银行、地方性绿色银行。目前，在一些国家中，政策性银行已经取得了一定的成功，比如德国的生态银行，以环境保护及生态发展为重点开展相关的信贷业务。在一些有融资能力的区域，可以借鉴国有商业银行的经营方式，建立区域性的、以民间资金为主体的绿色金融机构。我国还应建立服务于绿色融资的专门联络组织，并引导目前的专门联络组织融入绿色融资服务中。国内绿色金融融资市场正处于活跃阶段，越来越多的新主体参与到绿色金融中。在坚持对绿色信贷产品升级的前提下，大力发展和完善与之配套的中介联络组织，保障其在绿色金融市场的扩展作用，比如某些碳资产管理服务、投融资服务、信贷增级服务等。要把国内的法学科研组织、第三方认证组织等作为一种专门的代理联络机构，为我国能源融资路径的执行奠定基础。要建立“绿色银行”即“生态银行”，在现行的融资体制上借鉴兴业银行的发展思路，建立“绿色金融”部门，开辟“绿色信贷”业务。通过政府的绿色融资机制，为发展环境友好型产业的企业和发展绿色化产业的企业提供财政支持。另外，还可以建立专门的“环境保护基金”或“生态补偿基金”，保证在国内现行经济状态下节能和环保工作的顺利开展。

10.2.2　健全绿色金融机构的建设标准和工作流程

在国家的支持下，制定和完善绿色融资的具体工作标准，形成规范的运作程序。从环保信用等级、绿色财务指标的角度，对我国的环保信用评价指标进行定量和细化。建立环保融资项目的技术规范，明确回收利用率和计量指标，确保其技术上的可操作性。建立符合环保要求的行业目录，明确行业生产工艺、排污方式、产品、原料、污染程度等多个方面的规范，落实行业的环境保护程度。建立一个协调各种金融机构的内部绿色金融产业规范系统组织，并且在金融业中以可操作性、是否易于衡量和具象的准则对绿色融资进行规制。以此为依据，健全适合中国市场化运作的绿色融资经营指引，向金融业宣传绿色融资政策。进一步严格对金融业的监管，推动金融业发展的实现"绿色化"。

10.2.3　健全绿色金融的监管制度

绿色金融要想实现发展，必须以法律制度和健全的制度监管体系为基础。目前，我国的财政法规和环保法规都比较健全，已经形成了有法可依、有法必依的制度环境。在我国发展绿色财政的同时，必须在财务评价准则和价值观中加入环保效益要素。同时，要加强对我国金融业投资和信用的监管，建立健全绿色金融监管制度。首先，在制度上要大力推进创建绿色融资体系。环境保护部门应加强对上市公司和金融企业的信用审核的监管力度，形成全方位、动态的监督机制，包括信贷前、信贷中和信贷后。其次，应当在绿色金融机构内部设立环境评估部门，在对企业进行金融服务前充分进行环保评估，降低服务对象以破坏环境获取经济发展的风险。最后，完善金融业企业的社会责任考核体系，通过报纸媒介、网络媒体、电视媒体等多种渠道公布其社会责任考核结果，通过社会公众的监督推动企业经济活动符合绿色环保理念。

10.3　推动政府引导的绿色金融产品和服务创新

首先，要进一步优化现有绿色金融产品以及服务，充分发挥绿色债券、绿色保险、绿色信贷等金融产品的作用。其次，要充分引导金融机构把绿色金融作为其重要的经营战略，积极创新组织机制和适合行业区域特点的绿色管理模式和工具，加大对绿色金融渠道以及金融产品的应用，以破解绿色投融资所面临的由于信息不对称、期限错配而引发的"洗绿"风险等问题，全方位、多渠道地为绿色项目和绿色产业提供融资支持。如图10-4所示。

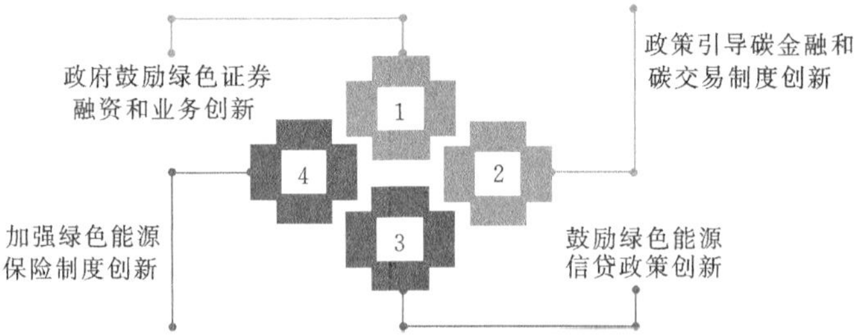

图 10-4　推动政府引导的绿色金融产品和服务创新示意图

10.3.1　政府鼓励绿色证券融资和业务创新

当前，我国证券业务逐渐趋于成熟，在各个领域中成为融资的重要手段。在我国的能源转型中，证券市场应当发挥其融资作用，为能源企业提供充足的资金支持并优化其产业结构。根据前文的研究，我国证券产品创新可以借鉴国外发达国家的绿色证券融资产品：首先，政府推出环境保护证券，此证券为环境污染有关项目修复与整治提供资金支持。比如，国内河道污染以及荒漠化已成为严重的环境问题，若对其治理项目进行证券融资，在项目环境改善完成后，则可以通过生态旅游收入、税收收入等支付证券本息。其次，将资产抵押支持证券发行，即将符合节能环保要求的技术专利、建设项目以及设备等打包，经过专业的环保评价，评价结果为具备良好“绿色价值”的资产可以进行资产抵押从而支持证券发行。再次，气候衍生证券，属于期权型避险工具，部分企业对气候状况十分敏感，气候状况变化严重影响其经营活动，气候衍生证券适应此类企业的要求，这样企业在经营过程中可以规避因为气候发生变化所带来的企业损失风险，如投资于农业生产项目的企业。最后，绿色基金产品，即发展绿色基金推动绿色项目股权融资。民间的绿色基金融资存在政策不稳定、风险大等问题，导致民众投资积极性较低。若尝试以政府背景参与投资项目，设立国家绿色发展基金，解除或者降低民众对于投资风险的担忧，就可以扩大融资规模。值得注意的是，绿色保险产品创新必须以健全的风险投资系统为支撑。风险投资这种融资方式可以应用在能源企业上，有关部门可以设立相关风险投资基金，进行规范运作，保证能源转型相关的项目或者企业的顺利运行和健康发展。

10.3.2　政策引导碳金融和碳交易制度创新

我国正在健全碳金融市场和碳交易规则，逐渐看重碳交易，但是交易对象仅停留在某些技术转让上，品种单一、规模小。欧美发达国家的金融市场较为发达，目前已搭建融资平台为碳交易活动提供便利。而我国仍处于最初阶段，碳排放金融平台以及碳交易市场尚未彻底完成。因此，建立健全碳交易、碳排放金融平台，学习欧美国家的先进经验十分重要。要建立与我国经济相协调的金融规章制度，不断完善银行信贷、碳期权期货、碳交易指标等碳金融体系，研究碳金融市场特点，更好地引导市场资金流入节能转型产业或者企业中去。

10.3.3　鼓励绿色能源信贷政策创新

第一，绿色房地产信贷，即我国各类商业银行按照低于市场平均水平的利率为消费者提供购买能效型住房的贷款，通过低利率的刺激作用增强消费者对能效型住宅的选择。此外，我国房地产企业也在市场供求关系的影响下增强能效型住宅的开发和建设力度，促进我国绿色住宅市场的可持续发展。按照政府对绿色住宅的评价标准或办法，商业银行可以制定内部的住宅能效信贷优惠等级和分类。例如，可以为已经拥有住宅而进行设备技术改造的客户提供住宅改造贷款，如安装节能太阳能；还可以对那些购买的住房位于交通便利地段，较少使用私家车的客户提供空间效率住宅抵押贷款，这类住宅总价较贵，贷款期限较长，银行可以给予绿色房地产信贷优惠。

第二，绿色汽车信贷产品。绿色汽车信贷产品与汽车能耗效率直接相关，这主要是根据汽车尾气排放量的等级进行差异化的绿色汽车信贷产品利率优惠。商业银行绿色汽车信贷产品优惠的对象可以是已经拥有汽车的客户，这类客户对现有汽车节能状况不满意，有意向购买节能环保型汽车，或者进行现有汽车的技术改造，银行可以为这类客户提供信贷支撑；对于还没有购买节能型汽车，但倾向于购买的客户，也可给予绿色汽车信贷利率支持，尤其是对那些以汽车运输为主的货运公司，存在汽车节能改造的意愿，但是缺乏资金来源，银行可以对这类货运公司进行绿色汽车信贷支撑，提高其对车辆技术改造的资金供给。

10.3.4　加强绿色能源保险制度创新

第一，环境污染责任险。当企业在经营过程中对第三方产生污染事故负面影响时，需对第三方承担赔偿责任的险种。环境污染责任险能有效减轻企业和政府在环境污染过程中所产生的经济负担，并且有利于提高企业的环境保护意识，增强对企业节能减排的监督。例如，在渤海湾蓬莱 19-3 油田溢油事故中，河北和辽宁地区获得康菲石油公司 10 亿元的赔偿款用于补偿养殖资源损失。

第二，汽车尾气排放险。以汽车尾气排放量大小为评价标准的险种。在各类环境影响源中，汽车尾气是导致环境污染的重要来源之一。将汽车尾气排放纳入强制险的重要构成，以消费者每个月的汽车行驶里程和尾气排放量大小作为衡量保险费多少的重要标准，有利于发挥经济杠杆的作用，增强消费者对汽车尾气排放量的控制意愿，鼓励消费者积极参与到节能减排的规划中。

10.4 强化政府在征信和绩效评级中的作用

构建和健全绿色融资制度是关系到资源、环境因素进入市场后，有公平、有序的市场竞争环境，是确保政府财政资金能够真正地注入公共领域，提供导向和指引，进而影响整个社会对绿色金融的容纳程度和思想立场。通过对绿色发展中的一些关键问题进行研究，建立起一个总体上的绿色信贷基准，对绿色融资的规范进行深入研究和论断，以防止绿色融资的错误衍化。在绿色融资的基础上，以推动发展为导向，将外部环境费用完全内部化为目的，通过建立绿色信贷制度，建立起与绿色金融的联系，推动新的经济成长点。在担保体系方面，要进一步深化对银行的信用评估检查，加大对银行及公司的监管力度。建设绿色信贷评估系统，完善环境信息披露系统，推行绿色工程建设的全过程评估与 EPR 的实施。煤炭资源枯竭型城市的转型绩效评价与各方征信监控是衡量转型实效的关键指标，也是保证煤炭资源枯竭型城市绿色转型后可持续发展的基本保证，因此必须强化政府在绿色转型中的征信和绩效评级中的核心与主导地位。

10.4.1 构建并完善企业绿色征信管理制度

借鉴国外经验，上市公司完善的信息披露制度有助于激励投资者避免污染性投资、倒逼企业改善环境绩效、增强企业的社会责任感。为此，我国的上市公司应当建立健全相关环境信息公开制度。发行证券的公司与上市公司在履行环保法规规定的前提下，应当对其所涉及的环境问题进行公示。对于这一问题，证券监督管理机构或证券交易所应当以制度的形式强力规定证券发行人和公司按照公开准则进行量化的展示，其主要目标是突出公示内容的本质，防止概括性和笼统性，增强可比性和量化，有助于市场和相关利益有关者高效使用资料。

充分利用中间组织在企业信用信息系统中的沟通。首先，利用中间组织对上市公司的环境信用评级以及环境状况等进行评估，并对那些披露不良或环境状况较差的企业进行适当的批评和公示，这在某种程度上起到了监管和约束的效果。其次，以“最优”的方式，对“环保资讯”进行了评述。各种类型的中间组织可以提供指导和技术帮助，严格对环境信息公开进行监管和执行。环保部门、证券监管部门和行业协会将持续不断地加强彼此的交流，同时，也要加强发行公司和公司环境披露在可信度、及时度等方面的管控。对于违反环境信息披露法规的企业或者行为，规定具体惩罚措施，包括要求限期改正、谴责、罚款乃至退市等。

10.4.2 建立绿色评级系统

构建我国绿色征信系统和绿色评级系统有助于将绿色项目以及融资企业的绿色评级情况运用到征信系统中，形成科学的环境外部评估，从而达到鼓励投资绿色项目以及抑制污染性投资的目的。建立绿色评级系统，需要做到以下几个方面：

首先，制定明确的绿色评级标准与方法。研究绿色因素对企业评级的影响路径和程度，确定应选取的指标和相应的评级权重，更新现有的评级方法。参照2012年银监会发布的《绿色信贷指引》，研究制定专门针对债券与绿色信贷的评级标准。

其次，启动绿色评级试点。针对绿色信贷，在政策性银行和商业银行推广具有可比性的绿色评级标准；针对绿色债券，由第三方评级机构建立绿色评级与传统评级双评级体系。除此之外，推动在人民银行征信中心开展绿色征信系统建设，该系统除了提供环境违法记录和违约记录信息之外，还将提供借款主体的绿色评级。在我国，大多数债券发行人都是拥有较高的信用评级的大型机构，如图10-5对比中美市场债券发行人信用评级分布。

最后，推动绿色评级结果的运用。绿色评级结果的潜在运用范围十分广泛，包括：财政部门参考绿色评级对绿色债券提供投资者免税的优惠等、财政部门和与之合作的银行依据绿色评级对绿色债券提供税收支持和对绿色贷款贴息、银行信贷部门根据绿色评级确定绿色信贷和风险定价。

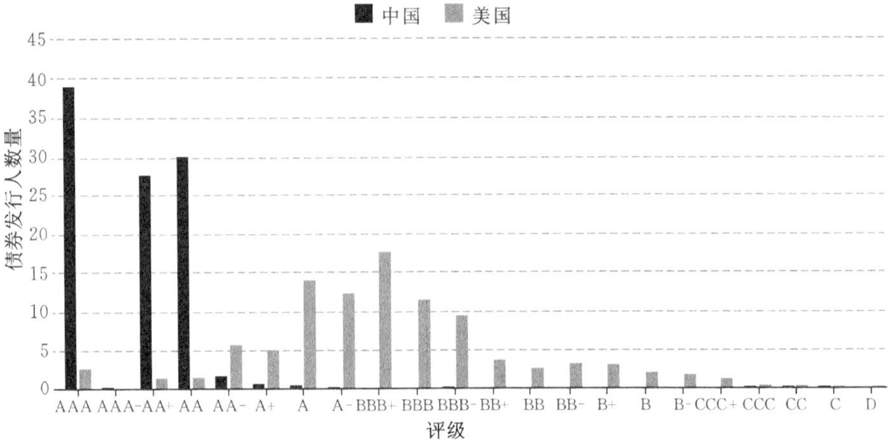

图 10-5 中美市场债券发行人信用评级分布

10.5 充分发挥金融科技对绿色金融的推动作用

金融科技是新技术发展的新型模式，在业务模式、应用、流程和产品方面具有创新性，影响了金融市场、金融机构和金融服务资金获取的途径，如图 10-6所示。科技融合金融要素的表现为：金融监管、支付结算、融资产品与服务、保险、智能投顾和能源交易等项目，而人工智能、区块链、云计算、大数据、物联网等是新型模式的深层内核。

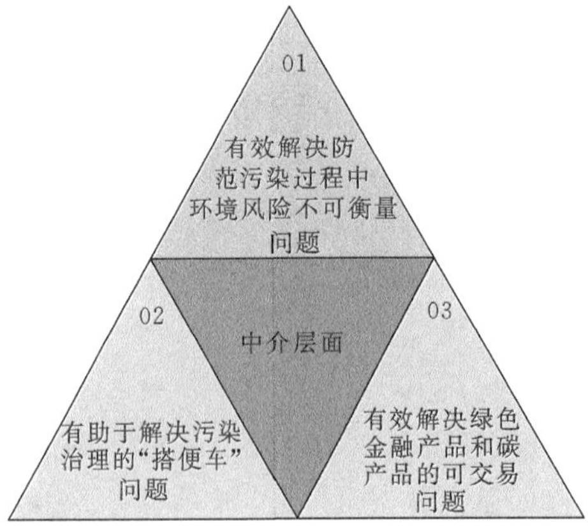

图 10-6 金融科技对绿色金融的推动作用示意图

在国际视野下，利用科技创新促进绿色融资的研究是从2014开始的。在2014年初，由联合国环境规划局启动的“可持续财务系统探索与计划”，第一次讨论了数码财政是怎样支撑可持续发展的。在我国政府的倡议下，2016年，G20第一次将“绿色信贷”列入会议议程，发展“绿色信贷”已成为世界性的重要诉求。在2017年，由联合国环境规划局和蚂蚁金服发起的以数字化技术为目标的“绿色数码财务”协同组织，不断探索新的世界可持续发展道路。在2018年，G20可持续财务团队将财政技术推进可持续发展作为三项重要的课题，目的在于拓宽融资渠道，从根本上解决全球气候变化的问题。它们旨在为应对世界性的环保问题提供资金支持，推动绿色金融体系的升级。中国不但是世界上进展迅速、规模最优的绿色信贷平台，同时也是金融技术进步最快的国家。中国绿色融资业务进展迅猛，绿色信贷、绿色债券、绿色基金等领域在世界范围内占有重要地位。尽管中国近几年处于高速发展阶段，但是在全国范围内，绿色贷款的规模仍然仅为10%，而在绿色贷款中，绿色债券仅占有10%。为了长远的发展，首要解决我国绿色金融市场的一系列问题，如准则的不一致、资讯获取有差异、绿色认证耗费高、管控花费多、推广绿色金融渠道少等。但是金融科技的出现，带来了解决问题的路径。总而言之，金融技术与绿色金融的联动，将缓解过高的服务费用，提高金融机构时效、稳定性和信息可靠性，规范统计、审计和反洗绿化的标准，提升金融机构服务水平，实现精准、出色的服务。

首先，技术的融入，有利于绿色化金融政策制定者实时监测和了解绿色金融业务的发展，为其政策决策作出参考。其次，对于金融机构而言，金融科技可以赋能商业银行信贷审批流程，助力绿色识别，降低人工成本。第三，对于中小企业而言，可运用金融科技手段建立金融服务平台，使其更便捷地与资本对接，并享受到绿色保险、绿色信贷、绿色评级等相关服务。近年来，以区块链、云计算、大数据等为代表的数字金融技术得到蓬勃发展，极大地扩大了绿色金融的发展范围，使得社会公众对绿色金融的认可度提升。数字技术的融入，促进了绿色金融的发展，使其真正做到让公众参与到绿色金融的发展中。

10.5.1　解决防范污染过程中环境风险不可衡量问题

绿色金融发展面临的一个大问题是金融机构难以有效衡量和定价气候风险，数字金融可以提供相应的技术，为每一笔环保交易的环境风险提供计算，并大量提升所有相关产品的可衡量程度。同时，要进一步深化绿色融资中财务技术的应用。通过对金融技术的监管，可以为绿色金融监管组织和当地有关部门提供技术支持，并为其分析技术难点。为促进我国绿色金融的发展，有必要建立更加有效的监督和举报制度。

（1）建立绿色金融与绿色项目对接平台

为了给当地的绿色融资（如银行信贷和股权投资）提供便利，建设“绿色融资”和“绿色工程”项目工程，将重点放在“绿色信贷”的网上交易。通过“一体化”使各通道之间信息共享和实时监控联动，从而使绿色融资更加高效。与此同时，加快政府扶持和环保工程的衔接，减少审批和准入的复杂手续。

（2）建立绿色信用评价体系

目前，我国绿色融资发展遇到的瓶颈就是各银行和环境保护部门在信息交流方面的不足，尤其是与绿色融资紧密联系的组织存在着信息不对称现象。建立绿色信用评价体系，为政府的绿色融资提供服务，可以将多个政府部门的信息和资料进行集成，构建包含不同行业资讯的绿色信贷信息系统。

（3）建立绿色金融信息统计平台

运用财务技术，构建财务数据统计系统，提高财务监管效能。利用实时采集、统计分析和管理等绿色金融服务，为绿色融资的相关决策和衍生产品等提供充足的信息和资料依据，为今后的环保交易打下了坚实的基础。通过对绿色信贷绩效的评估，可以对政府部门和监管部门的政策激励和绩效评估的制度予以支持。开发绿色信用绩效评估的自动化系统，从而能够及时查看各种环保监测数据。

要促进绿色、可持续的金融技术推进，有关主管部门、产业组织应当出台相应的政策和公共产品，如监管部门应当考虑设立一个综合环境信息分享体系，将分散在不同信息来源的企业环境处罚数据、排污许可证数据、绿色项目可研报告等数据集成到一个共享的资料库中，以方便各金融组织审查。此外，在具备一定规模的绿色金融创新试验区和具备一定金融技术优势的地区，通过“沙盒监管”的方式来保障绿色金融技术的稳定性。

10.5.2 解决污染治理的搭便车问题

当前全球针对治理污染的金融措施是从企业角度入手，约束并惩罚其污染和破坏环境的行为。这种方式存在一定问题，可能导致部分治污企业带来的环保好处被其他非治污企业分享，导致治污企业丧失治污动力。利用数字金融技术可以从消费者角度入手，避免这种“搭便车”问题，将保护环境与每个人的经济收入联系在一起。通过技术结合认证手段，保障企业在绿色转型中更加便利，获得政府的财政注入和金融机构投资，缓解了支出不足的问题。

（1）提供绿色认证及辅导服务

通过财务技术，可以为申请绿色企业和项目认证的企业进行资质预审，指导企业进行绿色认证，从而为企业争取到“绿色”资质，得到政府和财政的扶持。

（2）帮助绿色企业对接合适的金融服务

运用金融技术，系统、快速地了解与企业有关的产业发展战略，并对各类绿色融资产品特征进行剖析，构建绿色信贷产品数据库。根据企业自身特征（行业、发展周期、环境表现、技术特点等），向各发展时期的企业提供相应的融资产品和服务。

10.5.3　推动金融科技在绿色金融机构中的运用

金融企业通过金融科技和评价体系搭建，提高绿色项目的经营水平、环境风险监管水平、绿色定价水平和绿色交易追踪水平。

（1）帮助金融机构提升环境风险识别能力

运用财务技术，可以整合环境绩效监控功能，并运用大数据科技获得环境行政处罚、安全生产事故、污染物排放、负面舆情等环境行为数据，从而使金融机构能够及时获取处于危险环境的客户现状，对数据进行联网更新、收集整理，并分析出潜在危险，及早发出警示公告，实时提供技术和手段的支持。同时，协助银行在环保企业中实施资本渗透。区块链技术以其开放透明、自治匿名、不可篡改等特性，给予绿色融资全新的途径，能够协助金融机构获得对环保贷款的支持，有效破解融资渗透监管的难点，还可以帮助金融机构追踪绿色信贷和债券等投资动向，以减少“绿色清洗”和“绿色转移”的现象。

（2）环境风险建模及智能定价

环境风险管理、压力测试、建模分析和预测需求变得越来越综合，促使人工智能、大数据分析和其他有关科技具有更多的效率和应用优势。金融技术的引入使得信息更加公开透明，从而帮助金融机构接触到这些数据，使其与风险评估模式相匹配，进一步优化模型指数，并对环境进行实时监管。同时，环境风险模型应用于保险公司和商业银行等金融机构，对环境危险状况进行定量化监督，制定标准的价格体系，实现资源从里到外的转型，并为监管机构提供信息，融入风险管理与服务，参与到融资动态预测中。

（3）建立绿色评价数据库和绿色评价模型

绿色评价包括道琼斯可持续发展指数、联合国可持续发展委员会（CSD）可持续发展指数体系、企业社会责任和 ISO 14031《环境管理 环境绩效评价指南》,特别是在环境、社会和公司治理可持续方面,最出名的就是ESG(Environment Social and Governance,环境、社会和公司治理)评价。金融科技企业基于规模信息平台,构建企业绿色评价体系,让金融机构更容易知晓企业"绿色水平"的发展进程,确定企业大概的环境现状,从而跟进相应的资金注入,依据注资要求选择帮助对象,以企业绿色发展为最终目的。

此外,伴随绿色金融市场的繁荣,我国开始建立全国性碳交易市场,但在交易过程中碳交易价格一直难以准确评估,导致其经常被低估而使交易受限,从而使企业碳减排动力下降。数字金融技术拥有较为精准的定价能力,可以将各类绿色金融产品进行货币化衡量,这将极大地提高绿色金融产品以及碳交易市场的效率。

第 11 章　煤炭资源枯竭型城市绿色转型发展政策制度保障

国务院 2021 年 2 月 22 日印发的《关于加快建立健全绿色低碳循环发展经济体系的指导意见》指出，建立健全绿色低碳循环发展经济体系，促进经济社会发展全面绿色转型，是解决我国资源环境生态问题的基础之策。以习近平新时代中国特色社会主义思想为指导，深入贯彻党的十九大和十九届二中、三中、四中、五中全会精神，全面贯彻习近平生态文明思想，坚定不移贯彻新发展理念，全方位全过程推行绿色规划、绿色设计、绿色投资、绿色建设、绿色生产、绿色流通、绿色生活、绿色消费，使发展建立在高效利用资源、严格保护生态环境、有效控制温室气体排放的基础上，统筹推进高质量发展和高水平保护，确保实现碳达峰、碳中和目标，推动我国绿色发展迈上新台阶。同时，该意见还明确强调要推动能源体系绿色低碳转型，坚持节能优先，完善能源消费总量和强度双控制度。提升可再生能源利用比例，大力推动风电、光伏发电发展，因地制宜发展水能、地热能、海洋能、氢能、生物质能、光热发电。加快大容量储能技术研发推广，提升电网汇集和外送能力。增加农村清洁能源供应，推动农村发展生物质能。促进燃煤清洁高效开发转化利用，继续提升大容量、高参数、低污染煤电机组占煤电装机比例。到 2025 年，产业结构、能源结构、运输结构明显优化，绿色产业比重显著提升，基础设施绿色化水平不断提高，清洁生产水平持续提高，生产生活方式绿色转型成效显著，能源资源配置更加合理、利用效率大幅提高，主要污染物排放总量持续减少，碳排放强度明显降低，生态环境持续改善，市场导向的绿色技术创新体系更加完善，法律法规政策体系更加有效，绿色低碳循环发展的生产体系、流通体系、消费体系初步形成。到 2035 年，绿色发展内生动力显著增强，绿色产业规模迈上新台阶，重点行业、重点产品能源资源利用效率达到国际先进水平，广泛形成绿色生产生活方式，碳排放达峰后稳中有降，生态环境根本好转，美丽中国建设目标基本实现。这一系列指导性意见的提出，为煤炭资源枯竭型城市绿色转型发展提供了前所未有的机遇和政策制度保障。

11.1 以生态补偿政策为动力推动绿色创新和生产升级

无限资源和宝贵环境的概念早已深入人心，并贯穿于社会、经济的方方面面。生态系统的损害越来越严重，生态系统服务的作用越来越受重视，生态系统的价值越来越凸显，生态系统补偿制度也逐渐在完善。联合国千年生态系统评估组(MA)以及 Costanza、Daily 等人，在这一领域的研究具有开创性意义。生态系统服务的主要作用在于为人们提供直接产品，从而使得人们能从系统中获得利益。因而，人们在考虑环境治理的相关政策时，首先必须与人们的利益相兼容。其次，在此基础上，亦应从生态环境本身的角度来考量。

11.1.1 生态补偿实施原则

生态补偿(Eco-compensation)指通过各种规则、激励机制和经济协调机制，协调各方利益，以实现生态系统的保护和可持续使用，激发人们对生态保护的热情。在科学上界定的生态环境特性和价值，是实现生态补偿的重要基础。从狭义与广义两方面界定生态补偿，前者仅包括恢复生态与系统治理行为，指针对人类社会和经济后果引起的生态损害和污染行为，进行的一种综合性补偿行为；后者是指更为广义的一种范围，从宏观上讲，向由于生态问题而被剥夺其他潜在优势的地区人民进行赔偿，如经济、技术和物质上的弥补，政策方面的帮助，还有对提升环保意识、改善生态机制方面的研发与教育资助。日本学者认为，与公害相关的费用可以分为：防治费用，损失补偿费用，消除蓄积性公害的费用，用于监测、技术开发、公害事务行政管理四种间接费用。经济合作与发展组织(Organization for Economic Cooperation and Development，OECD)的污染者支付原则(Polluter Pays Principle，PPP)只是涉及其中的防治费用，因此具有很大的局限性。从其他学者的考察情况看，OECD 建议 PPP 的宗旨在于将 PPP 原则限定在防治费用的范围之内。进入 20 世纪 80 年代后期，OECD 中的西欧国家在环境与农业政策一体化改革中，结合生态补偿，提出了另一类环境补偿，即环境资产补偿。有学者大力支持这种观点，认为应在污染者付费原则中纳入“有利补偿原则”和“用户支付原则”。有利补偿原则要求任何与提供有利的非市场效益(如景观质量)有关的额外费用均须得到补偿。用户支付原则要求那些从某项投资中获利的个人或群体应协助支付这些费用。国外对农林生态系统生态效益补偿所进行的研究和实践最多，多数国家的生态补偿是由政府通过公共财政转移支付途径实施，同时政府利用经济激励的竞争手段和市场手段来促进生态效益的提高；在补偿标准制定方面，主要根据机会成本损失进行补偿，补偿主体以政府为主，对于受益范围容易确定的，补偿主体为受益者；在研究方法上，采用多学科综合研究的方法，尤其重视经济学分析方法的应用。但总体来看，对煤炭资源枯竭型城市转型与发展中的生态补偿研究较少。

11.1.2 煤炭资源枯竭型城市生态补偿中的问题

(1) 补偿主体和类型界定困难

当前，补偿覆盖范围基本是更高级别的政府财政转移支付和专项基金，而不是下游受益地方政府、企业和居民，也没有建立跨行政区、流域的横向支付，其他融资渠道更少。

(2) 补偿标准设定依据不足

受到特定自然、经济和人文特点的影响，煤炭资源枯竭型城市转型过程中对利益相关主体的补偿实施标准不好确定，缺少硬性依据和参照标准。特别是部分企业或个人资本或收益差距较大，被补偿者普遍认为现行补偿标准太低，远不能弥补实际的经济损失。

(3) 资源有偿使用制度有待完善

当前我国煤炭资源配置存在一些问题，政府作为煤炭资源所有者代表和作为公共利益管理者的职能边界不清，越位与缺位并存，甚至相互掣肘，各级政府作为煤炭资源所有者代表要推动所有权和使用权相分离，建立健全煤炭资源有偿使用制度，确保所有者权益。但对于煤炭生产和消费企业，尚未建立完善的环境资源税费制度和调控体系，也未形成综合的资源使用与生态环境补偿的联动体制。

(4) 补偿方式单一

生态补偿形式多种多样，包括政策、制度、实物、资金、技术等补偿方式。但煤炭资源枯竭型城市转型的生态补偿主要以资金为主，其他方式还未涉及，且资金覆盖范围十分有限，所以应该采取联动产业、人才、技术、政策等多种补偿方式，加快转型进程，以促进区域经济的发展。

11.1.3 煤炭资源枯竭型城市生态补偿政策体系完善

(1) 加快建立环境财政

将环境财政纳入政府主要职能，并扩大对资源枯竭型城市的生态补偿。在中央、地方两级分别设立生态保护的特别拨款，并将其纳入政府预算内。根据生态环境保护体系的需求，对我国的财政费用进行合理的调整和改善。在资金的配置和使用方面，对不够繁荣地区和流域、水源地涵养区、生态保护区，设立重点生态补偿项目给予支持，加强此类地区的补偿力度和污染防治管理；同时，保障新技术在防治污染、治理环境的作用。将促进矿区的环境修复和土地整治作为一个整体，推进矿区的生态修复和土地复垦工作的有机衔接。为实现“休樵还植”，改变农业能源尤其是西部农村的能源燃烧后果，可以采用“以能代赈”的方式，包括财政补助和物质补助等；同时，要在制度和政策上完善跨区域的环境弥补模式，为农村提供能源发展环境。对生态扶贫政策予以大力支持，强化对移民的安置和就业的培养，使其摆脱贫困的状态。在东北资源型城市的发展中，要加强对资源贫乏区域的开发，促进区域的发展，提升区域的经济水平。要加快经济发展方式的变革，调整产业结构，发展可替代产品产业链；发展优势产业，实施绿色发展，形成绿色经济规模；发展绿色工业，促进资源优化配置和优化流动，加快资源型城市转型的步伐。

（2）完善税收政策

增加有关生态补偿的财税政策、征收新的环保税种、对现有资源税进行调节与改进。把矿产资源征税的范围扩展到矿产和非矿产两个类别，提高水资源税率，实施林地和草原资源税，改变计税方法，对不可再生和稀缺类资源税目提高要求。从资源税的角度看，这种财税手段将资源利用与发展生态环境相统一，从而有效提升资源的使用价值，强化对资源税的征用与管控，深化资源税的生态补偿作用。同时，完善水、地、矿产、森林、环境等各种资源税目的征收和利用标准，提高各种资源税的征收比例，并对不够繁荣发达的区域、主要的环境保护区域、水资源源流地以及天然生态区域实行重点关注政策。

构建政府占据主导的资金注入机制，形成整个社会对生态环境保护给予资金支持的积极氛围。国家应秉持以政府为主体，加大财政资金对环境保护的斥资力度，构建和完善我国的环境保护投资体系。主动引导社会各界共同努力，寻求多种途径、多种生态补偿模式，促进生态补偿进入市场，形成具有社会性质的运行途径。通过政府主导、市场推动、社会广泛加入的方式，引导海内外投资人关注生态建设和环保事业。坚持“谁投资谁受益”的方针，大力扶持和鼓励民间资本参与环境建设和污染治理的资金注入。资源型城市在发展过程中要不断探索有关环境建设、污染治理和农村地区生态发展方面的有效渠道，通过国债融资、开发性贷款或补助金等方式，力求建立多样化的融资模式，实现对生态环境基金的原始储备。

（3）探索市场化模式

要把各社会主体都纳入环境保护和生态补偿的工作中，扩展关键市场，推动资源的市场化、生态环境的资本化，真正体现资源的内在价值，从而实现资源的节约与环保效益的双赢。健全煤炭资源的配置机制和利用补偿制度，并尽快形成授让、让渡和租用交易等多种经营方式。重点探讨以市场为导向的煤矿开采使用（获取）权及排污权等的交易方式。研究制定排污许可配额机制，并在政府控制下，通过市场化的方式减少排污费用，提升治理污染的有效性。积极引领和奖励生态保护主体与利益主体的相互磋商行为，从而达到生态环境补偿的目的。

(4) 提供科技和理论支撑

生态补偿体系的构建与完备是一项综合、繁复的工程，许多亟待解决的关键问题需要进一步探讨，以便为我国的环境保护制度的建设提供理论基础。比如，要尽快建成生态补偿价值的评估系统、环境保护机制的固定机制、煤矿资源周边生态系统的计量监控指标、绿色 GDP 的计算体系，明确煤炭资源与生态环境的定量评估指标，并对其进行计量，提出能源消耗、资源消耗、“三废”排放量等经济评价基准。加强生态修复与建设的技术革新，有效升级传统环保技术，扩大新能源技术在环保方面的应用，有力增强生态补偿能力与环境恢复治理能力。

(5) 加强立法工作

生态、环保等方面的可持续发展，明确需要法律的保护，因此，应加大对我国生态补偿制度的立法力度，从法律层面对其进行界定，并对其承担的责任加以明确，为实现我国生态环境保护补偿制度的标准运行提供法律基础。及时拟定《煤炭资源枯竭型城市转型及可持续发展法》《煤炭生产地区环境保护法》等相关法律法规，科学、系统地规划煤炭资源化与经济、社会的可持续长远发展。与此同时，对我国《环境保护法》进行完善，健全治理环境的相关法律、法规，使生态补偿制度的运行逐渐走上法治的道路。

(6) 完善生态补偿机制

第一，搭建生态补偿机制与扶贫开发机制的联动体系。明确生态补偿主客体、标准和原则，构建生态补偿机制，利用补偿资金改善重点功能区居民生活水平，加强环保基础设施建设，解决遗留的矿山开发、工业污染治理和农业面源污染等环境问题，适度发展生态旅游和生态加工业，大力发展生态农业和生态林业，不断提升县域自身社会、经济、环境、人口资源的协调、可持续发展能力和水平，这些问题均需要建立有效的协同机制。

第二，创建煤炭资源型城市的生态补偿体系，有效促进环境整治与生态保护政策的贯彻。环境补偿金机制的建立不仅对社会上各种环境利益相关者起到很好的理顺作用,而且对环境与经济之间的关系也能起到重要的协调作用,不仅可以实现社会中不同的环境利益相关者的利益,也可以在很大程度上促进国家实现煤炭开发地与煤炭利用地、城市与乡村之间的协调发展。煤炭矿区的环境成本计量和补偿金机制建设既是协调环境利益关系的有效途径,也是减轻社会、经济发展中的环境压力的必然选择。近几年来,随着我国经济的快速发展,以煤炭和钢铁为代表的高污染、高能耗企业也在逐步发展,这些企业虽然推进了国家经济的发展,并为技术升级提供了能源、资源的支持,但同时也造成了巨大的环境压力。我国是一个以煤炭为主要能源的国家,煤炭资源的开发所带来的巨大生态环境压力,要求必须对煤炭资源的开发进行生态补偿,以此来实现生态环境的保护。在当前环境下,建立煤炭资源开发的生态补偿金机制,对于我国的环境友好型社会建设具有重要的意义。

第三,加强生态补偿绩效评价。要建立健全生态补偿机制,只有明确责任义务,实施顶层设计,逐步试点推广,才有可能真正落到实处。建议省、县级地方政府尽快出台生态补偿条例,明确补偿标准和相关补偿主客体的权利、义务,建立考核评估体系,加强生态补偿绩效评价。比如,流域上游要保护生态环境,不断完善境内的生态环境保护设施,确保为下游提供优质水,而下游受益区有义务给予上游区生态补偿,并在政策、经济和技术等方面给予大力支持和帮助,促进上游区域脱贫和可持续发展。

11.2 以财税政策为助推器促进绿色转型稳健运行

党的十九大报告中明确提出:必须树立和践行绿水青山就是金山银山的理念,坚持节约资源和环境保护的基本国策,推进绿色发展,建设美丽中国。2021 年 2 月 22 日国务院印发的《关于加快建立健全绿色低碳循环发展经济体系的指导意见》中明确指出,强化法律法规支撑,健全绿色收费价格机制,加大财税扶持力度,大力发展绿色金融,完善绿色标准、绿色认证体系和统计监测制度,培育绿色交易市场机制。

11.2.1 双向发力促进转型升级

自 2018 年 1 月 1 日《中华人民共和国环境保护税法》实施以来,有效发挥了环保税的“多排多缴、少排少缴、不排不缴”的反向约束和正向激励作用,促进了绿色发展。环保税开征以来,各级税务机关不断加大与生态环境、财政、工业信息等部门的合作力度，构建了“税务征管、企业申报、环保监测、信息共享、协作共治”的征管机制。在环保税正向引导和反向倒逼作用下，企业顺势而为，从被动减排到主动环保，不仅享受到更多税制改革的红利，还促进了转型升级。财税专家认为，征收环保税不仅有利于实现对重点污染物的减排目标，还可以促进经济结构优化和发展方式转变，丰富政府对于环境治理和保护的手段。同时，各级税务机关建立了纳税服务和问题收集处理机制，强化对纳税人的政策辅导，自下而上建立问题收集及反馈工作机制，及时优化“金税三期”征管系统，提高了纳税人享受优惠的便利度。例如，黑龙江省双鸭山市以网络直播方式召开双鸭山市税务局减税降费政策发布（解读）会，并持续通过短信推送、电话通知、集中培训等方式进行办税点对点精准对接和面对面的直接辅导，多轮次开展重点面向企业财务人员、企业法人代表的减税降费政策宣传，帮助纳税人、缴费人明晰政策口径和适用标准，迅速准确地帮助符合条件的纳税人尽早了解政策，目的是让双鸭山市税务系统“网上办”不见面、“一次办”少跑腿、“我帮办”有温度的服务理念固化于征纳双方心中，切实通过纳税人以最直接、最管用、最便捷的服务方式，让涉税企业懂政策、会申报、得实惠，全力促进企业绿色转型发展。

11.2.2　减税降费撬动绿色发展

内蒙古鄂尔多斯市近年来以税收杠杆撬动绿色转型，充分发挥减税降费政策的杠杆效应，将减税降费工作与税务主责、社会治理、生态环保等统筹结合，促进沙漠治理产业发展，助力当地实现绿色发展。为了进一步促进经济高质量发展，国务院做出继续实施大规模减税降费的重大决策部署，这对于亟待破解资源型城市转型升级和加快民营经济发展两大难题的煤城鸡西来说，无疑是注入了一针强心剂。当前，国家构建了较为完善的环境保护税体系，其中，资源税和耕地占用税为主，车船税、车辆购置税、增值税、消费税和企业所得税等税种起到补充作用，整体包括资源开采、生产、流通、消费、排放等主要环节，形成八个税种联动的综合环境财税机制。在促进煤炭资源枯竭型城市绿色转型过程中，各地税务部门落实减税降费政策，助力企业调整优化产业结构，走绿色发展的新路子。例如，黑龙江省鸡西市税务局从落实减税降费、助力经济高质量发展的大处着眼，认真落实省委省政府和上级税务部门重要部署，把落实包括增值税改革在内的减税降费新政作为首要政治任务，聚焦主业，精准发力，努力在政策宣传、业务辅导、督导检查上做到“四个再升级”，确保国家各项减税降费新政不折不扣地落实到煤城各处，让减税降费红包惠及数十万的纳税人和缴费人。

11.2.3 精准服务守护绿水青山

近年来，各地税务部门不断根据煤炭资源枯竭型城市绿色转型发展需要，积极推动建立健全环境保护税征管协作机制，组建申报辅导团队，开设环保税纳税申报专窗和咨询服务专岗，采用集中培训、上门辅导、模拟申报等多种形式，确保纳税服务"无死角"。例如黑龙江省鹤岗市提出，要重点查找税务部门在作风建设和营造营商环境中存在的痛点、堵点，落实整治措施，真正做到服务大众"零距离"、办事效率"零延误"、项目入驻"零障碍"、生产经营"零干扰"；打好"加减乘除"组合拳，在营造便利营商环境等方面取得的成果。一是纳税服务做"加法"，智慧办税更便捷。通过推广"非接触式"办税缴费、推进实体办税厅提档升级、丰富便民服务措施，用税务人辛苦指数换取纳税人幸福指数，显著增加了纳税人和缴费人的幸福感、获得感。二是税费负担做"减法"，助力企业渡难关。通过简并办税流程和资料、落实减税降费优惠政策、梳理压减进户执法项目，实现了政策红利直达市场主体，做到了优惠政策应知尽知一户不漏、应享尽享一分不少、应享快享一刻不缓。三是政策宣传做"乘法"，增强纳税获得感。通过政策宣传"多渠道、全覆盖"、培训辅导"网格化、一对一"、优质服务"创品牌、出亮点"，找准了税收工作与优化营商环境的最佳结合点，以打连发、呈递进态势实现了宣传效果的倍增效应。四是疏堵消痛做"除法"，打通"最后一公里"。通过推进落实"纳税人满意度提升工程"、运用税收大数据为企业纾困解难、严格监督执纪问责，千方百计为纳税人疏通堵点、消除痛点，使纳税人更顺心、更舒心、更暖心、更放心。

11.3 以特色专业技术人才政策激发区域城市协调发展新动能

从煤炭资源型城市的人口构成来看，大多数人口是随着煤炭资源开采和生产过程而迁来的移民，对煤炭企业存在着明显的依赖关系。但随着煤炭资源逐渐枯竭，各煤炭资源型城市经济效益不断下滑，众多煤炭企业停产或破产，就业岗位负增长，进而导致大量人员外流，而与人口流失同时发生的就是专业技术人才严重缺乏，进而激化煤炭资源枯竭型城市的发展矛盾，内生动力严重不足，城市在区域发展中丧失核心竞争力，加之剩余人口老龄化和医疗、养老等社保问题让城市发展雪上加霜。就我国目前各个煤炭资源型和煤炭资源枯竭型城市产业发展现状和整体趋势来看，虽然生态环境治理始终是城市核心竞争力不可替代的重要指标，但在这个指标下，根据城市发展具体需求，加大特色专业技术人才"引育留"政策创新力度和相应资金配套支持等迫在眉睫。煤炭资源枯竭型城市应因地、因时、因事制宜地制定适合自身发身所需的长效机制，从招聘、培训、薪酬、考核、调动、使用等环节进行综合配套设计，形成一整套切实可行的操作办法，力争创造以平台吸引人、以事业培育人、以薪资回报人、以情怀激励人的新气象，让人才引得进、用得好、留得住。人才政策制定既要立足于本土人才的培养，又要有利于吸引外来人才，还要从流出的人才身上发力，把工作做实做细，由人才洼地变为人才高地。针对各煤炭资源型城市高端人才短缺和中高端人才外流现实，可从以下几个方面解决人才困境。

11.3.1　以健全党政人才选拔和培养方式服务地方经济

党管人才是实施人才战略的根本保证，也是实现人才优先发展的重要保障。对中青年党政干部建立异地互派制度，在不影响派出单位整体工作的前提下，采用挂职锻炼、交流学习、项目课题共同研究等多种形式，在煤炭资源枯竭型城市所在区域内部各城市、对口合作城市和长三角、珠三角等发达地区城市群进行党政人才的派出学习，以便在政策制定和执行时，能从新的视角出发，用更先进的理念制定切实可行的政策，发挥好对煤炭资源枯竭型城市所在区域建设和发展的保驾护航作用。

11.3.2　以理念转变为先导构建区域间人才资源共享机制

在人才共享机制的构建中，各城市应把各自为政、单兵作战的观念转变为协调发展、合作共赢的理念，可以考虑从以下三个方面构建人才共享机制：

第一，建立人才共享协调联动机制。探索建立由煤炭资源枯竭型城市所在区域内不同城市的组织部、发改局、人社局、教育等部门组成的人才工作联席会议，对人才共享的重要事项和问题进行协商，避免人才恶性竞争和无序流动。

第二，建立优质育才资源共享机制。要充分发挥煤炭资源枯竭型城市所在区域核心城市功能，在落实合作计划的同时，兼顾不同资源型城市的培训需求，避免资源浪费和重复引进。

第三，建立人才服务资源共享机制。统一煤炭资源枯竭型城市所在区域内城市人才分类标准，探索设立区域内各城市间人才一卡通制度，通过数字平台中心，建立城域间相关人力资源主体及其经营管理机构，优化人才评价、人才培训、人才招聘等配套服务。

11.3.3 以产业发展和环境优化为人才提供发展空间

一方面，要提高城市基础设施和公共服务水平，加快智慧城市建设，发挥好煤炭资源枯竭型城市所在区域核心城市的功能，改善人才的生活和工作环境。各地的相关职能部门要按照人才工作的任务和要求，积极为人才做好事、办实事、解难事。对引进人才配偶调动、子女入学(入托)、医疗健康、优惠条件兑现、企业注册登记、投融资等方面提供全方位、优质、快捷的服务，及时帮助解决工作、生活中的困难和问题，让投身煤炭资源型城市建设及区域协调发展的人才安心工作。另一方面，需要共同营造法治化的营商环境，不断深化“放管服”改革，吸引和聚集区域经济发展中最稀缺的企业家，带来资金、技术和管理经验等，为当地经济注入活力，促进地方经济结构的转变，实现招才与招商，引资与引智并举。

11.3.4 以推进落实区域人才计划为重点借智引才

整合煤炭资源枯竭型城市所在区域的科技创新创业共享服务平台，围绕重点产业创新发展需要，大力开展“政企校”三方合作，由企业提出科研需求，采用智库人才揭榜挂帅方式，依托高校科研平台延伸基地、高校科技成果转化基地打造“产业企业＋人才团队＋工作站”“项目＋人才＋团队”等模式借智引才，全力推进“头雁”工作站、创新研发中心和成果转化平台建设。借助省校合作计划、市校合作计划与国内外高校院所互通互联，围绕煤炭资源枯竭型城市所在区域中各城市的主导产业、新兴产业的关键和核心技术，开展政产学研联合和科技攻关，建立政产学研联合体、企业家联合体等，增强产业竞争力，开拓域外市场，实现区域共赢。组建“科技服务团”深入各城市重点企业进行服务，提供投融资路演及技术交易服务，促进技术对接推广转化。

11.3.5 以共建职业教育转型发展试验区助力产业发展

相较于普通高等教育而言，职业教育承担着为地方企业培养高素质技术技能型人才的重要作用。煤炭资源枯竭型城市应深化复合型技术技能人才培养、培训模式改革，聚焦区域发展目标，紧密结合城市定位和产业发展方向，以用人需求为导向，进行专业设置和调整，构建“产教训融合、政企社协同、育选用贯通”的高技能人才培育体系，提升产教融合发展质量，充分发挥职业教育能够以专业＋行业、教学＋生产、培养＋就业等链条，将行业、企业、学校等市场主体和人才培养的各个环节有机联结的优势，建设数量充足、结构合理、技艺精湛的新时代工匠队伍。加快职业技能等级认定，完善企业自主评价支持政策，畅通技能人才与专业技术人才互认通道，为煤炭资源枯竭型城市及所在区域内各企业提供大批转型升级所需的高技能人才和智力支撑。

11.3.6 以综合性的人才政策机制提供良好保障

针对煤炭资源枯竭型城市资源禀赋和产业发展状况不同，其所需人才存在差异化。

第一，可针对行业紧缺人才采取定制化的引才政策。在各利益相关者的参与下，专注于行业的真正需求，有针对性、系统地制定引才政策。根据各城市的优势产业或战略新兴产业的特征，以及各产业对紧缺人才的需求状况，在农业、高端装备制造、能源和冰雪旅游装备等重点领域，因地制宜地组织实施和推进人才引进重大工程。

第二，以人才分类评价为重点进行考核评价。煤炭资源枯竭型城市需要研究制定人才分类评价体系，注意完善职称评聘等环节中的人才评价标准，可根据城市自身发展和经济振兴的实际需要，注重以实践和贡献动态评价人才，克服唯学历、唯论文倾向，完善业内和社会认可的专业人才评价机制，在实行和优化专家评审制的同时，以用人主体认可、业内认同和业绩薪酬为导向，探索建立资格条件制、推荐制等人才评价认定机制，实行更加精准高效、务实管用、简便易行的高层次人才评价认定办法。

第三，制定引进人才的可持续发展政策。人才引进之后，还要制定专项资金管理、科技专家培育、激励分配机制、安居保障、社会保险和医疗保健、生活服务保障在内的具有系统性和操作性的政策体系，作为定制化人才可持续发展的制度保障，积极引导社会力量多方参与设立"创新激励基金"。例如，由政府引导，行业协会组织，成立具有行业背景的各类创新激励基金，用以支持科技创新人才开展创新工作。提升各方主体对科技人才建设的重视程度，采取多元化的方式激励人才。各地政府要出台政策，鼓励企业在内部全面开展以薪酬激励为重点的分配政策调整，以改善薪酬激励为抓手，激发人才的创新潜能。在分配方案设计上要倾向于科技创新人才，采用多元化的激励方式，同时要兼顾同类岗位上引进人才与原有人才待遇的公平性等问题，避免出现原有人才积极性受挫，甚至引进新人、走了老人的不良现象发生。

参考文献

白钦先,2005.金融结构、金融功能演进与金融发展理论的研究历程[J].经济评论(3):39-45.

白钦先,谭庆华,2006.论金融功能演进与金融发展[J].金融研究(7):41-52.

白云霞,邱穆青,李伟,2016.投融资期限错配及其制度解释:来自中美两国金融市场的比较[J].中国工业经济(7):23-39.

崔秀梅,2013.企业绿色投资的驱动机制及其实现路径:基于价值创造的分析[J].江海学刊(3):85-91.

何大安,2010.政府产业规制的理性偏好[J].中国工业经济(6):46-54.

胡梅梅,邓超,唐莹,2014.绿色金融支持"两型"产业发展研究[J].经济地理,34(11):107-111.

黄悦,2016.东北地区资源型城市资源诅咒效应及协调发展研究[D].长春:东北师范大学.

剧宇宏,2009.绿色经济与绿色金融法律制度创新[J].求索(7):137-139.

李剑玲,黄海峰,2012.论中国绿色投资管理[J].再生资源与循环经济,5(4):15-19.

李静,沈伟,2012.环境规制对中国工业绿色生产率的影响:基于波特假说的再检验[J].山西财经大学学报,34(2):56-65.

李仁杰,2014.市场化与绿色金融发展[J].中国金融(4):17-19.

李闻达,2017.供给侧改革背景下我国能源转型的绿色金融政策支持研究[D].西安:西安科技大学.

李晓西,2017.绿色金融盈利性与公益性关系分析[J].金融论坛,22(5):3-11.

李妍辉,2012.环境金融的法律原则探讨[J].河北学刊,32(1):154-157.

李中,2011.绿色金融创新与我国产业转型问题研究[J].当代经济(7):6-8.

林毅夫,姜烨,2006.经济结构、银行业结构与经济发展:基于分省面板数据的实证分析[J].金融研究(1):7-22.

林毅夫,孙希芳,姜烨,2009.经济发展中的最优金融结构理论初探[J].经济研究,44(8):4-17.

刘乃贵，吴桐，2017．绿色金融法律保障机制研究[J]．财经科学(10)：41-51．
刘树根，朱南文，郑毅，2010．环境污染问题对资源型城市发展的制约与应对策略分析[J]．环境污染与防治，32(7)：92-95，99．
陆家骝，2000．金融可持续发展的成本-收益分析[J]．金融论坛，5(8)：2-9．
陆小成，2015．基于城市绿色转型的企业低碳创新协同模式[J]．科技进步与对策，32(4)：67-71．
马骏，2016．中国绿色金融的发展与前景[J]．经济社会体制比较(6)：25-32．
马骏，2017．国际绿色金融发展与案例研究[M]．北京：中国金融出版社．
石峰，秦书生，2012．绿色技术对发展绿色生产力的支撑[J]．东北大学学报(社会科学版)，14(6)：477-481．
宋马林，金培振，2016．地方保护、资源错配与环境福利绩效[J]．经济研究，51(12)：47-61．
孙虎，乔标，2015．京津冀产业协同发展的问题与建议[J]．中国软科学(7)：68-74．
孙毅，景普秋，2012．资源型区域绿色转型模式及其路径研究[J]．中国软科学(12)：152-161．
田江海，2010．绿色经济与绿色投资[M]．北京：中国市场出版社．
田淑英，董玮，许文立，2016．环保财政支出、政府环境偏好与政策效应：基于省际工业污染数据的实证分析[J]．经济问题探索(7)：14-21．
王昌海，崔丽娟，毛旭锋，等，2012．湿地保护区周边农户生态补偿意愿比较[J]．生态学报，32(17)：5345-5354．
王康仕，2019．工业转型中的绿色金融：驱动因素、作用机制与绩效分析[D]．济南：山东大学．
王晓蕊，李江苏，2017．基于偏离份额法的河南省资源型城市转型分析[J]．资源开发与市场，33(9)：1084-1089．
王耀东，2016．中国的环境污染与政府干预[J]．财经问题研究(2)：3-11．
王永健，李虹，2017．资源型城市转型之路怎么走[J]．人民论坛(13)：112-113．
危平，舒浩，2018．中国资本市场对绿色投资认可吗?：基于绿色基金的分析[J]．财经研究，44(5)：23-35．
温晓琼，周亚雄，2013．我国资源枯竭型城市经济发展的制约因素[J]．城市问题(1)：40-44．
星焱，2017．责任投资的理论构架、国际动向与中国对策[J]．经济学家(9)：44-54．

徐忠,2018.经济高质量发展阶段的中国货币调控方式转型[J].金融研究(4):1-19.

颜廷武,何可,张俊飚,2016.社会资本对农民环保投资意愿的影响:来自湖北农村农业废弃物资源化的实证研究[J].中国人口·资源与环境,26(1):158-164.

杨娟,2016.促进绿色金融发展的公共治理道路探析:基于国家职责的视角[J].中国软科学(4):230-239.

殷剑峰,王增武,2016.中国的绿色金融之路[J].经济社会体制比较(6):43-50.

袁梁,张光强,霍学喜,2017.生态补偿、生计资本对居民可持续生计影响研究:以陕西省国家重点生态功能区为例[J].经济地理,37(10):188-196.

张童朝,颜廷武,何可,等,2017.资本禀赋对农户绿色生产投资意愿的影响:以秸秆还田为例[J].中国人口资源与环境,27(8):78-89.

张维达,王连忠,2005.东北资源枯竭型城市接续产业发展问题[J].吉林大学社会科学学报,45(5):5-15.

张雪兰,何德旭,2010.环境金融发展的财税政策激励:国际经验及启示[J].财政研究(5):78-80.

张艳磊,秦芳,吴昱,2015."可持续发展"还是"以污染换增长":基于中国工业企业销售增长模式的分析[J].中国工业经济(2):89-101.

周中明,2017.我国绿色金融政策支持体系构建[J].合作经济与科技(17):54-56.

朱鸿鸣,赵昌文,2015."攫取性"金融体系及其危害:一个基于金融竞合观的分析框架[J].经济体制改革(3):149-154.

朱柯冰,曾珍香,黄春萍,2017.企业可持续发展研究述评与展望[J].技术经济与管理研究(4):74-78.

邹建新,2017.生态文明战略下资源型城市转型过程中的困境与策略[J].四川理工学院学报(社会科学版),32(4):81-100.

AMORE M D,BENNEDSEN M,2016.Corporate governance and green innovation[J].Journal of Environmental Economics and Management,75:54-72.

ARFANUZZAMAN M,ABU SYED M,2018.Water demand and ecosystem nexus in the transboundary river basin:a zero-sum game[J].Environment,Development and Sustainability,20(2):963-974.

AVOYAN E,VAN TATENHOVE J,TOONEN H,2017. The performance of the Black Sea Commission as a collaborative governance regime[J]. Marine Policy,81:285-292.

BANGA J,2019. The green bond market: a potential source of climate finance for developing countries[J]. Journal of Sustainable Finance & Investment,9(1):17-32.

BERGSET L,2018. Green start-up finance—where do particular challenges lie? [J]. International Journal of Entrepreneurial Behavior & Research,24(2):451-575.

BROWN M A,CLARKSON B D,BARTON B J,et al.,2014. Implementing ecological compensation in New Zealand: stakeholder perspectives and a way forward[J]. Journal of the Royal Society of New Zealand,44(1):34-47.

CHANG J,ZHANG H,JI M,et al.,2009. Case study on the redevelopment of industrial wasteland in resource-exhausted mining area[J]. Procedia Earth and Planetary Science,1(1):1140-1146.

CHARNES A,COOPER W W,RHODES E,1978. Measuring the efficiency of decision making units[J]. European Journal of Operational Research,2(6):429-444.

CHEN L P, YANG J, LIU W, 2015. Global mining governance evaluation methods[J]. Mineral Economics,28(3):123-127.

CHEN S F, WANG Y, 2009. REPI-based evaluation for resource-efficient and environment-friendly society in China[J]. International Journal of Ecological Economics and Statistics,11(8):100-113.

DAHAN N M,DOH J P,RAELIN J D,2015. Pivoting the role of government in the business and society interface: a stakeholder perspective[J]. Journal of Business Ethics,131(3):665-680.

DAVIDSON S L,DE LOË R C,2016. The changing role of ENGOs in water governance: institutional entrepreneurs? [J]. Environmental Management,57(1):62-78.

ERVIN D,WU J J,KHANNA M,et al.,2013. Motivations and barriers to corporate environmental management[J]. Business Strategy and the Environment,22(6):390-409.

ESTALAKI S M, ABED-ELMDOUST A, KERACHIAN R, 2015. Developing environmental penalty functions for river water quality management: application of evolutionary game theory[J]. Environmental Earth Sciences,73(8):4201-4213.

EYRAUD L,CLEMENTS B,WANE A,2013. Green investment: trends and determinants[J]. Energy Policy,60(6):852-865.

FRONDEL M,HORBACH J,RENNINGS K,2007. End-of-pipe or cleaner production? An empirical comparison of environmental innovation decisions across OECD countries[J]. Business Strategy and the Environment, 16(8):571-584.

FUJII H,IWATA K,KANEKO S,et al. ,2013. Corporate environmental and economic performance of Japanese manufacturing firms: empirical study for sustainable development[J]. Business Strategy and the Environment, 22(3):187-201.

GALAPPATHTHI E K, BERKES F, 2015. Can co-management emerge spontaneously? Collaborative management in Sri Lankan shrimp aquaculture[J]. Marine Policy,60:1-8.

GASBARRO F,RIZZI F,FREY M,2013. The mutual influence of Environmental Management Systems and the EU ETS: findings for the Italian pulp and paper industry[J]. European Management Journal,31(1):16-26.

GILANI H R,YOSHIDA T,INNES J L,2017. A collaborative forest management user group's perceptions and expectations on REDD + in Nepal [J]. Forest Policy and Economics,80:27-33.

GILBERT S,ZHOU L H,2017. The knowns and unknowns of China's green finance[C]//The sustainable infrastructure imperative: financing for better growth and development. New Climate Economy, London and Washington, DC.

GOLDSMITH R W, 1969. Financial structure and development[M]. New Haven and London: Yale University Press.

GUAN X J,LIU W K,CHEN M Y,2016. Study on the ecological compensation standard for river basin water environment based on total pollutants control[J]. Ecological Indicators,69:446-452.

HE L Y,LIU L,2018. Stand by or follow? Responsibility diffusion effects and green credit[J]. Emerging Markets Finance and Trade,54(8):1740-1760.

HUNTER D J, MARKS L, 2002. Decision-making processes for effective policy implementation[C]//National Institute for Health and Clinical Experience Guidance Paper.

JENTOFT S, PASCUAL-FERNANDEZ J J, DE LA CRUZ MODINO R, et al., 2012. What stakeholders think about marine protected areas: case studies from Spain[J]. Human Ecology, 40(2): 185-197.

JEUCKEN M H A, BOUMA J J, 1999. The changing environment of banks [J]. Greener Management International(27): 24-38.

KES M, LENA N, STEFAN A, et al., 2011. Advancing sustainable urban transformation[J]. Journal of Cleaner Production, 19(13): 1-11.

KOH N S, HAHN T, ITUARTE-LIMA C, 2017. Safeguards for enhancing ecological compensation in Sweden[J]. Land Use Policy the International Journal Covering All Aspects of Land Use, 12: 186-199.

KOSSMANN C M, BEHAGEL J H, BAILEY M, 2016. Action and inertia in collaborative governance[J]. Marine Policy, 72: 21-30.

LEVINE R, 2002. Bank-based or market-based financial systems: which is better? [J]. Journal of Financial Intermediation, 11(4): 398-428.

LI B, DEWAN H, 2017. Efficiency differences among China's resource-based cities and their determinants[J]. Resources Policy, 51: 31-38.

LOCK I, SEELE P, 2016. Theorizing stakeholders of sustainability in the digital age[J]. Sustainability Science(2): 1-11.

LUCAS R E, 1988. On the mechanics of economic development[J]. Journal of Monetary Economics, 22(1): 3-42.

MARC W, NIKI F, STEFFEN M, 2016. Cities, systems and sustainability: status and perspectives for research on urban transformations[J]. Current Opinion in Environmental Sustainability, 22: 18-25.

MCKINNON R I, 1973. Money and capital in economic development[J]. American Political Science Review, 68(4): 1822-1824.

MERTON R C, BODIE Z, 1992. On the management of financial guarantees [J]. Financial Management, 21(4): 87-109.

MITCHELL R K, AGLE B R, WOOD D J, 1997. Toward a theory of stakeholder identification and salience: defining the principle of who and what really counts[J]. The Academy of Management Review, 22(4): 853.

PATRICK H T, 1996. Financial development and economic growth in underdeveloped countries[J]. Economic Development and Cultural Change, 14(2): 174-189.

PEARCE D W, TURNER R K, 1989. Economics of natural resources and the environment[J]. Plant Physiology, 62(5): 573-576.

PEARCE D W, TURNER R K, O'RIORDAN T, et al., 1996. Measuring sustainable development[J]. Environment & Development Economics, 1(1): 85-101.

PORTER M E, CLAAS V D L, 1995. Toward a new conception of the environment—competitiveness relationship[J]. Journal of Economic Perspectives, 9(4): 97-118.

RAJAN R G, ZINGALES L, 2003. The great reversals: the politics of financial development in the twentieth century[J]. Journal of Financial Economics, 69(1): 5-50.

ROBINSON J, 1952. The generalisation of the general theory, and other essays[M]. London: Macmillan.

SALAZAR J, 1998. Environmental finance: linking two world[C]//A Workshop on Financial Innovations for Biodiversity Bratislava: 2-18.

SHAO J, ZHOU J, 2011. Study on the influences of industry transformation on the sustainable development of resource-exhausted city space[J]. Procedia Engineering, 21: 421-427.

SILVA A C D, MÉXAS M P, QUELHAS O L G, 2017. Restrictive factors in implementation of clean technologies in red ceramic industries[J]. Journal of Cleaner Production, 168: 441-451.

SOUNDARRAJAN P, VIVEK N, 2016. Green finance for sustainable green economic growth in India[J]. Agricultural Economics, 62(1): 35-44.

WURGLER J, 2000. Financial markets and the allocation of capital[J]. Journal of Financial Economics, 58(1/2): 187-214.

YANG Q, DING Y, 2012. Research on the MSP evolution patterns of two-oriented society coordinated development in regions of China[J]. Procedia Environmental Sciences, 12: 777-784.

ZHANG B, YANG Y, BI J, 2011. Tracking the implementation of green credit policy in China: top-down perspective and bottom-up reform[J]. Journal of Environmental Management, 92(4): 1321-1327.